アクティブ・ラーニングを位置づけた高校数学の授業プラン

吉田 明史 編著

はじめに
Introduction

　高等学校数学科の教員の中には，学習指導に関して様々な悩みを抱えておられる方がいます。例えば，大きな学力差のある生徒にどのような授業を展開すればよいのか，習熟の程度が不十分な生徒にどのような工夫をすればよいのか，数学嫌いの生徒にどのようにすれば興味をもたせられるのか，といった悩みです。また一方で，大学入試問題の傾向を把握しながら，どのような入試対策が必要なのか，でも受験対策だけで終わっていいのか，といった悩みもあります。

　生徒の特性等が多様な高等学校の場合，学習指導の工夫は，その学校の生徒の実態に応じるという点で，学校独自の検討が必要です。この検討を進めるにあたっては，教科内で同じ思いをもった仲間がいて，情報を共有し合うことがとても重要です。また同時に，検討するための基礎資料として，工夫のヒントとなる教材例や指導例も必要となります。後者の場合，高等学校の事例は極端に少ないのが現状で，いろいろな事例に出合ったとしても活用できないと感じてしまうことが多いものです。例えば，研究発表大会などで，他校の工夫された実践事例を見ても「あの学校だからできるのではないか（自校には馴染まない）」といった，批判的な見方をしてしまうため，せっかくの情報を自校に生かせないことがあります。

　他校で工夫された実践事例が直接的に自校で活用できないとしても，その事例には，興味ある題材の示し方や生徒の予想される反応のとらえ方のほか，目標を実現させるための工夫や評価の工夫なども示されていることが多く，それらを読み取り，自分の学校で実践可能なように変換することは可能です。したがって，授業改善にあたっては，「隣の芝生は青い」といった消極的な見方ではなく，「自分の芝生も青くできる」という積極的な気持ちをもって，いろいろな情報を価値あるものにしていく取り組みが必要だと考えています。

　さて，今話題の「アクティブ・ラーニング」は，生徒が主体的に学ぶ授業展開の方法として取り上げられています。本来，大学教育の改善で求められたものですが，初等中等教育においても，その事例を示した書籍が豊富にあります。教科等では，総合的な学習の時間のほか，外国語系や社会科系などの文系の科目に多く見られます。しかし，この言葉の用い方は様々で，「アクティブラーニング」と表記して，アクティブとラーニングが一体のものであるとの考えを強調するもの，授業のほとんどをアクティブにすることを求めるもの，授業の1割程度若しくは学期の中の数時間などに限定してアクティブにするというものもあります。

　数学科における「アクティブ・ラーニング」については，単にアクティブにすればよいというものではありません。しかも，「アクティブ・ラーニング」そのものの意味を明確にしないままに，他教科の取組等をそのまま導入してもうまくいくとは思えません。先頃示された中央教育審議会答申（平成28年12月）においても，「アクティブ・ラーニング」については，「アクティブ・ラーニングの視点に立った授業改善」という表現となっていますので，今の授業をす

べて「アクティブ・ラーニング」にすることを期待しているわけではありません。

　本書は，高等学校数学科の目標が，「数学的活動を通して，数学における基本的な概念や原理・法則の体系的な理解を深め，事象を数学的に考察し表現する能力を高め，創造性の基礎を培うとともに，数学のよさを認識し，それらを積極的に活用して数学的論拠に基づいて判断する態度を育てる」と示されていること，先頃示された，中学校学習指導要領（数学，平成29年3月）においても，冒頭に「数学的な見方・考え方を働かせ，数学的活動を通して，数学的に考える資質・能力を次のとおり育成することを目指す」と示されていることなどから，数学科における「アクティブ・ラーニング」の視点とは，「数学的活動」を充実させることであるととらえています。

　「数学的活動を充実させる」とは，適切な課題に対して，数学化（モデル化）する過程に力点を置いたり，数学化された内容を数学的に処理する段階で様々な数学的な見方・考え方をいろいろな形で表出したり，得られた結果について振り返る活動を豊かにしたりすることなどが考えられます。このような活動自身が，学びにつながるアクティブ・ラーニングととらえています。さらに，どのような学びであったのかという，数学的活動を通して学び得た結果について評価することも大切なことです。本書では，この評価の観点として「知識・技能」「思考力・判断力・表現力等」「学びに向かう力・人間性等」という学力の三要素にかかわる評価が必要であると考えています。

　このような考え方に立って，本書では，高等学校数学科におけるアクティブ・ラーニングについて提案するものです。アクティブ・ラーニングの視点に立った授業改善という立場から，「数学的活動」の充実を念頭に置いた授業プランを提案してみました。既述のように，これらの事例のすべてがどの学校でもすぐに活用できるものであるとは考えていません。これらの事例のよさを様々な視点からとらえていただき，自校に活用できるものとして変換いただければ幸甚です。

　今回の出版に際して，明治図書出版の矢口郁雄様には大変お世話になりました。また，授業プランを提供していただいた諸先生方には，高等学校数学科にこのような書籍が必要との認識を共有できたことに深く感謝いたします。

2017年5月

吉田　明史

もくじ
Contents

はじめに

第1章 アクティブ・ラーニングを位置づけた高校数学の授業づくり

1　アクティブ・ラーニングとは何か ……………………………………………………… 8

2　高等学校数学科におけるアクティブ・ラーニングの位置づけ ……………………… 10

3　本書におけるアクティブ・ラーニングのとらえ ……………………………………… 12

第2章 アクティブ・ラーニングを位置づけた高校数学の授業プラン

わかりやすく図で表現しよう！ …………………………………………………………… 14
(数学Ⅰ／集合)

三角形の角の二等分線の長さを求めよう！ ……………………………………………… 20
(数学Ⅰ／図形の計量)

スカイツリーよりも東京タワーの方が高い!? ……………………………………………… 26
(数学Ⅰ／図形の計量)

交通事故を減らす対策案をプレゼンしよう! ……………………………………………… 32
(数学Ⅰ／データの分析)

「モンティホール問題」を考えよう! ……………………………………………………… 38
(数学A／確率とその基本的な法則)

小学生のうっかりミスから不定方程式を解こう! ………………………………………… 44
(数学A／整数の性質の活用)

コンパスを使わない作図にチャレンジしよう! …………………………………………… 50
(数学A／作図)

4人グループで問題をつくって発表しよう! ……………………………………………… 56
(数学Ⅱ／整式の乗法・除法,分数式の計算,高次方程式)

解と係数の関係を理解し,その活用の仕方を考えよう! ………………………………… 62
(数学Ⅱ／複素数と二次方程式)

三角形の重心の軌跡を調べよう! …………………………………………………………… 68
(数学Ⅱ／軌跡と領域)

大小関係を1つの軸上にとって表現してみよう! ………………………………………… 74
(数学Ⅱ／対数関数とそのグラフ)

三次関数の増減表とグラフをかいてみよう! ……………………………………………… 80
(数学Ⅱ／導関数の応用)

碁石の数の規則性を探ろう! ………………………………………………………………… 86
(数学B／等差数列と等比数列)

群数列の規則性をつかもう! ………………………………………………………………… 92
(数学B／いろいろな数列)

球面は大円によっていくつの部分に分けられる? ………………………………………… 98
(数学B／いろいろな数列)

直線によって分けられる平面の個数の求め方を考えよう！ ……………………………………………… 104
(数学B／漸化式と数列)

薬の体内残量を調べ，服用量の決め方を知ろう！ ……………………………………………… 110
(数学B／漸化式と数列)

数学を使って海難救助について考えよう！ ……………………………………………………… 116
(数学Ⅲ／微分法)

第3章 アクティブ・ラーニングを位置づけた高校数学の授業の評価

1 アクティブ・ラーニングにおける評価のポイント ……………………………………………… 124

2 アクティブ・ラーニングにおける評価の具体例 ……………………………………………… 128

第 1 章

アクティブ・ラーニングを位置づけた高校数学の授業づくり

1 アクティブ・ラーニングとは何か

❶中教審答申としてはじめて示された「アクティブ・ラーニング」

「アクティブ・ラーニング」は、1990年頃のアメリカで教育の大衆化が進み、学生に主体的な学びを展開しなければならないという高等教育改革の中で使われた言葉です。

日本では、教育研究者が早くから用いていた言葉ですが、その捉え方は、「アクティブ」に力点を置くものから、「ラーニング」に力点を置くものまで様々なものがあります。

平成24（2012）年8月28日の中央教育審議会答申「新たな未来を築くための大学教育の質的転換に向けて〜生涯学び続け、主体的に考える力を育成する大学へ〜」には、次のような文脈で、初めて「アクティブ・ラーニング」が登場しました。

「生涯にわたって学び続ける力、主体的に考える力を持った人材は、…（中略）…知識の伝達・注入を中心とした授業から、教員と学生が意思疎通を図りつつ、一緒になって切磋琢磨し、相互に刺激を与えながら知的に成長する場を創り、学生が主体的に問題を発見し解を見いだしていく能動的学修（アクティブ・ラーニング）への転換が必要である」

この段階では「アクティブ・ラーニング」を「能動的学修」として示し、知識を伝達・注入する授業と対比的に使われ、学習者の学ぶ意欲や主体性のなさを強調しているといえます。

❷授業形式を問う「アクティブ・ラーニング」

初等中等教育では無縁と思われた「アクティブ・ラーニング」ですが、以下に述べるように、高大接続の観点から高等学校に、その後は義務教育段階にまで浸透することとなりました。

平成26（2014）年12月22日に示された、中央教育審議会答申「新しい時代にふさわしい高大接続の実現に向けた高等学校教育、大学教育、大学入学者選抜の一体的改革について」では、「学習指導要領を抜本的に見直し、育成すべき資質・能力の観点からその構造、目標や内容を見直すとともに、課題の発見と解決に向けた主体的・協働的な学習・指導方法であるアクティブ・ラーニングへの飛躍的充実を図る」としています。また、同時に教育課程の基準等の在り方について平成26（2014）年11月20日の文部科学大臣から中央教育審議会へ諮問された内容には、「『何を教えるか』という知識の質や量の改善はもちろんのこと、『どのように学ぶか』という、学びの質や深まりを重視することが必要であり、課題の発見と解決に向けて主体的・協

働的に学ぶ学習（いわゆる『アクティブ・ラーニング』）や，そのための指導の方法等を充実させていく必要があります」と述べています。

ここで，「主体的・協働的に学ぶ学習（いわゆる『アクティブ・ラーニング』）」という表現が前回の能動的学修（アクティブ・ラーニング）とは異なる形で示されています。「協働的」という言葉が入ったことで，他者と協働するという意味合いが強くなり，グループ学習やペア学習などの授業形式を問うかのような表現になっています。

❸「アクティブ・ラーニングの視点に立つ」授業改善

平成28（2016）年12月発表の次期学習指導要領に向けた中央教育審議会の答申には，「『主体的・対話的で深い学び』の実現（『アクティブ・ラーニング』の視点）」という項目があり，「アクティブ・ラーニング」の視点から学習の過程を質的に改善すると述べています。

ここでいう，「アクティブ・ラーニング」の視点とは，「学び」の本質として重要となる「主体的・対話的で深い学び」の実現を目指す授業改善の視点であって，グループ活動などの授業形式や「アクティブ」だけが強調されているわけではありません。

具体的には，次の3点が示されています。

1) 学ぶことに興味や関心を持ち，自己のキャリア形成の方向性と関連付けながら，見通しを持って粘り強く取り組み，自己の学習活動を振り返って次につなげる「主体的な学び」
2) 子供同士の協働，教職員や地域の人との対話，先哲の考え方を手掛かりに考えること等を通じ，自己の考えを広げ深める「対話的な学び」
3) 習得・活用・探求という学びの過程の中で，各教科等の特質に応じた「見方・考え方」を働かせながら，知識を相互に関連付けてより深く理解したり，情報を精査して考えを形成したり，問題を見いだして解決策を考えたり，思いや考えを基に創造したりすることに向かう「深い学び」

今後の授業の改善に当たって，「アクティブ・ラーニング」をするのではなく，「アクティブ・ラーニング」の視点に立つことが重要であることを，答申は示しています。

最近では，アクティブ・ラーニングに関する出版物が多く，どの専門分野からも納得できる定義は難しくなっているようです。溝上（2016）は，「アクティブ・ラーニング」を「一方的な知識伝達型講義を聴くという（受動的）学習を乗り越える意味での，あらゆる能動的な学習のこと。能動的な学習には，書く・話す・発表するなどの活動への関与と，そこで生じる認知プロセスの外化を伴う」と定義しています。ここで，後段に書かれている能動的学習の確認（筆者下線部）が重要です。なお，認知プロセスの外化とは，認知心理学の枠組みを参考に「知覚・記憶・言語・思考（論理的／批判的／創造的思考，推論，判断，意思決定，問題解決など）といった心的表象としての情報処理プロセスを指す」と説明しています。

2 高等学校数学科における アクティブ・ラーニングの位置づけ

❶ラーニングの質を問う「アクティブ・ラーニング」に

　高等学校におけるアクティブ・ラーニング実施のきっかけが，「眠らせない」「授業に集中させたい」ということから始まっているものがあります。そのような場合，何かの活動，例えば「ペア学習」「グループ学習」「グループ間学習」などを取り入れることによって，生徒が主体的に学ぶことができたという報告があります。しかし，報告の中には「アクティブ」であったが，「ラーニング」の質が不十分だったというような授業も存在しています。
　「総合的な学習の時間」などで一部の取組が「活動あって学びなし」と批判されたように，大切なことは，「ラーニング」の質がどうであったのかを常に問うことです。

❷数学教育におけるアクティブ・ラーニングとは

　現行の学習指導要領において，数学科の目標は「数学的活動を通して，数学における基本的な概念や原理・法則の体系的な理解を深め，事象を数学的に考察し表現する能力を高め，創造性の基礎を培うとともに，数学のよさを認識し，それらを積極的に活用して数学的論拠に基づいて判断する態度を育てる」と示されています。従前の目標と比較すると「数学的活動を通して」という文言が文頭にきているところが特徴的であることは周知のところです。
　「数学的活動をすること」は，学習目標であるとともに，学習内容であり，学習方法です。学習方法としての数学的活動は，事象の数学化，数学的な考察・処理，振り返り（意味付けや発展的な考察）を意味していて，学習指導要領には既にアクティブ・ラーニングを明示していると考えることができます。数学学習にかかわる目的意識をもった主体的な活動を数学的活動といういい方もあって，数学的活動そのものが本来主体的なものです。ただ，アクティブ・ラーニングの視点の中でいわれている，「対話的で深い学び」が実現できているかどうかという点については，少し考えなければなりません。

❸数学的活動の充実

　学習指導要領第3款の3では，数学的活動において特に次の活動を重視するとしています。

1) 自ら課題を見いだし，解決するための構想を立て，考察・処理し，その過程を振り返って得られた結果の意義を考えたり，それを発展させたりすること。
2) 学習した内容を生活と関連付け，具体的な事象の考察に活用すること。
3) 自らの考えを数学的に表現し根拠を明らかにして説明したり，議論したりすること。

ここに示された活動は，主体的（自ら課題を見いだし…）・対話的（考察すること，説明したり議論したりすること）でなければ実現できません。さらに，活動を通して「数学的な見方や考え方」が必要になり，それを用いることによって深い学びにつながっていきます。つまり，現行の学習指導要領で示されている，数学的活動において重視すべき活動を充実させることがアクティブ・ラーニングの視点に立った授業となるのです。

数学的活動は，基礎的・基本的な知識・技能を確実に身に付けるとともに，数学的な思考力・表現力を高めたり，数学を学ぶことの楽しさや意義を実感したりするために，重要な役割を果たすものです。高等学校においては，特に，数学的活動を特に重視して行う課題学習が内容に位置づけられています。課題学習では，課題理解，結果予想，解決方法構想，解決，解決過程の振り返り，課題発展という学習の流れがあります。解決過程では，他者に対して自分の考えを数学的に表現したり，レポートにまとめて発表したり，根拠を明らかにして説明・議論したりするなどの言語活動も含まれています。

❹アクティブ・ラーニングの視点に立つ授業の質を問う

アクティブ・ラーニングの視点に立った授業の質を問うとなると，いくつかの観点で授業を振り返る必要があります。

前出の中央教育審議会答申では，今後，生徒に必要な資質・能力として，
1) 「何を理解しているか，何ができるか（生きて働く『知識・技能』の習得）」
2) 「理解していること・できることをどう使うか（未知の状況にも対応できる『思考力・判断力・表現力等』の育成）」
3) 「どのように社会・世界と関わり，よりよい人生を送るか（学びを人生や社会に生かそうとする『学びに向かう力・人間性等』の涵養）」。

の３つの柱が重要であるとしています。

これは，学校教育法第30条第２項の内容を踏まえたものですが，この観点で授業を捉え直すことが，アクティブ・ラーニングの視点に立った授業の質を問うことになります。その際，数学科としては，これまで大切にしてきた「数学的な見方・考え方」がこの３つの柱の全てに働くものであり，かつ全てを通して育成されるものという認識に立って，授業を構成していくことが大切です。

3 本書における アクティブ・ラーニングのとらえ

　数学的活動を充実させることでアクティブ・ラーニングの視点に立った授業が実現できます。ただ，授業者はどんな目標の下に，どのような主体的な活動が実現できているのか，ということに留意しなければなりません。アクティブ・ラーニングで「主体的・対話的」と示されているように，生徒が主体的に自分自身や，他者（仲間，先哲等）と対話するような授業設計が必要です。このような授業でみられる活動は，数学的活動の一場面である「数学的な考察・処理の過程」に含まれるものですが，そこで使われる「数学的な見方や考え方」を意識化させ，より深い学び（発展・深化）に誘うことが大切です。

　このような授業設計にあたっては，生徒が身に付けるべき資質・能力を明確にした授業目標を設定し，その実現に向けて数学的活動を充実させるような教材の準備が必要です。

　そこで，本書では，答申等で示されている資質・能力の「知識・技能」「思考力・判断力・表現力等」「学びに向かう力・人間性等」の3つの柱を基に目標を整理し，授業プランを考えることにしました。

　第2章における授業プランでは，その冒頭に，下のような表でその指導内容を通してどのような資質・能力の育成を目指すのかを具体的に示しています。各授業プランは生徒の実態によって1時間から数時間にわたることもありますが，時間の区切りに着目するのではなく，数学的活動を一層充実させ，アクティブ・ラーニングの視点に立った授業改善のヒントにしていただければ幸いです。

（吉田　明史）

知識・技能	思考力・判断力・表現力等	学びに向かう力・人間性等
（記述例） ■………についての理解 ■………についての知識 ■………する技能	（記述例） ■………を演繹的に考察する力 ■………を数学的に表現する力 ■………の事象を数学化する力	（記述例） ■………を進んで活用しようとする態度 ■………を批判的に検討しようとする態度 ■………を意味づけ，振り返ろうとする態度

【引用・参考文献】
・溝上慎一『アクティブラーニングと教授学習パラダイムの転換』（東信堂）

第2章

アクティブ・ラーニングを位置づけた高校数学の授業プラン

数学Ⅰ　　　　　　　　　　　　　　集合

わかりやすく図で表現しよう！

知識・技能	思考力・判断力・表現力等	学びに向かう力・人間性等
■集合の要素の個数を求めることについての理解 ■集合の要素の数を考えるときに活用できる図（ベン図・キャロル図）についての知識 ■与えられた課題を図で表現する技能	■問題の意味を理解し，数学的に問題解決をしようとする力 ■問題解決において，適切な道筋を見いだす力 ■問題解決において，的確な図や表を用いるなど，表現を工夫する力	■図で表現することのよさを知り，図でわかりやすく表現しようとする態度 ■（たとえ難しく感じても）問題を解こうとし続ける態度 ■自分が理解したことを他者に伝え，逆にわからないことは尋ね，共に理解しようとする態度

1 授業のねらい

集合の要素の個数を適切な図を用いて求められるようにする。

2 授業づくりのポイント

　集合の要素の個数を求める問題では，問題文を図で表すことが重要であり，教科書でもベン図を扱っています。ところが，最近の実態として，問題を見るとすぐ答えを出したがる傾向があり，この単元に限らず，問題文を図で表すことを省略しようとする生徒が一定数存在します。しかし，文章を理解して図で表現できることは，数学の世界に限らず大人になってから仕事をするうえでも重要な力です。また，この力は数学でこそ伸ばすことができます。

　この授業では「図で考える」ということをキーワードに，最終的には応用問題を図で表現して解くことに挑戦します。授業では，キャロル図にこだわらず，どんな図をかくとわかりやすいのかを考えさせること，かいた図を他の人に説明することを大切にします。

3 学習指導案

時間	生徒の学習活動	教師の指導・支援
3分	1 物事を図で表すことが社会に出てからも大切なことを知る。	・図で表せば考えやすくなること，図示する力は仕事をするうえでも大切な力であることを伝える。
12分	レビュー問題　集合の要素の個数についての復習問題（詳細は次ページ参照）	
	2 レビュー問題にグループで取り組む。	・4人程度で机をつけてグループにする。 ・最終的にはグループ全員ができるようになることを目指し，まず個人で考えてからグループで考えさせる。 ・早くできたグループがあれば，補充問題に取り組ませる。 ・机間指導で理解度を確認する。
	問題 　あるクラスで生徒の通学時間と通学手段を調べたところ次のことがわかった。 　このとき，通学時間が1時間以上の女子の数を求めなさい。 ・このクラスは男女各20名である。 ・通学時間が1時間未満の生徒は男女合わせて25名である。 ・通学時間が1時間未満の男子で，電車通学していないのは6人である。 ・電車通学している男子は13人である。 ・通学時間が1時間未満の男子のうち，電車通学をしている男子は，そうでない男子より1人多い。	
15分	3 今日の課題にグループで取り組む。	・図で考えるように伝える。 ・キャロル図にこだわらず，生徒の発想を優先する。 ・どうしても進まないグループには，ヒントカードを与える。
5分	4 早くできたグループが発表する。	・キャロル図には必ず触れ，他にもよいものがあれば発表させる。
10分	5 補充問題に取り組む。	・個人→グループで取り組ませる。 ・必要があれば黒板にヒントを書く。 ・時間に余裕があればできた生徒に前で発表させる。
5分	6 今日の振り返りをする。	・改めて図で考えることの大切さに触れ，これからの授業でも図示することを大切にするよう伝える。

4 授業展開例

前時までに集合の要素の個数について学習済みという前提での授業です。
はじめに,「図示すること」の大切さを,以下の例を示しながら伝えました。

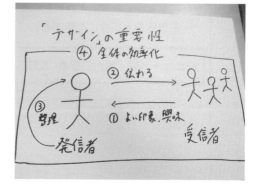

例1　　　　　　　　　　　　　例2

明らかに例2の方がわかりやすいことを確認し,図示する力は社会生活上重要なものであること,数学だからこそこうした力を伸ばせることを伝えます。そして,4人で机をつけてグループになって,ウォーミングアップとして以下の「レビュー問題」に取り組みます。

レビュー問題（A4で印刷し,裏に答え（式などは書かない）のみ記載する）
❶100以下の自然数のうち,4の倍数または5の倍数である数の個数を求めなさい。
❷100以下の自然数のうち,4の倍数でない数の個数を求めなさい。
❸100以下の自然数のうち,4でも5でもわりきれない数の個数を求めなさい。
❹40人の生徒のうち,サッカーが好きな生徒は20人,テニスが好きな生徒は15人,どちらも好きな生徒は10人である。このとき次の人数を求めなさい。
(1)テニスは好きだが,サッカーは好きでない生徒
(2)どちらも好きでない生徒

補充問題（余力のあるグループのための応用問題）
　40人の生徒のうち,英語が好きな生徒は25人,数学が好きな生徒は20人であった。
　このとき英語も数学も好きでない生徒は,何人から何人であると考えられますか。

　レビュー問題は,全員が本時の前提となる知識を復習することが目的なので,グループみんなができるようにすること,わからない人には教えること,を強調します。生徒の様子を見て回り,図をかくとわかりやすくなることを伝えます。レビュー問題の答えは裏にあるので,詳しい解説は不要ですが,❹のみ図をかいて簡単に解説し,図をかくということをより強く意識

させました。
　次に，本時の問題のプリントを配付し，グループで考えるよう伝えます。

> **問題**　あるクラスで生徒の通学時間と通学手段を調べたところ次のことがわかった。このとき，通学時間が１時間以上の女子の数を求めなさい。
> ・このクラスは男女各20名である。
> ・通学時間が１時間未満の生徒は男女合わせて25名である。
> ・通学時間が１時間未満の男子で，電車通学していないのは６人である。
> ・電車通学している男子は13人である。
> ・通学時間が１時間未満の男子のうち，電車通学をしている男子は，そうでない男子より１人多い。

　最初は個人で考えていた生徒たちですが，数分するとグループでの相談が始まります。
　「どう考えたらよいかわからなければヒントカードを渡す」と伝えましたが，ヒントカードがほしいという声はどのグループからも出ませんでした。なお，ヒントカードには，キャロル図のようなもの，円を３つかいたもの，空間座標の図，の３つが示してあり，「このような図を使うことはできないだろうか」と問いかけました。

グループ１
生徒A　生徒は40人で，男子も女子も20人。１時間以上と１時間未満の人がいる。電車を使ってるかどうかは，どうかいたらいいんだろう？
生徒B　こうやって１時間未満として図をかいた。このうち電車通学していないのは６人だから，電車通学してる男子は７人。あれ，この問題何を求めるんだっけ…？
生徒C　いや，これで通学時間が１時間未満で電車通学してる男子が13人とわかるから，１時間未満の女子は12人とわかる。だから…
生徒A　わかった！！

グループ２
生徒D　あかん，頭が混乱してきた。
生徒E　甘いな。この問題は一番下の条件がポイント。通学時間が１時間未満の男子で，電車通学してないのが６人とわかっていて，通学時間が１時間未満で電車通学の男子はそれより１人多いから７人とすぐにわかる。
生徒D　わからん。図にしてほしい。
生徒E　えっ，図にする？　ちょっとやってみるわ…

教師は，キャロル図をかいて問題を解くことを想定していたのですが，生徒たちの多くは違う図（下図参照）をかいて解いていました。その図で多くの生徒が理解していたので，そちらを尊重しようと決めました。

　10分経過したところで，すでに解決できていたグループを指名し，黒板に解答をかいて解説するよう伝えました。この段階で各グループ最低２人は答えを出していましたが，「全員が理解している」というところまで到達しているグループは少数という状況でした。

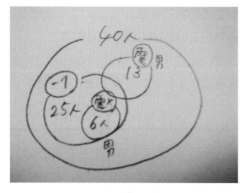
生徒のかいた図

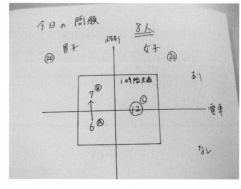
キャロル図

　解説を聞き，多くの生徒は納得しました。その後，教師からもキャロル図を使った解き方を簡単に説明しました。その際，改めて「図にもいろいろなものがあるが，図で表すことでわかりやすくなる」ということを強調しました。授業後に生徒が書いた振り返りを見ると，このとき強調したことは，特にＤくんやＥくんには響いたようです。

　次に，振り返りプリントを配付し，今日の確認テストを解くように伝えました。

確認テスト

　あるクラスで１組と２組の生徒の先月の食堂の利用状況を調査したところ次のことがわかった。このとき食堂を利用した１組の男子生徒は何人か答えなさい。
・１組と２組の生徒はどちらも40人である。
・１組の女子の生徒は14人，２組の女子の生徒は20人である。
・１組の生徒の中で食堂を利用したのは30人である。
・食堂を利用した生徒数は50人であり，このうち男子は35人である。
・食堂を利用しなかった１組の男子生徒は，食堂を利用した２組の女子生徒より７人多い。

<u>解答</u>　17人　食堂を利用した１組男子を x 人としてキャロル図で考える。食堂を利用していない１組男子（$26-x$）は，食堂を利用した２組女子（$x-15$）より７人多いことから，$26-x = x-15+7$ となる。

確認テストの問題は，本時の問題より少し難しいものだったこともあり，グループで考えるように伝えました。確認テストは「同じレベルの問題を出して個人またはグループで解かせる」「少し簡単な問題にして図をかくと解けるという自信をつけさせる」など様々なねらいが考えられますが，どれにするのかはそのときの生徒の状況で判断するのがよいでしょう。今回は，グループで教え合うことを重視し，「難しかったけどできた！」という体験をしてほしかったので，このようにしました（時間に限りがあり，全員が解けるというところまで到達しなかったのは反省点です）。

　プリントの配付が終わると，生徒たちは真剣に問題を解いていました。本時の問題のときと同じように，数分経つとグループでの会話が始まりました。
　ここではキャロル図をかいて問題を解こうとしていた生徒が多かったのですが，問題レベルが上がったため，なかなか解けません。そこで，黒板にヒントをかき，キャロル図で求めたいところを x として考えることを伝えました（それでも難しかったようです）。
　残り5分になったところで，振り返りを書くこと，チャイムが鳴ったらプリントを集めることを伝えました。そして，実は今日の問題は，国家公務員Ⅰ種試験を一部変更したものであることも伝えました。

---

(1) 5段階チェック（5＝大変良い，…，3＝ふつう，…，1＝ダメ）
　ア）授業を全力で受けた　　　　　　　　　　　（　　　）
　イ）クラス全体が賢くなるために貢献できた　　（　　　）
　ウ）集合の要素の個数の求め方が理解できた　　（　　　）
　エ）問題文を図で表現する大切さがわかった　　（　　　）
　オ）あきらめずに考え続けた　　　　　　　　　（　　　）
(2) 今日がんばったことは何か。
(3) どうすればもっとこの時間の学びが有意義になるか。

振り返りの内容

　授業後に振り返りの記述内容を見ると「あきらめずに考え続けた」に対する自己評価が最も高く，今日がんばったことには「あきらめずに考えて頭を使った」「図を考えることができた」「真剣に考えた」などの記述が目立ちました。
　また，以降の授業で図をきっちりかく生徒が増えたことも，この授業を実施した成果であると考えます。

（酒井　淳平）

数学Ⅰ　　　　　　　　　　　　　図形の計量

三角形の角の二等分線の長さを求めよう！

知識・技能	思考力・判断力・表現力等	学びに向かう力・人間性等
■三角比にかかわる正弦定理や余弦定理，三角形の面積公式についての理解 ■中学校数学科や高等学校数学A図形の性質で学習した図形の様々な性質についての知識 ■正弦定理・余弦定理等を使って，辺の長さや角を計算する技能	■三角比に限らず，これまでに学習してきた既習の定理や公式を活用して，三角形の角の二等分線の長さの求め方を様々な方法で考察する力 ■角の二等分線の長さを求める方法を簡潔・明瞭・的確に表現する力	■三角比や正弦定理・余弦定理・三角形の面積公式等のよさを認識して，問題の解決にこれらを積極的に活用して，線分の長さを求めようとする態度 ■角の二等分線の長さを多様な方法で考え，よりよく問題を解決しようとする態度

1 授業のねらい

　正弦定理や余弦定理等のよさを認識させ，図形の問題を解決するのにそれらを活用することができるようにする。

2 授業づくりのポイント

　中学校までに，様々な図形の性質を合同条件や相似条件を用いて証明したり，三平方の定理を活用して図形の線分の長さを求めたりすることを学習しています。また，高等学校数学Aでは，中学校での内容を踏まえ，さらに三角形や円に関する性質を深く学習しています。そのうえで，数学Ⅰの本単元では，三角比の概念を新たに導入し，正弦定理や余弦定理，三角形の面積公式等についてひと通り学習しました。

　本時は，既習の定理や公式等を活用して，三角形の角の二等分線の長さを求める方法を考えさせます。この際，1つの方法だけでなく，様々な方法を考え比較検討するようにします。

3 学習指導案

時間	生徒の学習活動	教師の指導・支援
5分	1 正弦定理や余弦定理，三角形の面積公式の復習をする。	・前時までに学習した定理，公式を，指名した生徒に発表させる。 ・本時は，これらを使って，図形の問題を考えることを伝える。
	課題1　図の△ABCで，∠Aの二等分線ADの長さを，いろいろな方法で求めよう。 （△ABCの図：AB=3, AC=6, ∠BAD=∠DAC=60°，BC上に点D）	
10分	2 まず個人で考える。	・問題にとりかかる前に，ADのおよその長さを予想させる。 ・机間指導をして，考えが進まない生徒に対しては，適宜ヒントを与える。
15分	3 グループをつくり，互いの考えを交流する。	・グループでの交流の際に，うまく求められなかった方法についても意見を出し合うように促す。
10分	4 いろいろな方法を全体の前で発表する。	・生徒が考えた様々な方法の中から，特に正弦定理，余弦定理，三角形の面積公式，初等幾何による4つの方法を取り上げ，指名して板書させる。
	課題2　4つの方法を比較して，どの方法がよいか検討しよう。	
5分	5 グループで意見を出し合って，どの方法がよいかを検討する。	・どの方法がよいかの結果だけではなく，理由も考えさせるようにする。
5分	6 いろいろな考えを共有する。そのうえで，三角比で学習した正弦定理・余弦定理・三角形の面積公式などを活用することのよさを検討する。	・数人の生徒にいろいろな考えを発表させる。 ・最終的にはどの方法にもよい点があること，三角形の面積公式等を使った方法はより一般性の高い方法であること等を，全体で確認する。

4 授業展開例

前時までに，三角比に関する次の性質をひと通り学習しました。

❶正弦定理

△ABC において，$\dfrac{a}{\sin\alpha} = \dfrac{b}{\sin\beta} = \dfrac{c}{\sin\gamma}$

$a:b:c = \sin\alpha : \sin\beta : \sin\gamma$

❷余弦定理

△ABC において，$c^2 = a^2 + b^2 - 2ab\cos\gamma$

❸三角形の面積公式

△ABC において，面積 $S = \dfrac{1}{2}ab\sin\gamma$

正弦定理の学習では，3辺の比が3つの角の正弦の比に等しいことを強調しました。

余弦定理の学習では，1つの式のみを扱い，「2辺の長さとその間の角を基に対辺の長さが求められる式」であることを強調しました。また，特に $\theta = 90°$ のときが「三平方の定理」であること，すなわち，余弦定理は三平方の定理の拡張になっていることにも触れました。

三角形の面積公式の学習では，余弦定理と同様に1つの式のみを扱い，「2辺の長さとその間の角を基に面積が求められる式」であることを強調しました。

本時は，まず復習として「これまでに三角比に関してどんな定理や公式を学習してきたかな？」と問い，上記の正弦定理，余弦定理，三角形の面積公式をあげさせ教師が板書します。

そのうえで，「今日からは，これまでに学習してきた三角比に関する定理や公式を使って，いろいろな問題を解決しよう」と投げかけ，本時の課題1を提示しました。

課題1 図の△ABC で，∠A の二等分線 AD の長さを，いろいろな方法で求めよう。

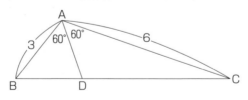

はじめに，AD の長さがおよそどのくらいになるかを予想させた後，個人で考える時間をとりました。生徒が考えている間，机間指導をしながら，考えが止まっている生徒に，適宜ヒントを示しました。

この間，生徒が考えた主な方法は，次のようなものでした。

ア　余弦定理を利用

△ABC に余弦定理を使って，
　$BC^2 = 9 + 36 - 36\cos 120° = 63$
よって，$BC = 3\sqrt{7}$
$AD = x$ として，△ABD，△ACD に余弦定理を使って，
　$BD^2 = 9 + x^2 - 6x\cos 60°$
　$CD^2 = 36 + x^2 - 12x\cos 60°$
だから $3\sqrt{7} = \sqrt{9 + x^2 - 3x} + \sqrt{36 + x^2 - 6x}$
これを解いて，…（挫折）

イ　余弦定理，角の二等分線の性質を利用

△ABC に余弦定理を使って，
　$BC^2 = 9 + 36 - 36\cos 120° = 63$
よって，$BC = 3\sqrt{7}$
角の二等分線の性質から，$BD : DC = 3 : 6$
より，$BD = \sqrt{7}$，$CD = 2\sqrt{7}$
$AD = x$ として，△ABD，△ACD に余弦定理を使って，
　$7 = 9 + x^2 - 6x\cos 60°$
　$28 = 36 + x^2 - 12x\cos 60°$
これを解いて，$x = 2$

ウ　正弦・余弦定理，角の二等分線の性質を利用

△ABC に余弦定理を使って，$BC = 3\sqrt{7}$
△ABC に正弦定理を使って，
　$6 : 3\sqrt{7} = \sin B : \sin 120°$
よって，$\sin B = \dfrac{\sqrt{21}}{7}$
$BD : DC = 3 : 6$ より，$BD = \sqrt{7}$
$AD = x$ として，△ABD に正弦定理を使って，
　$\sqrt{7} : x = \sin 60° : \dfrac{\sqrt{21}}{7}$
これを解いて，$x = 2$

エ　面積公式を利用

$AD = x$ として，△ABD ＋ △ACD
＝△ABC から，面積公式を使って，
　$\dfrac{1}{2} \times 3x \times \sin 60° + \dfrac{1}{2} \times 6x \times \sin 60°$
　$= \dfrac{1}{2} \times 18 \times \sin 120°$
これを解いて，$x = 2$

オ　初等幾何による証明1

AC 上に E を AB∥ED となるようにとると，
△ADE は正三角形になるので，
$AD = x$ とすると，$AE = DE = x$
三角形と比の性質から，$x : 3 = (6 - x) : 6$
よって，$x = 2$

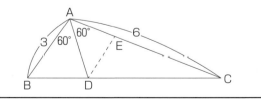

カ　初等幾何による証明2

AC 上に E を AD∥EB となるようにとると，
△ABE は正三角形になるので，$AE = BE = 3$
$AD = x$ とすると，三角形と比の性質から，
　$x : 3 = 6 : (6 + 3)$
よって，$x = 2$

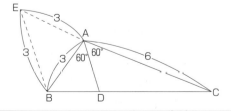

最初は，アの方法を考える生徒が少なくなかったのですが，根号を含む方程式が出たところであきらめて，多くの生徒が角の二等分線の性質を使ったイの方法に移行していました。また，1つの方法を考えた生徒が他の方法を模索する中で，ウやエの方法を考えたり，初等幾何によるオやカの方法を考えたりしていました。しかし，まだ個人の段階では，複数の方法を完成させた生徒は多くありませんでした。

　そこで，次にグループ（4人を原則）で，他の人の考えを共有する活動を行いました。例えば，あるグループでは次のようなやりとりがありました。

生徒A　私は，余弦定理を使ったけど（方法ア），根号のある方程式が出て挫折したわ。
生徒B　僕も最初は同じだったけど，角の二等分線の性質を使うとBD，CDの長さが求まるので，もう1回余弦定理を使えば求められたよ。（方法イ）
生徒C　私は，面積公式を使って求めたわ。計算が楽だったわよ。（方法エ）
生徒D　僕は，初等幾何で考えてみたんだ。ここに平行線を引くと正三角形ができるので，何か言えないかなと考えたんだけど…。（方法オ）
生徒B　あっ！　AD $= x$ とすると，DEもAEも x で表されるから，三角形と比の性質が使えるんじゃない？
生徒C　ほら，こんな比例式がつくれるよ。これを解けばいいんだよ。

　こうして，4人が知恵を出し合って，初等幾何による方法を完成させました。その後，他の補助線の引き方がないか，さらに検討を続けていました。

　次に，全体で3つの方法イ，エ，オの方法を見いだしたグループの生徒を指名し，板書させたうえで発表させました。
　これらの方法を全体で確認した後に，次の課題2を提示しました。

課題2　3つの方法を比較して，どの方法がよいか検討しよう。

　課題2について，引き続きグループで検討させました。あるグループでは次のようなやり取りがありました。

生徒A　私は，絶対に初等幾何による方法がいいわ！
生徒B　僕も同じ意見だ。初等幾何による方法は「エレガント」という感じだよね。
生徒C　でも，補助線が思いつかないと難しいよ。その点，余弦定理を使う方法は計算さえできれば求められるわ。

生徒D 僕も三角比を使う方がいいな。面積公式を使う方法なら，計算も楽だよ。

生徒A 確かに，初等幾何による方法は，たまたま60°だから正三角形の性質が使えたけど，60°でなかったらダメだね。

次に，いくつかのグループに，どの方法がよいと思うかと，その理由を発表させました。まずは，初等幾何がよいと考えたグループに発表させ，次に，三角比を使った方法がよいと考えたグループに発表させました。そして，最終的には，初等幾何による方法は補助線が思いつけば簡単に証明できること，三角比を使った方法は60°でない場合でも使えること等を全体で確認して，三角比に関する定理・公式を活用することのよさを認識し，図形の問題解決の様々な方法の特徴について，理解を深めました。

5 評価について

授業後に，本時の学習を振り返って，さらに追究したいことがあれば，レポートにまとめて提出するように指示しました。何人かの生徒からレポートが提出され，次のような内容を追究していました。

ア ∠BAC＝90°の場合を考えた

AD＝xとして，面積公式を使って，
$$\frac{1}{2} \times 3x \times \sin 45° + \frac{1}{2} \times 6x \times \sin 45°$$
$$= \frac{1}{2} \times 18 \times \sin 90°$$
これを解いて，$x = 2\sqrt{2}$

イ AB, ACの長さを一般化した

AB＝p，AC＝q，AD＝xとして，面積公式を使って，
$$\frac{1}{2} \times px \times \sin 60° + \frac{1}{2} \times qx \times \sin 60°$$
$$= \frac{1}{2} \times pq \times \sin 120°$$
これを解いて，$x = \dfrac{pq}{p+q}$

つまり，$\dfrac{1}{x} = \dfrac{1}{p} + \dfrac{1}{q}$ のように，x は p, q の逆数の和の逆数になっていることがわかる。

ウ 黒板で発表された以外の方法を考えた

B, CからADに垂線BE, CFをひくと，△ABE，△ACFは，1：2：$\sqrt{3}$の直角三角形
だからAE＝1.5，AF＝3，よってEF＝1.5
△BDE∽△CDFだから，
  ED：FD＝BD：CD＝1：2
よって，ED＝$\dfrac{1}{3}$EF＝0.5 より
  AD＝1.5＋0.5＝2

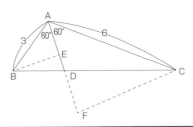

（熊倉　啓之）

数学Ⅰ　　　　　　　　　　　図形の計量

スカイツリーよりも東京タワーの方が高い!?

知識・技能	思考力・判断力・表現力等	学びに向かう力・人間性等
■直角三角形における三角比の基本的な意味の理解 ■見かけの高さを数学化し，地面と物体の頂点とのなす角（仰角）として解釈する知識 ■平面図形・空間図形における計量に活用するための知識	■事象を数学的な図形としてとらえて考察する力 ■三角比の知識を活用して，2つの建物が同じ高さに見える場所を判断する力 ■自らの考えの根拠を，図や式を用いて簡潔に表現する力	■日常的な事象に関心をもち，その根拠や要因を追究しようとする態度 ■他者と話し合うことで多様な考えを知り，自らの考えを精錬しようとする態度 ■数学での結論と現実での結果とのつながりを知り，三角比の有用性を理解する態度

1 授業のねらい

> 三角比を使って，2つの建物が同じ高さに見える場所を判断できるようにする。

2 授業づくりのポイント

　生徒は前時までに，三角比の定義，正弦・余弦定理，面積公式などを一通り学習しています。本時は，三角比の活用場面として，ある地点における東京タワーと東京スカイツリーの見かけの高さについて考察します。図形だけでなく，実在する建物を考察の対象とすることで，三角比が机上の問題を解くためだけの道具ではなく，日常事象における測量のための道具として有用であることも感得させたいと考えました。

　また，生徒1人に1台ずつタブレット端末を貸し出し，問題解決の過程で必要な情報はインターネットやアプリから収集してよいことにしました。必要な情報を教師から与えるのではなく，生徒自らが考えて集めることにより，主体的に課題に取り組む意識を高めていきます。

3 学習指導案

時間	生徒の学習活動	教師の指導・支援
5分	1 問題場面の把握をする。	・東京スカイツリーよりも東京タワーの方が高く見える写真を提示し，見かけの高さに焦点を当てる。
	課題1 身長の異なる2人が同じ高さに見えるのはどのようなときか，図に示そう。	
10分	2 2人の背丈が同じ高さに見える立ち位置を図に示し，そのように考えた根拠を説明する。	・身長の異なる2人の生徒を前に並ばせ，その様子をスクリーンに投影することで，立つ位置によって見かけの高さが変わることを全体で確認する。 ・ワークシートを配付し，2人の背丈が同じ高さに見えるときの2人の立ち位置を考察させる。 ・見かけの高さが，地面からの仰角でとらえられることを全体で共有する。
	課題2 A（亀有公園），B（築地市場駅），C（東京工業大学）のうち，東京タワーと東京スカイツリーが同じ高さに見える場所はどこだろう。	
2分	3 同じ高さに見える場所を地図を基に予想する。	・地図を示し，各地点の位置関係を示す。 ・生徒に予想の根拠を発表させる。
3分	4 まずは個人で解決に必要な情報を考えることで，解決の見通しをもつ。	・ワークシートに問題解決に必要になりそうな情報を箇条書きさせる。
15分	5 グループになり，解決の見通しを共有したうえで，問題解決をする。	・解決に必要な情報を1人ずつ発表し，解決の見通しをもたせたうえで問題解決させる。 ・解決の見通しをもてていないグループには声かけを行い，他のグループを偵察させる。
10分	6 全体で考えを共有する。	・いくつかのグループに板書させて発表させる。 ・発表を聞く中で，わからないところは必ず質問させる。より効率のよい考え方がある場合には，発表させる。 ・実際の写真を提示することで，数学的に得られた結論を実際の結果と照らし合わせる。
5分	7 本時の学習を振り返る。	・学習を振り返り，本時で学んだことをまとめる。また，他にも同じ高さに見える地点があるのかを考えてみるように促す。

4 授業展開例

　三角比の学習を一通り終えた後の活用の授業として位置づけました。まずは，日本で一番高い建物についての話題から入りました。「東京スカイツリー」という生徒の意見に対して「もっと高い建物を撮影した写真があるよ」と伝え，次の写真を提示しました。

東京都・飯田一彦氏撮影

　一瞬驚いた様子の後，生徒から「東京タワーの方が手前にあるからだ」「実際は低いけど高く見えるだけ」という声が上がりました。しかし，理解ができていない生徒もいたので，「本当に手前にあるものは高く見えるのか」を検証してみることにしました。

　身長の異なる2人の生徒を黒板の前に立たせ，タブレット端末のカメラで撮影し，その様子をテレビに映しました。2人の立つ位置を変えることで，画面に映る2人の身長の高さが逆転する様子を見ることで，場所によって見かけの高さが変わることをとらえさせました。

　問題場面について共通の理解ができたところで，以下の課題1を考えることにしました。

課題1
　身長の異なる2人が同じ高さに見えるのはどのようなときか，図に示そう。

　この課題は「見かけの高さが何によって決まるのか」を引き出すための問いです。次のワー

クシートを配付し，個人で考えさせました。生徒たちは，観測地点（目）からAさんの頭に直線を引き，「2人の頭がこの直線上に並ぶ場所では同じ高さに見える」と考えていました。さらに仰角に着目させるために「同じ高さに見える位置から，一方の人を一歩前に出したら見え方はどうなる？」と問いかけました。図を使って考えている生徒を指名し，説明させました。仰角に「大」「小」と書き，「一歩前に進むと見上げる角度が大きくなるから，身長も高く見えるようになる」と説明すると，聞き手の生徒もうなずいていました。そこで「見かけの高さは，地面と視線とがなす角（仰角）の角度で決まる」と板書し，全体で共有しました。

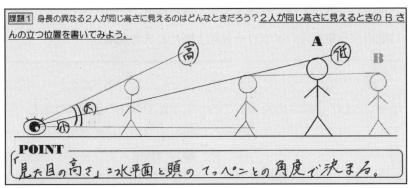

次に東京タワーと東京スカイツリーに話題を戻し，以下の課題2を考えました。

課題2
　A，B，Cのうち，東京タワーと東京スカイツリーが同じ高さに見える場所はどこだろう。

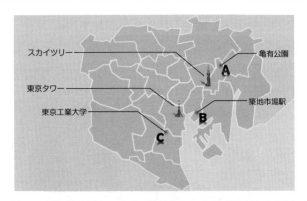

　実際に訪れたことがない生徒がいることを考慮し，東京都の航空写真とイラストをテレビに映し，A（亀有公園），B（築地市場駅），C（東京工業大学），東京タワー，東京スカイツリーの位置関係を確認しました。どの地点で同じ高さに見えるかを直観で予想させたところ，BとCで意見が分かれました。「スカイツリーの方が手前にある地点では同じ高さには見えない」という理由からAは0人でした。このように直観的に予想を立てる場面を設けることで，実際

はどうなるのかを知りたくなり，考える必然性が生まれると考えます。
　まずは個人で考える時間をとり，問題解決に必要だと思われる情報を書き出させました。以下は，このときに生徒から出された考えです。

❶東京タワーと東京スカイツリーの高さ
❷B地点とC地点から東京タワーまでの距離
❸B地点とC地点から東京スカイツリーまでの距離
❹B地点とC地点から東京タワーを見上げたときの角度
❺B地点とC地点から東京スカイツリーを見上げたときの角度

　その後，3人程度のグループをつくりました。じゃんけんで勝った人から順に自分の考えを発表させ，グループとしての解決の見通しをもったうえで解決へと進ませました。
　また，生徒1人に1台ずつタブレット端末と地図を配付し，必要な情報は自らインターネットやアプリを用いて調べてよいことにしました。❶の情報はインターネットから，❷，❸の情報はアプリ「キョリ測」や地図と定規を用いて調べることができる環境を用意しました。

生徒A　なんでBからスカイツリーまでの距離が必要なの？
生徒B　スカイツリーまでの距離と高さがわかれば，直角三角形がつくれるでしょ。
生徒A　どういうこと？
生徒C　タンジェントだよ。
生徒B　見上げたときの角度求めたいんでしょ？（直角三角形をかいて）直角三角形の2つの辺がわかれば，タンジェント使って角度求まるじゃん。
生徒A　あー，わかった。そういうことか！

生徒B　（アプリ「キョリ測」を使って）Bからスカイツリーまでが6362mで，スカイツリーの高さが634mだから，$\tan\theta = \dfrac{634}{6362} ≒ 0.09965\cdots$，これが角度？

教　師　結論出そう？
生徒B　タンジェントの値までは出たんですが，角度ってどうやって求めますか？
教　師　電卓アプリ（MyScript Calculator）使っていいよ。角度のところを空欄にすれば出るよ。
生徒B　（下図の電卓アプリを使って）Bから見たスカイツリーの角度は5.69度だ。
生徒C　（同様に調べて）Bから東京タワーを見た角度は9度になるからBは違うね。

　このグループでは，互いに意見を交換し合う中で，❶❷❸の情報を基にして三角比の定義を使うことで，❹❺の見上げた角度を求められることに気づくことができました。

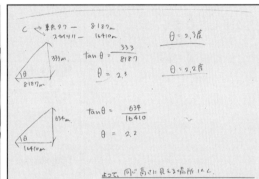

　その後，2つのグループを指名し，考えを板書して発表をしてもらいました。仰角がおよそ2度とほぼ同じになることから，同じ高さに見えるのはC地点であると判断しました。最後に，Cの東京工業大学から撮影した写真を提示すると歓声が上がりました。自分たちが数学で導いた結論と現実における結果が一致したことに喜びや驚きを感じていたのだと思います。

東京工業大学・大佛俊泰教授撮影

　最後に本時を振り返り，2つの直角三角形が相似になるときに同じ高さに見えることや，本来ならば観測者の目の高さや観測地点の標高を考慮すべきことを押さえました。さらに「C地点以外にも同じ高さに見えるところはあるのだろうか？」と問いかけ，授業を終えました。授業後に「円になりますよね？」と言いに来た生徒がいたので，次時には同じ高さに見える点の軌跡を確認することで，数学Ⅱで学習するアポロニウスの円の素地になりました。（冨田　真永）

数学Ⅰ　データの分析

交通事故を減らす対策案をプレゼンしよう！

知識・技能	思考力・判断力・表現力等	学びに向かう力・人間性等
■事故の傾向や原因を把握するために，データを整理したり分析したりする技能	■事故の傾向を多面的にとらえて原因を特定し，その対策を適切に考察する力 ■対策提案に向けて，根拠を示すデータを適切な表やグラフで表現する力 ■他者による事故の分析や対策，プレゼンの良し悪しなどを判断する力	■チームで対策をつくる過程でペアの考えを対話的に学ぼうとする態度 ■同じ問題の解決を他のチームと競い合う過程で，自らの考察を振り返り，より深い学びにつなげようとする態度

1 授業のねらい

> 統計の考えを基に事故の傾向や原因を把握し，よりよい対策を提案できるようにする。

2 授業づくりのポイント

「使える統計」が求められており，そのためには統計を使った問題解決の経験が必要だと考えます。本教材「交通事故を減らそう」は，解決すべき目的が明確で分析環境（クロス集計等）が充実しています。授業では4人で1つの事故現場を特定し，2人＋2人に分かれてその対策案を競い，どちらの提案を採用するかはプレゼンによって他の生徒が判断します。相互評価がさらによい対策案を生みます。

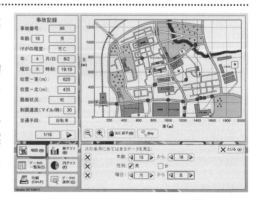

3 学習指導案

時間	生徒の学習活動	教師の指導・支援
	課題1 交通事故の対策プランを作成して町議会に提案しよう。	
	0 前時までに4人で1つの事故現場を特定し，2人＋2人に分かれて対策案をPower Pointにまとめている。	・基本的なスライドの構成（1枚目に問題意識，2枚目に原因の特定，3枚目に対策の提案）を確認する。
	課題2 友だちのプレゼンを町議会の立場で評価しよう。	
30分	1 3つの事故現場について，それぞれ2チームのプレゼンを聞き，評価していく。 評価表に基づいて◎○△で評価する。	・評価表を配付し，評価項目（6つ）を確認する。 ①町にとって最優先すべき問題か ②伝わる数式，図，表，グラフか ③根拠に飛躍や矛盾がなく明確か ④町への迷惑が少ないか ⑤プレゼンを工夫しているか ⑥町全体に最適な対策か ・プレゼンに対して適宜問いを投げかけ，各自の提案に生かすよう促す（特に上の①③④を強調）。 ・プレゼンが工夫されていれば，そのよさを取り上げ，全体に伝える。 　例1　2つ以上の原因と対策があるとき，どれとどれが対応しているのかわかりやすく示している。 　例2　事故の場所を，棒で指示したり，赤丸で囲んだりして強調している。
15分	2 全体で投票し勝敗を決める。	・同じ問題でも人によって対策が違うことを取り上げ，自分たちよりもよい対策があったり，自分と他者の考え方や評価にいろいろな相違があったりすることを理解させる。
5分	3 他者と自分の提案やプレゼンを振り返る。	・評価表⑦「よりよくなるためのアドバイス」を記述させ，自分の提案も振り返らせる。

4 授業展開例

> **課題1** 交通事故が多発して困っている町がある。その町の議会では，交通事故を削減するために，100,000ポンド（1,400万円）の予算を計上している。その町の過去4年間の交通事故のデータを分析し，どこにどのような対策を講じればよいか，対策プランを作成して町議会に提案しよう。

「交通事故を減らそう」は，イギリスで開発されたBowland Mathsの教材[1]の1つで，指導案やワークシート，フリーソフトを含むものです。提案を前提にしているところが「使える統計」につながると考えています。

またクロス集計のしやすさも，このソフトの優れたところです。図1左下の「データの選択（C）」をクリックすると，事故の記録として「（被害者の）年齢」「性別」「けがの程度」「（事故が発生した）年・月／日・曜日・時刻」「位置」「路面状況」「制限速度（マイル／時）」「交通手段（歩行者，自転車，バイク，車）」のデータが表示されます。これらのデータは複数の項目でクロス集計させながら層別や絞り込みをすることができ，その結果は図2のようにグラフで表示されます。

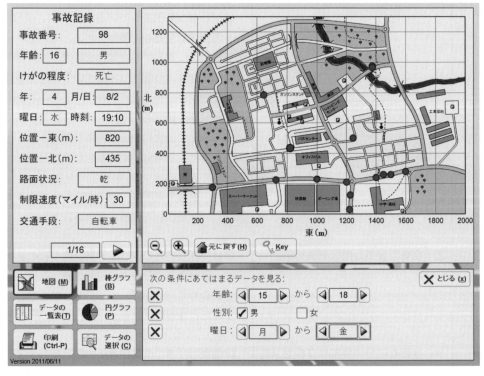

図1　事故現場のわかる地図

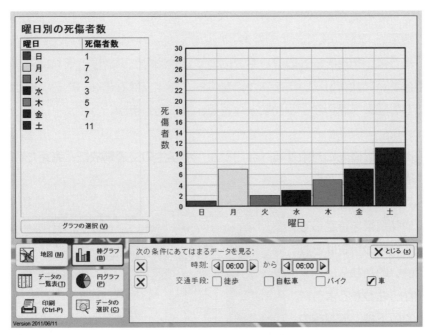

図2 時刻と交通手段でクロス集計したデータを曜日で層別表現したグラフ

また，右の表1のデータも与えられ，予算内で効果的な対策を検討していきます。

課題1では，Bowland Mathsが設定する100,000ポンド（1,400万円）の予算でしたが，授業のねらいによっては，予算を低く設定し，より効果的な対策に絞り込む探究活動を行ってもよいかもしれません。

さらに，授業方法として，4人で1つの事故現場を特定し，2人＋2人に分かれてその対策案を競うことにしました。どちらの提案が採用されるかは，プレゼンを聞いた他の生徒たちが判断します。

表1 安全対策にかかる経費

課題2 友だちのプレゼンを町議会の立場で評価しよう。

4人で話してからスライド完成までは約1時間をかけています。また，発表時間は各チーム2分で，スライドは3枚としました。これは，制約を厳しくすることで，焦点を絞った探究活

動が実現しやすいと考えたためです。また，スライドの構成は，1枚目に「問題意識」，2枚目に「原因の特定」，3枚目に「対策の提案」としました。

以下のやりとりは，あるチームのプレゼンに対する教師の問いかけとそれに対する反応です。各スライドで注意点を共有していきますが，全チームが発表はできないため，評価しているチームも自分たちの提案が適切かどうかを振り返るように促します。

教師 なぜ町として最優先に対策するべきことが，小学生の交通事故だと考えたの？
生徒 小学生は弱い立場だから。
教師 すばらしい！ 事故が起こる場所や時間帯を特定しているね。原因の特定はそれだけでいいのかな？

生徒 グラフからもわかるように，通学路で登下校，放課後の時間帯に集中しています。
教師 場所と時間帯以外に，状況というのもあるかな。天気とかは？
生徒 路面状況のデータで調べられます。
教師 対策について，その方法が最善と言える理由は？
生徒 他にも考えましたが，予算面と，あと，小学生なので，大人が対応する方法を選びました。

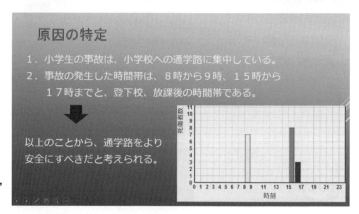

教師 なるほど。学校巡回パトロールが幼稚園の周辺でない理由は？
生徒 幼稚園は送迎があるから。
先生 すばらしい！

5 評価について

生徒が相互評価を行うための評価表をつくりました。
項目ごとに◎○△をつけ，◎3点，○2点，△1点で点数化します。

発表順	対象とする事故	チーム名	①町にとって最優先すべき問題か ◎○△	②伝わる数式，図，表，グラフか ◎○△	③根拠に飛躍や矛盾がなく明確か ◎○△	④町への迷惑が少ないか ◎○△	⑤プレゼンを工夫しているか ◎○△	⑥町全体に最適な対策か ◎○△	⑦よりよくなるためのアドバイス（記述）
1									

項目の観点[2]は，それぞれ次のように考えました。

①数学的定式化
町にとって，最も優先すべき問題を見つけ出すことができたか。

②数学的表現
伝わりやすい数式，図，表，グラフなどを使った対策が提案できたか。

③数学的推論・分析
根拠が明確で，論理に飛躍や矛盾のない対策が提案できたか。

④解釈・評価
現実世界に照らし合わせ，町への迷惑も少ない対策が提案できたか。

⑤数学的コミュニケーション
プレゼンを工夫して伝わりやすく対策が提案できたか。

⑥数学的－社会的価値認識力
総合的に考えて町全体に対して最適と言える対策が提案できたか。

授業の最後には，互いの評価を共有し，なぜその点数になったのか話し合う時間をとりたいところです。そのためには，各自がプレゼンを聞く中で◎○△の理由をメモにすることも必要になってきます。お互いにアドバイスをし合うことで，よりよい対策プランに高めていくこともできます。

（横澤　克彦）

【注】
1）指導案，ワークシート，ソフトウェアの日本語版は Bowland Japan のウェブサイト（http://bowlandjapan.org/）からダウンロードできる。
2）①～⑥の観点は，西村圭一編著『真の問題解決能力を育てる数学授業　資質・能力の育成を目指して』（明治図書）より引用。

| 数学A | 確率とその基本的な法則 |

「モンティホール問題」を考えよう！

知識・技能	思考力・判断力・表現力等	学びに向かう力・人間性等
■確率の基本的な概念や原則についての体系的な理解 ■積事象，和事象，余事象の定義についての知識 ■実際の事象をモデル化し，数学的に解釈して表現・処理する技能	■実験を通して，事象の内容を整理して統合的に考察する力 ■実験の過程や結果を分析し，簡潔・的確に数学的な表現を用いる力	■友人と協力して実験に取り組み，実験の結果を数学的に考察し論理的に判断する態度 ■多様な考えを生かし，自分の考え方を検証・修正してよりよく問題解決する態度

1 授業のねらい

確率の考え方を，「予想→実験→考察」を通して体感させる。

2 授業づくりのポイント

「場合の数・確率」の単元で学ぶ内容は，公式に当てはめて計算するだけだと考えている生徒が多くいます。しかし，問題文を読み，どのように内容を解釈するのかを理解しないと計算式を思いつかないため，「苦手だ」「難しい」と感じがちです。

本時では，題材として「モンティホール問題」を取り上げ，実際の問題をモデル化して実験し，その結果を考察して式で表現するとどうなるかを考えさせます。学習形態としては，5人のグループをつくります。グループで予想を立てて実験した結果を発表し，学級全体のデータを基にしてグループごとに考察を行い，レポートにまとめます。予想に反する意外な実験結果が出てくるので，生徒は楽しんで取り組みます。

3 学習指導案

時間	生徒の学習活動	教師の指導・支援
5分	1 問題を把握する。	・問題だけ書かれたプリントを配付する。

> **問題**（アメリカの長寿番組「Let's Make A Deal」の中に登場したゲーム。番組の司会者モンティ・ホール氏に因み，「モンティホール問題」と呼ばれている）
>
> 　3つのドアがあります。このうち1つのドアの向こうには豪華な自動車があり，それ以外にはヤギがいます。あなたは，ドアを開けて，自動車かヤギを持って帰ることができます。どのドアの向こうに自動車があるのか，司会者のモンティ氏は知っています。
>
> 　あなたは，ドアを1つ選ぶことができます（まだ開けてはいけません）。
> 　あなたが選んだドアを見て，司会者のモンティ氏は，あなたが選ばなかった2つのドアのうち，ヤギのいるドアを開けてくれます。あなたは，はじめに選んだドアをそのまま開けてもよいし，別のドアを選び直して開けることもできます。
> 　自動車をゲットしたいあなた。さあ，どうしますか？

時間	生徒の学習活動	教師の指導・支援
5分	2 個人で予想をする。 　①はじめに選んだドアを開ける 　②ドアを選び直して開ける	・理由も考えさせる。 ・どちらにしたか，挙手で全員に発表させる。 ・理由をそれぞれ発表させる。 ・自動車を得る確率を予想し，発表させる。
20分	3 5人のグループに分かれて実験をする。	・モデル化の内容が実際の内容と合っているかを確かめさせる。 ・役割分担を決め，実験を25回行い，勝率を計算させる。
5分	4 全体で実験結果を共有する。	・8グループ分のデータ200個を用いて勝率を計算させ，予想と比較させる。
10分	5 実験結果を基に考察する。	

> **考察**　①はじめに選んだドアをそのまま開けて自動車をゲットする確率を求めよう。
> 　　　　②はじめに選ばなかったドアを開けて自動車をゲットする確率を求めよう。

時間	生徒の学習活動	教師の指導・支援
		・それぞれの確率の考え方を，グループで相談してわかりやすくまとめさせる。
5分	6 考察結果を発表させる。	

4 授業展開例

　「場合の数・確率」の指導内容では，計算結果が出ると生徒は満足してしまい，結果の値を考察することはあまりありません。数値を見て「こんなに高い確率なのか」「意外と少ないんだ」と考えることが，実生活に生かせる力につながるのですが，「なぜ確率を求めるのか」というニーズを生徒に実感させないまま授業を進めていることも多く，教師自身が授業後に反省しがちな単元でもあります。その点，「モンティホール問題」は，意外な結果が出るので，多くの生徒に「この確率を理論的に求めたい！」と感じさせることができました。

　モンティホール問題の魅力は，結論の意外性だけでなく，実験が手軽にできるところにもあります。右の実験プリントを作成するにあたっては，実験が実際の問題（事象）を適切にモデル化してなされるものであることを生徒に知らせ，また，結果的には不必要な役割を入れることで，生徒が「もっと合理的なモデル化ができる」と考えられるようにしました。

　実験をする前に，「①はじめに選んだドアを開ける」と答えた生徒は学級の3分の1くらいでした。理由を聞くと，「自分の勘を信じる」というものでした。「②ドアを選び直す」と答えた生徒の理由は「ドアを選び直した方が当たる確率が上がる」というものでした。「②のとき，当たる確率はいくらになると思うか」と聞くと，ほぼ全員が「2分の1」と答えました。

　グループに分かれての実験は，本当に楽しそうでした。実験を，役割Bと役割C（役割分担については右のワークシート参照）の対決の構造にしたために，ゲーム感覚が強かったのでしょう。途中で役割を交代しながら，楽しみつつも真剣に取り組んでいました。

　実験を重ねると，役割Cが勝つ確率の方が高いと予想はしていたものの，勝ち数が圧倒的にCの方が多いので，確率はもっと高いのではないかと実感できます。また，最初にどの紙コップを選ぶのかという役割だけが必要なのであって，その後の「消しゴムの入っていないコップを開ける」役割や「選ばなかったコップを開けて消しゴムが入っているかどうか確認する」役

実　験　　モンティホール問題

事象のモデル化

逆さにした紙コップの中に消しゴムを入れておき、消しゴムの入っている紙コップを当てる。

用意するもの

紙コップ3つと消しゴム

役割分担（注意：BとCは、Aが消しゴムを仕込んでいるところを見てはいけない）

- A　紙コップに消しゴムを仕込む。（Aは消しゴムの入っているコップを覚えておくこと）
　　Bが紙コップを選んだ後、消しゴムの入っていない紙コップを開ける。
- B　紙コップを選び、Aが外れの紙コップを開けた後に、はじめに選んだ紙コップを開ける。
- C　Aが外れの紙コップを開けた後、Bが選ばなかった紙コップを開ける。
- D　Bの当たり外れの結果を記録する。
- E　Cの当たり外れの結果を記録する。

記録用紙

Bの勝敗の記録

1回目		6回目		11回目		16回目		21回目	
2回目		7回目		12回目		17回目		22回目	
3回目		8回目		13回目		18回目		23日目	
4回目		9回目		14回目		19回目		24回目	
5回目		10回目		15回目		20回目		25回目	

Cの勝敗の記録

1回目		6回目		11回目		16回目		21回目	
2回目		7回目		12回目		17回目		22回目	
3回目		8回目		13回目		18回目		23日目	
4回目		9回目		14回目		19回目		24回目	
5回目		10回目		15回目		20回目		25回目	

班の結果

Bの勝敗	勝　　　敗　　勝率	Cの勝敗	勝　　　敗　　勝率

クラス全体の結果

Bの勝敗	勝　　　敗　　勝率	Cの勝敗	勝　　　敗　　勝率

結論

割は，実は必要がないことに気づきます。この気づきが，後で行う考察に生きてきます。

　実験を行った結果を，各グループの代表に板書させました。8つのグループがそれぞれ25回ずつ実験を行っているので，全部で200個のデータがとれました。

　中にはBが15勝10敗したグループもありましたが，データが多いと理論上の確率に近づく「大数の法則」が当てはまる結果となりました。

　さて，ここから考察に入ります。なぜ，このような結果になったのか，グループで話し合いをしました。場合分けをして確率の計算をしたグループは，
　(i)Bがコップを選ぶ　(ii)Aが消しゴムの入っていないコップを開ける　(iii)Cがコップを選ぶ
の3段階の事象に分けて場合の数を考え，確率を計算していました。

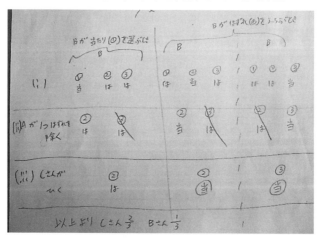

　また，不必要な役割があることから考察を進めていくと，以下のように考えることができます。はじめにどのコップを選ぶかが決まれば，その後に行う「消しゴムの入っていないコップを開けてみせる」「はじめに選ばなかったコップを開ける」役割は不必要です。なぜなら，はじめに選んだ紙コップに消しゴムが入っていないとき，空のコップを開けられた後に開けるコ

ップには必ず消しゴムが入っているからです。このことは，「はじめに選んだコップに消しゴムが入っていない」事象が「選ばなかったコップに消しゴムが入っている」事象と同一であることを示しています。すなわち，「選ばなかったコップに消しゴムが入っている」事象は，「選ばなかったコップに消しゴムが入っていない」事象と背反であることから，「はじめに選んだコップに消しゴムが入っている」事象の余事象であるということがわかります。

　条件付き確率を学習するときに，もう一度モンティホール問題を検討することもできます。ただし，ベイズの定理を用いることになるので，数学Ａでは発展的な内容です。3つの紙コップ①，②，③について，はじめに①のコップを選び，外れコップとして②を選ぶとします。
　事象Ａ「外れコップとして②を開ける」　　事象Ｂ「①に消しゴムが入っている」
　事象Ｃ「③に消しゴムが入っている」
として，外れコップ②が開けられたときに，はじめに選んだコップを変えずにそのまま①のコップを選ぶと消しゴムが入っている確率 $P_A(B)$，はじめに選ばなかった③のコップを選ぶと消しゴムが入っている確率 $P_A(C)$ を考えます。
　確率 $P(A)$ を求めるために，「①のコップに消しゴムが入っている場合」と「③のコップに消しゴムが入っている場合」に分けて考えます。前者の場合，①のコップに消しゴムが入っている確率は $\frac{1}{3}$，②と③のコップには消しゴムは入っていないので②のコップを外れコップとして開ける確率は $\frac{1}{2}$，したがってこの確率は，積事象を考えるので，$\frac{1}{6}$ です。後者の場合，③のコップに消しゴムが入っている確率は $\frac{1}{3}$，外れコップとして開けられるのは②しかないのでその確率は1，したがってこの確率は，$\frac{1}{3}$ です。以上より，$P(A) = \frac{1}{6} + \frac{1}{3} = \frac{1}{2}$

　事象 $A \cap B$ は，事象の結果として，「消しゴムの入っている①のコップと，外れコップとして（②と③の2つあるコップのうち）②のコップを開ける」，事象 $A \cap C$ は「消しゴムの入っている③のコップと，（1つしかない）外れコップ②を開ける」となるので，

$$P_A(B) = P(A \cap B) \div P(A) = \{P(B) \cdot P_B(A)\} \div P(A) = \frac{1}{3} \cdot \frac{1}{2} \div \frac{1}{2} = \frac{1}{3}$$

$$P_A(C) = P(A \cap C) \div P(A) = \{P(C) \cdot P_C(A)\} \div P(A) = \frac{1}{3} \cdot 1 \div \frac{1}{2} = \frac{2}{3}$$

であることがわかります。
　したがって，「はじめに選んだコップを変えた方がよい」ということになります。

(小嶋　倫世)

| 数学A | | 整数の性質の活用 |

小学生のうっかりミスから不定方程式を解こう！

知識・技能	思考力・判断力・表現力等	学びに向かう力・人間性等
■10進位取り記数法の意味についての理解 ■文字を用いて関係を記述する技能 ■自然数の約数と倍数に関する知識	■問題の条件について文字を使って立式して表現する力 ■文字を用いた式を，見通しをもって考えるために，どのように処理するかを考える力 ■関係式において，自然数の約数に注目し，適切な整数を見いだし判断する力	■式の変形をいろいろと試みてよりよく効率的に解を見いだそうとする積極的な態度 ■グループワークにおいて，自分の意見・考えを的確に伝えようとする態度 ■他者の意見をしっかりと聞き尊重しようとする態度

1 授業のねらい

条件から文字を使って立式し，不定方程式を解けるようにする。

2 授業づくりのポイント

　整数の性質について約数・倍数，n進法などはすでに学び，互除法の応用としての不定方程式は，式変形をして積や分数の形にすることで，解となる整数を絞りこむ方法を学びました。
　本時においては，整数のかけ算のうっかりミスを題材にし，これまで学習した内容を用いて，文字を使った立式，式変形から，解の絞り込みなどを行って考えさせていきます。身近でありがちな題材を取り扱うことで生徒の興味・関心を喚起して，グループで話し合いながら，試行錯誤を繰り返して答えを見いださせます。
　さらに，導き出したものの他に解はないか，すべての場合を求めるにはどうすればよいか，など，自ら工夫して考えられるように指導していきます。

3 学習指導案

時間	生徒の学習活動	教師の指導・支援
5分	復習例題　$ab=6$（a, b は自然数）について考え方を問う。 導入　小学生に計算問題を出したところ，問題を写し間違えて計算したが，運よく答えは合っていたエピソードを紹介。 $26×5=2×65$	・生徒を指名して答えさせる（式の特性から適当な整数を選択）。 ・そんな偶然があるのかと生徒の興味を引き，本当に合っていることを確認させる。
	課題　2桁×1桁で，このような事例は他にないだろうか。	
10分	1　「どのようにやり始めましょうか？」 　→文字を使った立式を答える。 　（誤答例）$ab × c ⇔ a × bc$ 　↓10進位どり記数法で表すと 　$(10a+b)×c=a×(10b+c)$…※ 　（a, b, c は $1～9$ の自然数）	・4人ごとのグループで話し合わせる。 ・文字を使って一般的に考えていくことに気づかせる。 ・形式表現から10進位取り表現にする必要性はできるだけ生徒から考えを引き出す。 ・文字による立式・整数の制限が出ないようなら示唆する（$a=b=c$ の場合以外で考えることを伝える）。
10分	2　「a, b, c を求めるために，どのように進めていこうか？」 　→※の式をどのように整理し，どのような手順で考えればよいか検討する。	・グループで相談，発表しやすいようにフリップを用意する。 ・机間指導をしながら，よい着想や考え方をしているグループがあれば発表させ，全体で共有する。 ・生徒の発表について，一つひとつ正しいか確認して，よい点はほめ，不足部分は指摘する。 ・あまり考えが出ない場合はヒントを与える。
10分	3　「$a=1$ として b, c を求めよう」	・やみくもに数字をあてはめて確認しているようなら，絞り込みのヒントを与える。
10分	4　求めた結果の発表。	・各グループから，思考の過程と結果を発表させる。疑問点があれば質問させる。 ・各グループの発表を評価する。
5分	5　本時の授業を振り返る。	・数量関係を文字で表現し，問題解決に結びつけていくことのよさを強調する。 ・次時において $a=2$ 以降のすべての解を求めることを伝える。 ・本時の内容をレポートすることを課題とする。

4 授業展開例

　1年生の中で，数学に苦手意識をもつ生徒が若干多い学級での実践例です。
　整数の不定方程式の解法については，積の形から約数を考える方法や，ユークリッドの互除法を利用する方法などひと通り学習していますが，なかなか理解が深まらず，そのために整数に苦手意識をもってしまっている生徒も多く見受けられます。
　そこで，なるべく身近な事例を取り扱うことで，生徒の興味・関心を喚起し，これまで学習した内容を使って実際にある問題を解決することで，数学的な見方・考え方のよさ，数学的な処理のよさを実感してほしいと考えました。
　また，グループで考えたことの発表の方法として，テレビのクイズ番組のようにフリップに解答を書かせ，全体に見せるようにかかげて答えさせました。フリップを使うことで自然と要点をまとめることができるのではないかということと，それを補足した説明が言葉でしやすいのではないかということの2点から，この方法を取り入れることにしました。

　まず本時のはじめに，全体に対して「$ab=6$（a, bは自然数）を満たすaとbを求めよう」と投げかけ，積の形から約数を考えて解を求める方法を振り返りました。

生　徒　$a=1$のとき$b=6$，$a=2$のとき$b=3$，$a=3$のとき$b=2$，$a=6$のとき$b=1$です。
教　師　よし，正解です。どのように考えましたか？
生　徒　かけて6になる組み合わせを考えました。
教　師　そうですね。それじゃ，4とか5とかを外した理由はなんですか？
生　徒　4とか5はかけて6にならないからです。
教　師　うーん，それだとちょっと足りないな。4とかけて6になる数字はあるよ。
生　徒　……あっ，aとbは自然数だから，4と5は6の約数ではないからです。
教　師　はい，オッケーです。

その後，小学生が算数の時間に「26×5」の計算問題をノートに写し間違えて計算したところ，偶然にも計算結果が正解だったというエピソードを紹介し，生徒にとって課題をより身近なものとして意識することができるようにして，次の課題に入りました。

> **課題**　26×5＝2×65は成り立つ。
> 　　　　2桁×1桁で，このような事例は他にないだろうか？

　生徒を4人ごとのグループに分けて，まず，
「どのようにやり始めましょうか？」
と，極めて漠然とした問いを投げかけます。
　このようにして，この課題に対してどういうアプローチで考えるか，「方針」に絞って話し合ってもらいました。

（あるグループのやりとり）
生徒B　うーん，普通はありえないことなんだよね。
生徒C　そうだよ，23×4と2×34はイコールじゃないよね。
生徒D　全部試すのはさすがに無理だから…
生徒A　3つの数字自体はいっしょなんだよね。
生徒B　そうだね，並んでいる3つの数字は同じで，「×」の入る場所が違うんだよ。
生徒C　○△×□＝○×△□ってことだね。
生徒D　おぉーっ，そういうことだよ！
教　師　なるほど，いい感じですね。でも，もうちょっと…，数学的に表現できない？
生徒A　数学的に表現って……，あぁ，文字を使うんだ！　$ab×c＝a×bc$！
生徒B　いいかも。でもちょっと待って。その表現だとabは$a×b$って意味になるから…
生　徒　うーん…

　おおむねねらい通り，各グループとも「文字を使って表現する」という内容の回答をしてくれました。期待以上だったのは，この段階で複数のグループから10進位取り記数法による
　　$(10a+b)×c＝a×(10b+c)$　…※
の表現が出たことでした。
　また，あるグループから「11×1＝1×11があるよ！」という意見が出ました。そこによく気がついたなと感心しましたが，今回は同じ数字が並んだ場合は除外して考えるように助言しました。
　※が立式できたので，再び次のような大雑把な問いを投げかけました。

「a, b, c を求めるために，どのように進めていこうか？」

（あるグループのやりとり）
生徒A　まずは，※の式を整理してみよう。
生徒B　そうだね，同類項をまとめて…
生徒C　$9ac + bc = 10ab$ だ。c でくくれるから，$(9a + b)c = 10ab$。
生徒D　おぉーっ，かけ算の形になった！
生徒A　かけ算の形になったから，なんとかできそうだね。
生徒B　うん，いけそうだ。右辺が10の倍数だから…
生徒C　あー，だけど文字が３つもあるから，たくさんあるね…
教　師　最初の $ab = 6$ のときはどのように考えた？
生徒D　あのときは式が簡単だったし，文字が２つしかなかったし…
教　師　そうだねぇ，あのときは２つだからできたねぇ…
生　徒　？？？…！！！

　その後，各グループの発表において，ほとんどのグループから「１つの文字に具体的な数を入れて考える」という意見が出ました。

　そこで
　「$a = 1$ として，b，c を求めよう」
と投げかけ，いよいよ具体的に解を求める段階へと入っていきます。あらためて各グループで，$a = 1$ を代入した式について，どのように式を処理して解を求めていくかを考えるように指示しました。

（あるグループのやりとり）
生徒A　$a = 1$ を代入すると，$(9 + b) \times c = 10b$。
生徒B　あっ，$c = \dfrac{10b}{9 + b}$ の形にしてみたらどうだろう？
生徒C　うーん，なるほど！　分数にして b にうまい数を代入したら整数が見つけやすいね。

　各グループが，解を求めるためにどういう考え方で進めていくかを話し合いました。その結果，
　・$(9 + b) \times c = 10b$ …積の形で考えるグループ
　・$c = \dfrac{10b}{9 + b}$ 　　…分数が整数になるように考えるグループ

に分かれました。そのうえで解の候補となる b と c を考え始めました。

（あるグループのやりとり）

生徒A　$1 \leq b \leq 9$ だから，$10 \leq 9+b \leq 18$ だよね。その中で整数になるのは…

生徒B　分子が10の倍数だから，この範囲だと10か。だけど，これだと $b=1$，$c=1$ になってダメだ。$11 \times 1 = 1 \times 11$ は外すんだよね。

生　徒　うーん…

教　師　$10b$ は確かに10の倍数だけど，10だけの倍数かな？

生徒C　…あー，$10b$ は2の倍数だよ。5の倍数でもある。

生徒D　そうか，だから分母で絶対ありえないのは，$b+9=11$，13，17，19だ。

生徒A　わかった！　それ以外で一つひとつ検討してみよう。

　こうして，このグループは解を導くことができました。また同様に他のグループも，式の特性から一つひとつの整数を検討することで正解にたどり着けました。

　各自，本時の学習を振り返り，$a=1$ で成り立つ解を導き出すまでの思考の過程と結果をまとめ，レポートとして提出することを家庭学習の課題としました。そのうえで，次時において $a=2$ 以降を考えてすべての解を求めることにしました。さらに発展的内容として，「3桁 × 1桁ではどうだろうか？」という問題に取り組ませたいと考えています。

5　評価について

以下の観点で生徒の学習活動を評価します。

・課題の事例を数学的に表現できるか（文字で表現，10進位取り記数法）。（技能・表現力）
・表現した式から，数学的な考え方を基によりよい解法を見いだそうとしているか。（思考力）
・自然数の約数，倍数の性質を基に根拠をもって考えることができているか。（知識）
・グループの話し合いにおいて，主体的に判断し，自分なりに考えようとしているか。また，他者の意見に耳を傾けて理解しようとしているか。（判断力・学びに向かう力・人間性）

【参考文献】
・仲田紀夫『数学トリック＝だまされまいぞ！』（講談社）

（涌井宏一朗・鈴木　康博）

数学A　　　　　　　　　　　　　　作図

コンパスを使わない作図にチャレンジしよう！

知識・技能	思考力・判断力・表現力等	学びに向かう力・人間性等
■図形や円の性質についての理解 ■作図の定義についての知識 ■作図する技能	■定規とコンパスを使った作図の仕方を考える力 ■コンパスを使わない作図について考える力 ■言語表現で友だちに考え方を伝える力	■既習の知識を生かしながら作図をしようとする態度 ■他者の考えを理解し，協働する態度 ■新たな発想を必要とする問題に対する興味・関心と，チャレンジしようとする態度 ■数学を楽しむ態度

1　授業のねらい

　正五角形を作図できるようにするとともに，コンパスを使わない作図も考えることで多様な図形のかき方を学び，数学の楽しみや自由性を味わわせる。

2　授業づくりのポイント

　直線を引くための定規と長さを写し取るためのコンパスだけを用いて，条件を満たす図形をかくことを作図といいます。「直線 l 上にない点Pを通り直線 l に垂直な直線」や「∠AOBの二等分線」の作図は中学校で学んでいます。また前時に，「円Oの中心」「直線 m 上にない点Pを通り直線 m に平行な直線」「円Oの外部の点Aから円Oに引いた接線」や線分の内分点，積・商・平方根の作図については説明しました。本時は，それらの考え方を利用して，正五角形の作図とコンパスを使わない作図について考えます。新たな発想を必要とする問題にチャレンジさせ，数学の楽しみや自由性を味わわせたい授業です。

3 学習指導案

時間	生徒の学習活動	教師の指導・支援
5分	1　4人グループになり，前時の復習をする。	・前時に行った$\sqrt{5}$の長さの作図を，グループごとに復習させる。$\sqrt{a}$の作図の方法は主に「三平方の定理を利用して1辺の長さ1の正方形から作図する方法」「円の直径に$(a+1)$の長さをとり作図する方法」の2つがある。 ・今回は正五角形の作図とコンパスを使わない作図について考えることを伝える。
	課題1　正五角形を作図しよう。	
3分	2　まず正五角形はどんな図形か，となり同士で話し合う。 ・1辺の長さ2の正五角形のとき，対角線の長さはいくつだろう。	・4人グループで話し合わせるようにする。 ・二次方程式で学んだ黄金比との関連を話す。
10分	3　正五角形の作図を，グループで行う。 ・対角線の長さをどうやって作図すればいいだろう。 ・各自ワークシートに作図する。できた生徒はわからない生徒に説明する。	・1つのグループに発表させる。他のグループの生徒も理解しやすいように，声の大きさや黒板の書き方を工夫させる。 ・発表を聞く中で，わからないところや納得のいかないところは必ず質問させ，他の考え方がある場合には，発表させる。
5分	4　全体で考えを共有する。	
	課題2　コンパスを使わない作図にチャレンジしよう。	
15分	5　2直線と曲線で囲まれた図形Aを用いながら，まずは各自で，その後グループで課題を考える。 問1　与えられた線分の二等分点 問2　与えられた角の二等分線	・2直線と曲線で囲まれた図形A（厚紙で作成したもの）を1人に1つ（あるいは2人に1つ）ずつ配付する。 図形A
10分	6　全体で考えを共有する。	・できたグループから発表させる。 ・別解も発表させるようにする。
2分	7　本時の学習を振り返る。	・学習を振り返る。ワークシートを記入して提出させる。「宝探し」の問題も考えてくるよう促す。

4 授業展開例

前時に，中学校で学んだ「直線 l 上にない点Pを通り直線 l に垂直な直線」や「∠AOBの二等分線」の作図について復習しました。また「円Oの中心」「直線 m 上にない点Pを通り直線 m に平行な直線」「円Oの外部の点Aから円Oに引いた接線」や線分の内分点，積・商・平方根の作図についても説明し，生徒たちは作図をしています。

本時はそれらの考え方を利用して，まず正五角形の作図について考えさせます。

> **課題１**　正五角形を作図しよう。

まず，正五角形はどんな図形か，となり同士で話し合わせます。「１辺の長さ２の正五角形の対角線の長さはいくつだろう」と質問を投げかけ，生徒の様子を見ながら，教師は二次方程式で学んだ黄金比との関連を話します。

> 　線分を２つに分割するとき，$x:1=1:(x-1)$ が成り立つように分割したときの比で，最も美しい比とされる。黄金比は二次方程式 $x^2-x-1=0$ の正の解である。

正五角形の１辺の長さが２のとき，対角線の長さは $1+\sqrt{5}$ です。この対角線の長さをどのように作図するかが問題です。生徒の中から解答が出てくればよいですが，そうでない場合は，おおざっぱな手順を示し考えさせます（あくまで解法の１つです）。

> 正五角形 ABCDE のかき方
> 　手順１　長さ２の線分 CD を書く
> 　手順２　$1+\sqrt{5}$ の長さの線分を作図する
> 　手順３　正五角形 ABCDE を作図する

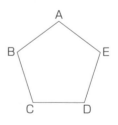

手順２では，正五角形 ABCDE の辺 CD の垂直二等分線を引き，その直線上に頂点 A がくることを伝えます。各自ワークシートに作図していきます。

生徒A　CD の垂直二等分線をまず引いてみようよ。
生徒B　CD の中点を H とすると H を通る垂直二等分線上に頂点 A があるんだよね。
生徒A　AH の長さはわかる？

生徒C　AHの長さはわかんないなぁ。どうするんだろう。
生徒D　対角線の長さは$1+\sqrt{5}$でしょ。$\sqrt{5}$の長さがとれれば$1+\sqrt{5}$がとれるよね。
生徒A　$\sqrt{5}$は直角を挟む2辺の長さが1と2のときに，対角線が$\sqrt{5}$だよね。
生徒C　すごい。そうだ。
生徒A　$\sqrt{5}$がとれれば，$1+\sqrt{5}$はつくれるから，CとDから$1+\sqrt{5}$の長さを作図すれば，その点がAだ。
生徒B　AがとれればBとEはとれる！

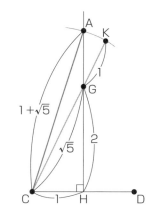

　4人グループで，わかった生徒にはわからない生徒に説明させます。その後，作図できた1つのグループに黒板で作図させます。他のグループの生徒も理解しやすいように，声の大きさや黒板への書き方を工夫させ，全体で共有します。発表を聞く中で，わからないところや納得のいかないところは必ず質問させ，また，他の考え方がある場合には発表させます。

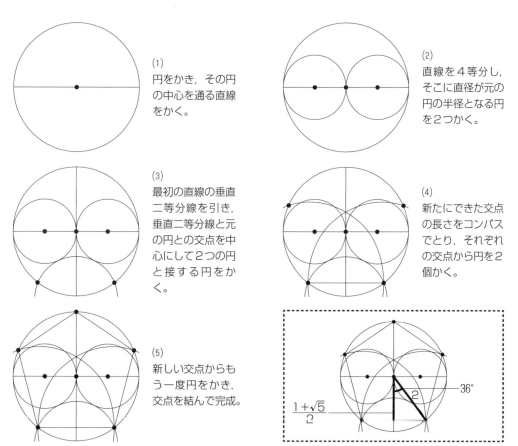

(1) 円をかき，その円の中心を通る直線をかく。

(2) 直線を4等分し，そこに直径が元の円の半径となる円を2つかく。

(3) 最初の直線の垂直二等分線を引き，垂直二等分線と元の円との交点を中心にして2つの円と接する円をかく。

(4) 新たにできた交点の長さをコンパスでとり，それぞれの交点から円を2個かく。

(5) 新しい交点からもう一度円をかき，交点を結んで完成。

円に内接する正五角形の作図方法

課題2　コンパスを使わない作図にチャレンジしよう。

２直線と曲線で囲まれた図形Ａ（厚紙で作成したもの）を１人に１つずつ（あるいは２人に１つずつ）配付します。発展的な問題なので，自由にグループで教え合わせます。

直線を引くための物差しと，２直線と曲線で囲まれた図形Ａがあります。これらと鉛筆を使って，次の問１，問２のそれぞれを作図しましょう。ただし，できるだけ手数の少ない方法が望ましいものとします。
問１　与えられた線分の二等分線
問２　与えられた角の二等分線　　　　　　　　　　　　　　　　　　　図形Ａ

生徒A　なんだか変な形の図形。これで線分の二等分線が引けるのかな。
生徒B　作図はコンパスと定規でしかやったことない。
教　師　「直線を引くための定規と長さを写し取るためのコンパスだけを用いて，条件を満たす図形をかくこと」を作図というから，一般的にはこの図形でかくものは「作図」とは呼ばないのだけれど，あえて「コンパスを使わない作図」として考えてもらいたいのです。この形のおかしな図形とものさしだけを使って，問１はかけます。
生徒B　すごいな。この図形で線分の二等分線が引けるのかぁ。
生徒A　まず線分に図形の一辺をあてて線を引いてみようかな。
生徒C　対称性を使うんじゃない。対称な図形。
生徒A　対称性？ひっくり返してみる？

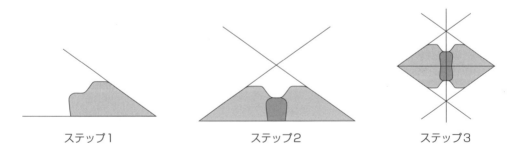

ステップ１　　　　　　　ステップ２　　　　　　　ステップ３

話し合いながら，ステップ３までできたグループがありました。
そのグループに，板書して発表してもらいます。

生徒A　問２の与えられた角の二等分線は，頂点から直線上で同じ長さをとって線分をかき，その線分の２等分をすればいいんじゃない？

生徒B　そうそう。
生徒C　問1と同じように2等分すればいいんじゃない？　同じ要領だよね。
生徒D　うん，同じだね。
教　師　「できるだけ手数の少ない方法」とあるけれど，どうでしょうか。
生徒D　手数って何？
生徒A　手数って手を動かす回数のことじゃない？
教　師　図形をうまく置くことによって，手数を減らせないかしら。
生徒A　図形の置き方？　問1みたいにひっくり返したり，対称にしたり。
生徒C　う～ん。
生徒A　これでどうかな？

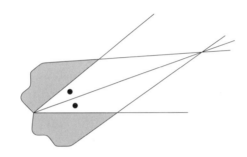

　異なる解答がある場合は，その別解を発表させます。またこれら2つの問題以外の作図についても考えてみるとより深い思考ができると思います。作図の学習では，自分の中にない発想が友だちによって示されたとき，生徒たちは感動したりおもしろさを感じたりします。自由に図形を動かして協働で学ぶことによって数学の楽しみを見いだしてほしいものです。

5　評価について

　最後に学習を振り返り，ワークシートに作図についてまとめさせます。また，宿題として「宝探し」[1]の問題を出します。この宝の場所も作図で考えることができ，また宝の場所は井戸の位置によらないことがわかります。

　古文書に「井戸より梅の木まで歩き，右回りに90°向きを変え，同じ距離だけ進んでそこに杭を打て。井戸より松の木まで歩き，左回りに90°向きを変え，同じ距離だけ進んでそこに杭を打て。2つの杭の真ん中の地点に宝は埋まっている」と書かれていた。その場所に行ってみると井戸は朽ち果ててなくなっていた。さて，あなたは宝を発見できるだろうか。

（田中　紀子）

【注】
1）啓林館教科書『数学活用』などを参考に作成。

| 数学Ⅱ | 整式の乗法・除法，分数式の計算，高次方程式 |

4人グループで問題をつくって発表しよう！

知識・技能	思考力・判断力・表現力等	学びに向かう力・人間性等
■整式の乗法・除法と分数式，二項定理についての知識	■解決に必要な数学的手続きや知識・技能を適切に使う力	■ルーブリックの視点を基に自ら問題を作成する態度
■複素数とその演算，二次方程式の解と係数の関係，高次方程式・因数定理についての知識	■対話を通して新たな視点を取り入れ，作成した問題を修正するなどし，オリジナルな部分を含む問題を作成する力	■他者と協働してよりよい問題に近づける態度
■既習内容を活用して問題を解いたり問題をつくったりする技能	■聞き手の理解状況に応じた言語・表現で伝える力	■他者の問題づくりの過程や方法・結果を理解し自己のそれと比較検討し練り上げる態度
	■結果を解釈し評価する力	■発表を聞き内容・表現を比較検討し評価する態度

1 授業のねらい

> 習得した知識・技能を活用して，問題をつくって発表し，互いに評価させる。

2 授業づくりのポイント

　知識・技能を活用しながら協働的に行う「問題づくり」を通して，思考力・判断力・表現力等を育成する授業です。評価については教師によるルーブリック評価に加え，生徒自身が自己評価したり，評価シートを用いて他者のポスター発表を評価したりします。4人グループによる協働学習とし，単元を終えたところで実施します。生徒の興味・関心を引き出すとともに，単元で習得した知識・技能をフルに使って自由な発想で問題を作成したりディスカッションしたりする中で，問題の工夫・精選が行われます。生徒が問題作成者であり講演者であり評価者にもなります。

3 学習指導案（2時間扱い（前時10分））

時間	生徒の学習活動	教師の指導・支援
10分	**前時** ・ルーブリックを基に4人で問題をつくる内容を大まかに決める。 **1時間目**	・4人ずつのグループに分かれる。 ・ルーブリックを配付し，作成する問題のイメージをもたせる。 ・次の授業までに各自問題を考えてくるよう指示をする。
	課題　4人のいずれかの問題を基に協働して問題づくりを行いポスターにまとめよう。	
8分 17分 25分	1　4人グループで，持ち寄った問題を互いに発表する。 2　どれかの問題を基に1問ポスターにまとめる問題をつくる。持ち寄った問題のままでなく互いの意見を入れ改善する。 3　ポスターにまとめる（題名，問題，解答，図やグラフをかく）。完成しなかった場合は，次の時間までに完成させる。 **2時間目**	・全員が発表しているか，確認する。 ・作成した問題について自分の言葉で相手にわかりやすく話すように促す。 ・4人で相談し，全員の合意形成の後練り上げた1題を完成させる。 ・ポスターの形式を板書する。 ・題名を自由につけてよいこと，友だちが解いてみたくなるような問題設定とし，図やグラフでわかりやすいポスターをつくることを指示する。 ・色ペンを自由に用いてよいことを伝える。
	課題　ポスター発表し，互いに評価しよう。	
5分 40分 5分	1　ポスター発表のルールを聞く。 2　その問題にした理由・題名の理由，問題の説明，解説，工夫したところ・まとめ・感想などをそれぞれ4人で分担し，全員が発表する。 ・発表後は盛大な拍手をする。 ・質問や意見を言う。 ・評価シートで評価する（得点をつける）。 ・気に入った問題をワークシートに記入する。 ・最もよいと思ったポスターに付箋を貼ることで投票する。 3　アンケートを書き，本時の学習を振り返る。	・他のグループの生徒も理解しやすいように，声の大きさや説明の仕方を工夫させる。 ・発表を聞く中で，わからないところや納得のいかないところは質問させる。意見・コメントがある場合には，発表させる。 ・評価シートで評価しながら互いの発表を聞かせ，最後に優秀なグループに投票させる。 ・一日ポスターを教室に貼り，発表を聞けなかった半分のグループのポスターも見られるようにしておく。

4 授業展開例

前時

　前時の残り10分くらいで4人ずつのグループに分けます。次の時間に各自1問ずつ問題を持ち寄り，そのグループで1題問題を完成させ，解答をつけて，ポスターにまとめることを伝えます。2時間目には皆の前で発表し，最後によい問題に投票するので，友だちが解きたくなるようなよい問題を，工夫して考えるよう伝えます。そして，ルーブリックを事前に示しておき，望まれる問題づくりの在り方を理解させるとともに，グループの問題の内容を決めさせます（本時の場合「整式の乗法・除法と分数式」「二項定理」「二次方程式の解と係数の関係」「因数定理」など）。このように内容の大枠だけ決めて問題をつくって持ち寄り，よい問題を選んだり統合したりしてポスターにまとめます。

　以下は，事前に示すルーブリックの例です。

Rubric		Developing	Competent	Excellent
作成時	題名	工夫せず，問題にフィットしていない。	工夫したが，もう少し問題をうまく言い表せる。	工夫があり，問題の内容をうまく表しているとともに，興味を引く題名になっている。
	問題文	問題集や参考書の数値変換をした。	問題集や参考書の数値変換をして答えが綺麗になるようにするなどの工夫をした。	日常や自然現象と絡めた，または，オリジナリティの高い問題になった。
	解答	間違っていたり，答えがない。または答えは出るが複雑である。	説明にもう少し工夫の余地がある。または問題の難易度が適当でない。	図やグラフを用いてわかりやすく解答をつくり，難易度も適当である。
	協力	グループに協力できていない人がいる。	全体的には協力できたが，友人または自分自身が積極的ではないときがあった。	全員の積極的な協力のもとにポスターが完成した。
プレゼンテーション	わかりやすさ	わかりやすく説明できなかった。	わかりやすく説明しようと努力しその意図が聴衆に伝わった。	聴衆の理解に合わせてわかりやすく説明できた。
	態度	資料やポスターばかりを見ていた。	聴衆を見て話した。	ジェスチャーを交えるなど聴衆の興味を高めることができた。

1時間目

> **課題**　4人のいずれかの問題を基に協働して問題づくりを行いポスターにまとめよう。

　4人グループで，持ち寄った問題を発表し合います。そして，いずれかの問題を基に，あるいは複数の問題を融合させて，ポスターにまとめる問題を1問つくります。持ち寄った問題そのままではなく，互いの意見を入れて改善させることがポイントです。作成してきた問題につ

いて，必ず全員が発表し，自分の言葉で問題の意図が相手にわかりやすく伝わるよう工夫させます。4人でディスカッションし，全員の合意形成の後練り上げた1題をポスターにまとめます。

あるグループは，因数定理で問題をつくって持ち寄りました。4人全員が発表したところで，Aさんの問題を基にポスターにまとめることになりました。

生徒A　じゃあ，私の問題を基にポスターにまとめるのでいい？
生徒B　「日常や自然現象と絡めた」とルーブリックにあるから，そういう問題文にしよう。
生徒C　そうだね。担任のA先生を主人公にしよう。奥さんにおつかいを頼まれてケーキを買いに行く，っていうの。
生徒D　おもしろそう！　ケーキの箱の大きさを変える問題にしよう。
生徒A　11を解にもつ問題にしたいなぁ。それだとこの数字を変えて…
生徒B　11にすると…
生徒A　なかなかうまくいかない。
生徒B　数字をどうしたらいいかなぁ。
教　師　どうしましたか？
生徒A　つくってきた問題が不十分で，問題がうまくできません。
教　師　そう。
生徒A　11を解にもつようにしたいです。
教　師　素数11ね。いいですね。
生徒C　「A先生のおつかい」という題だよ，先生。
教　師　おもしろそうですね。

11という因数を出すのに苦労しながら，話し合いの後このグループがつくった問題とその解答は以下の通りです。教師はなるべく生徒の自主性に任せ，活動を認めながら，机間指導します。箱とケーキの絵をかいたポスターができ上がりました。

題名　A先生のおつかい

問題　A先生は奥さんに頼まれてケーキを買いに行きました。そのとき，持ち帰り用の普通の箱ではうまく入らなかったので，特別な箱をつくってもらうことにしました。元の箱より高さが7cm低く，横が3cm，縦が1cm大きい箱をつくり，体積が672cm³になりました。さて，元の箱（立方体）は1辺の長さが何cmでしょう。

解答

元の箱の1辺の長さを x cmとすると，箱の高さは $(x-7)$ cm，横の長さは $(x+3)$ cm，縦の長さは $(x+1)$ cmとおけるので，

$(x-7)(x+3)(x+1)=672$

$x^3-3x^2-25x-693=0$

$P(x)=x^3-3x^2-25x-693$ とおくと

$P(11)=1331-3\times121-25\times11-693=0$

$P(x)$ は $x-11$ を因数にもつ。

$P(x)=(x-11)(x^2+8x+63)$

$x^2+8x+63=0$ は実数解をもたず

$P(x)=0$ の実数解は $x=11$　　　　<u>11cm</u>

4人で作成した完成問題は，ポスターにまとめ，各自ワークシートにも記入します。

時間内に完成しなかったグループは，次の時間までに完成させておくように指示をします。

2時間目

> **課題　ポスター発表し，互いに評価しよう。**

発表と評価の時間です。学級を2つに分けて，教室の前と後ろで，各グループ7，8分程度で発表会を実施します。発表者には，盛大な拍手を送らせます。わからないところを質問したりコメントを言ったりして，発表者と聴講者のディスカッションが生まれるように促します。

発表項目は次の通りです。

> ❶その問題にした理由・題名の理由　　❷問題の説明
> ❸解説　　❹工夫したところ・まとめ・感想

グループの4人全員が発言するように役割分担させることが重要です。グループの発表が終わるごとに盛大な拍手を送ります。そして，気に入った問題を1題，ワークシートに記入し解きます。

5 評価について

評価は，自己評価，他者評価，教師による評価，アンケート調査によって実施します。

❶自己評価

最初に示したルーブリックを基に自己評価をさせます。該当箇所に○をつけます。

❷他者評価

評価シート（右図）を用いて発表を聞きながら他のグループの発表を評価します。項目ごとに点数化し，最後に最高得点のグループに付箋で投票します。付箋で投票するのは相互評価を"見える化"するためです。

該当する記号に○をつけましょう。
Aよい　B普通　Cもう一歩　D悪い
A3点，B2点，C1点，D0点で右に合計得点を入れ総合計しましょう。

（　）班			合計	総合計
1	1) 題名について 　A　　B　　C　　D			
	2) 問題について（おもしろさ，興味深さ，難易度は適当か） 　A　　B　　C　　D			
	3) ポスターのできばえについて 　A　　B　　C　　D			
2	1) 説明について（図やグラフ，式のわかりやすさ） 　A　　B　　C　　D			
	2) 説明について（発表者の態度・プレゼンのよさ） 　A　　B　　C　　D			
	3) 説明について（聴く側を意識しているか，質問への答え） 　A　　B　　C　　D			

❸教師による評価

生徒同士の評価は教室内の人間関係が作用することもあり，教員による評価と生徒同士の評価が一致するとは限らず，配慮が必要です。教師のルーブリックは下図です。

	自己内			他者との相互作用
	Developing	Competent	Excellent	
作成時	解決に必要な数学的手続きや知識・技能を適切に使い，参考にした資料を基にオリジナルな部分を含む問題を作成する。	解決に必要な数学的手続きや知識・技能を適切に使い，対話を通して思考を深め，問題の構造を分析し，オリジナルな部分を含む問題を作成する。	解決に必要な数学的手続きや知識・技能を適切に使い，対話を通して新たな視点を取り入れ，問題の構造を分析し，見直し・修正するなどし，オリジナルな部分を含む問題を作成する。	他者の数学的手続きや考え方を理解し，他者がどのような視点を設定し，協働してよりよい問題づくりに近づけるかなどの問題の構造を理解する。
発表時	問題づくりの過程や方法，結果を自己限定的な言語・表現で伝え合い，その結果を解釈する。	問題づくりの過程や方法，結果について他者を意識した言語・表現で伝え合い，その結果を解釈し妥当性を評価する。	問題づくりの過程や方法，結果を聴衆（クラスの仲間）の理解状況に応じた言語，表現を選択し，伝え合い，その結果を解釈し妥当性を評価する。	他者の問題づくりの過程や方法，結果を理解し，自己のそれと比較・検討し，練り上げる。また類似点や相違点を比較検討し評価する。

❹アンケート調査

授業の最後にアンケート調査を行います。生徒の意見を聞き，次の問題づくりに生かします。

問題づくりの授業をやってみてどう思いましたか。①〜④の中から1つを選んでください。
(1)この分野への興味関心が高まりましたか。
　①高まった　②まあまあ高まった　③あまり高まらなかった　④高まらなかった
(2)楽しかったですか。（以下選択肢省略）
(3)このような授業で，数学的思考力が養われると思いますか。
(4)あなたのチームは良い問題をつくれたと思いますか。
(5)またやってみたいですか。
(6)自由に意見・感想を書いてください。

（田中　紀子）

| 数学Ⅱ | | 複素数と二次方程式 |

解と係数の関係を理解し，その活用の仕方を考えよう！

知識・技能	思考力・判断力・表現力等	学びに向かう力・人間性等
■解と係数の関係についての理解 ■解の公式と四則演算についての知識 ■式を同値変形する技能	■与えられた多項式を基本対称式で表現できるかどうかを考察する力 ■対称式を基本対称式で表現する力	■解と係数の関係を用いて式変形をしようとする態度 ■与えられた対称式を基本対称式で表現しようとする態度 ■自分の考えを，わかりやすく他者に伝えようとする態度

1 授業のねらい

> 解と係数の関係を理解させ，対称式は基本対称式で表現できることを理解させる。

2 授業づくりのポイント

　生徒は，中学3年で二次方程式の解の公式を学習します。また，前時までに，複素数とその演算や判別式について説明しました。

　本時（2時間扱い）では，解と係数の関係を用いて様々な対称式を表せるかどうかを考えさせます。学習形態として「ジグソー学習法」も取り入れ，対称式は基本対称式で表現できることを理解させていきます。

3 学習指導案（2時間扱い）

1時間目

時間	生徒の学習活動	教師の指導・支援
10分	1　前時の復習をする。	
	課題1　二次方程式「$2x^2-6x+5=0$」について，次の問題に答えよう。 (1) 解を求めよう。　(2) 2解の和を求めよう。　(3) 2解の積を求めよう。	
	(1) $x=\dfrac{3\pm\sqrt{9-10}}{2}=\dfrac{3\pm i}{2}$ 　2解をα，βとすると， (2) $\alpha+\beta=\dfrac{3+i}{2}+\dfrac{3-i}{2}=3$ (3) $\alpha\beta=\dfrac{3+i}{2}\cdot\dfrac{3-i}{2}=\dfrac{5}{2}$	・実際に解の公式を用いて2解を求めて和と積を計算することで，計算の大変さを実感させる。 ・計算結果を見て気づくことがあるか考えさせ，解と係数の関係の説明に入る。
10分	2　教師による解と係数の関係の解説を聞く。	・板書で解と係数の関係の原理を説明する。
	教師の板書事項 　二次方程式 $ax^2+bx+c=0$ の2つの解を α，β とする。$D=b^2-4ac$ とする。 　解の公式より，$\alpha+\beta=\dfrac{-b+\sqrt{D}}{2a}+\dfrac{-b-\sqrt{D}}{2a}=\dfrac{-2b}{2a}=-\dfrac{b}{a}$ 　$\alpha\beta=\dfrac{-b+\sqrt{D}}{2a}\cdot\dfrac{-b-\sqrt{D}}{2a}=\dfrac{b^2-D}{4a^2}=\dfrac{b^2-(b^2-4ac)}{4a^2}=\dfrac{c}{a}$	
25分	3　A，B，Cのエキスパートグループ（EG）に分かれて学習する。	・学習活動の説明後，エキスパート課題を配付する。 ・あらかじめ決めておいたグループ分けを提示し，円滑に移動させる。
	エキスパート課題A 　$x^2-3x+5=0$ の2つの解を α,β とするとき，解と係数の関係を用いて， $\dfrac{\beta}{\alpha}+\dfrac{\alpha}{\beta}$ の値を求めよう。	
	エキスパート課題B 　$x^2-3x+5=0$ の2つの解を α,β とするとき，解と係数の関係を用いて， $(\alpha-\beta)^2$ の値を求めよう。	
	エキスパート課題C 　$x^2-3x+5=0$ の2つの解を α,β とするとき，解と係数の関係を用いて， $\alpha^3+\beta^3$ の値を求めよう。	

		・2解を求めなくても $\alpha+\beta$ と $\alpha\beta$ の値を求めることができる。 ・何のために，解と係数の関係を使うのかわからない。 A $\dfrac{\beta}{\alpha}+\dfrac{\alpha}{\beta}$ の値を求める問題 $\dfrac{\beta}{\alpha}+\dfrac{\alpha}{\beta}=\dfrac{\beta^2+\alpha^2}{\alpha\beta}$ $=\dfrac{(\alpha+\beta)^2-2\alpha\beta}{\alpha\beta}$ $=\dfrac{3^2-2\cdot5}{5}=-\dfrac{1}{5}$ B $(\alpha-\beta)^2$ の値を求める問題 $(\alpha-\beta)^2=\alpha^2-2\alpha\beta+\beta^2$ $=(\alpha+\beta)^2-4\alpha\beta$ $=3^2-4\cdot5=-11$ C $\alpha^3+\beta^3$ の値を求める問題 $\alpha^3+\beta^3=(\alpha+\beta)(\alpha^2-\alpha\beta+\beta^2)$ $\alpha^3+\beta^3=(\alpha+\beta)^3-3\alpha\beta(\alpha+\beta)$ $=-18$	・エキスパート活動中に個人で考える時間とメンバーで考える時間を区別する。 ・エキスパート課題の内容を理解できなかったグループには，教員が支援し，全グループが理解している状態を目指す。 ・できる限り自力で解かせる。
5分	4 本時の学習（解と係数の関係について）を振り返る。	

2時間目

時間	生徒の学習活動	教師の指導・支援
10分	1 前時の復習をする。 ・解と係数の関係と，各エキスパート課題の内容について復習する。 ・ジグソーグループ（JG）に分かれて活動をする。EG で話し合ったことを JG で発表する。	・解と係数の関係の復習と，前回の各エキスパート課題がどのようなものだったのか確認する。
	ジグソー課題 　次の式は，解と係数の関係を用いて値を求めることができるだろうか。 　(1) $(\alpha+1)(\beta+1)$　　(2) $\dfrac{1}{\alpha}+\dfrac{1}{\beta}$　　(3) $2\alpha+\beta$　　(4) $\alpha^2+\beta$ 　解と係数の関係で値を求めることができる式には，どんな特徴があるだろうか。	
25分	2 対称式の性質と式変形の利便性を学習する。 ・$\alpha^2+\beta^2=(\alpha+\beta)^2-2\alpha\beta$ の変形を使う。	・ジグソー活動中に各エキスパート資料の内容を，グループ内で共有するように促す。 ・対称式の性質に近い意見が出るように必要に応じて支援する。

		・$\alpha+\beta$と$\alpha\beta$だけで表すことが本当にできるのか疑問。 ・$\alpha+\beta$と$\alpha\beta$だけで表せる式は限りがありそう。	・対称式の厳密な定義をここでは扱わず，変数は2つまで扱う。 ・各グループで考えられた特徴を発表させる。
10分		3 教師による対称式の定義と性質の説明を聞く。	・板書で対称式の定義と性質を説明する。

> **教師の板書事項**
>
> $\dfrac{\beta}{\alpha}+\dfrac{\alpha}{\beta}$, $(\alpha-\beta)^2$, $\alpha^4+\beta^4$のように，あるαとβで表される多項式において，αとβを入れ替えても式が変化しない多項式を**対称式**という。また，$\alpha+\beta$，$\alpha\beta$を**基本対称式**といい，すべての対称式は基本対称式で表すことができる。

| 5分 | 4 評価問題を解く。 | |

> 二次方程式 $x^2-4x+5=0$ の2つの解をα，βとするとき，解と係数の関係を用いて次の値を求めよう。
>
> (1) $\alpha^2+\beta^2$　　(2) $\dfrac{1}{\alpha}+\dfrac{1}{\beta}$

4 授業展開例

1時間目

　前時に，二次方程式の解の公式や判別式を学習しました。解の公式は中学校で学習した内容であるのでスムーズに理解させることができました。判別式についても，復習しながら，主に判別式の値が負になる場合について学びました。

　その解の公式を用いて，2つの解の和と積を実際に計算し，解と係数の関係を予想した後，解と係数の関係を証明しました。その後，エキスパート課題A，B，Cについて各自で考えさせてから，各エキスパートグループ（EG。各グループとも3人）で話し合いました。

> **エキスパート課題A**
>
> 　$x^2-3x+5=0$の2つの解をα，βとするとき，解と係数の関係を用いて，$\dfrac{\beta}{\alpha}+\dfrac{\alpha}{\beta}$の値を求めよう。

> **エキスパート課題B**
>
> 　$x^2-3x+5=0$の2つの解をα，βとするとき，解と係数の関係を用いて，$(\alpha-\beta)^2$の値を求めよう。

エキスパート課題C

$x^2-3x+5=0$ の2つの解を α, β とするとき，解と係数の関係を用いて，$\alpha^3+\beta^3$ の値を求めよう。

EG の中で，理解できない生徒に理解できている生徒が教えます。EG の3人全員が理解できていないときは，他のグループに聞きに行かせるようにします。

2時間目

前時の授業から少し日が経っていたので，エキスパート課題を生徒に返却し，EG で確認させました。

続いて，EG で話し合ったことを，ジグソーグループ（JG）で発表させました。EG で話し合ったことを，責任をもって JG で伝えさせるようにします。

JG は EG の A，B，C が1人ずつの合計3人で構成します。そして，EG の内容を自分の言葉で相手にわかりやすく話すように促しました。

続いて，次のジグソー課題を JG で考えさせました。

ジグソー課題

次の式は，解と係数の関係を用いて値を求めることができるだろうか。

(1) $(\alpha+1)(\beta+1)$　　(2) $\dfrac{1}{\alpha}+\dfrac{1}{\beta}$

(3) $2\alpha+\beta$　　(4) $\alpha^2+\beta$

解と係数の関係で値を求めることができる式には，どんな特徴があるだろうか。

ジグソー活動中に，教師が各グループを指導中，以下のようなやりとりがありました。

生徒　先生，これってαの答えが出てるって仮定されていますか？
教師　これは問題文にもあるように使えるのは解と係数の関係だけ。
生徒　ああ，もうあれだけで…。
教師　そうそう。
生徒　ああ，じゃあαだけの答えってわけじゃないですよね。
教師　αだけじゃなくて，βだけじゃなくて，この2つのセット…解と係数の関係で。これを計算できるかどうか。

そして，教師が対称式と基本対称式について，以下の通り板書しながら説明しました。

$\dfrac{\beta}{\alpha}+\dfrac{\alpha}{\beta}$，$(\alpha-\beta)^2$，$\alpha^4+\beta^4$のように，ある$\alpha$と$\beta$で表される多項式において，$\alpha$と$\beta$を入れ替えても式が変化しない多項式を**対称式**という。また，$\alpha+\beta$，$\alpha\beta$を**基本対称式**といい，すべての対称式は基本対称式で表すことができる。

この後，評価問題（下記）に取り組ませ，さらに授業アンケート調査を実施しました。

5 評価について

基本的には各自で考えさせますが，どうしても解けないときは，ノートを見たり友だちに聞いたりしてもよいこととします。ただし，ノートを見たり友だちに聞いたりしたところは，赤ペンで書くように指導します。

二次方程式　$x^2-4x+5=0$　の2つの解をα，βとするとき，解と係数の関係を用いて次の値を求めよう。

(1) $\alpha^2+\beta^2$　　(2) $\dfrac{1}{\alpha}+\dfrac{1}{\beta}$

（梅田　英之）

数学Ⅱ　　　　　　　　　　軌跡と領域

三角形の重心の軌跡を調べよう！

知識・技能	思考力・判断力・表現力等	学びに向かう力・人間性等
■軌跡の概念や軌跡を求める手順についての理解 ■三角形の重心の定義とその性質といった，平面図形についての理解 ■問題で与えられた条件を，x, yの式で表し，数学的に処理する技能	■図形を座標や方程式などを用いて，的確に表現する力 ■問題を，論理的・図形的な観点でとらえて，その意味を具象化し，数学的に考察する力	■図形の性質などの既知の知識を利用して，多面的に考察しようとする態度 ■解決した問題の条件を一部変更した場合について考え，問題を発展的に考察しようとする態度

1 授業のねらい

三角形の重心の軌跡の方程式を求められるようにする。

2 授業づくりのポイント

　生徒は，中学校で三角形の性質について学習しています。数学Aでは三角形の性質について学ぶ中で，三角形の重心・外心・垂心等について学習しています。また，前時までに直線や円の方程式，軌跡の概念とその方程式の求め方について説明しました。
　本時は，三角形の1つの頂点が直線上を動く場合について，三角形の重心の軌跡がどのようになるかについて考えさせます。具体的な点をプロットしていくことによって，軌跡がどうなるか予想させ，その予想を証明させます。さらに，頂点が円周上を動く場合はどうなるのか，垂心や外心の場合は軌跡がどうなっているのかなど，「なぜ」や「どうして」だけでなく，「さらに」という発展に対する意識も高めていきます。

3 学習指導案

時間	生徒の学習活動	教師の指導・支援
5分	1 前時の復習をする。	・軌跡とは何か，軌跡の方程式の求め方について指名した生徒に説明させる。 ・今回は軌跡の応用問題として，三角形の重心の軌跡について考えることを伝える。
	課題1 平面上に2点A（－3，0），B（3，0）と，直線 $y=6$ 上を動く点Cがあり，△ABCの重心をGとする。点Cが直線 $y=6$ 上を動くとき，点Gの軌跡がどうなるか予想しよう。	
5分	2 グラフ用紙に問題の図をかき，それを利用してまず個人で考える。	・グラフ用紙を配付し，正確な図をかかせる。 ・重心の定義や性質について適宜復習する。 ・考えが出にくい場合には，点Cが（－6，6），（－3，6），（0，6），（3，6），（6，6）などにあるときに点Gがどこにくるか考えるように促す。
5分	3 グループで予想を共有する。	・各自が気づいたことを4名グループで発表させる。その際，結果だけではなく，どのような方法を用いたのかまで，自分の言葉で話すように促す。
10分	4 全体で考えを共有する。	・異なる方法を用いたグループを指名して発表させる。他のグループの生徒が理解しやすいように，黒板に大きな図をかくように促す。 ・異なる方法として次の4つを想定している。 ①重心の定義に従い中線の交点として作図を行う。 ②重心の性質 CG：GM＝2：1 を用いる。 ③中線の方程式を求め，その交点の座標を求める。 ④重心の座標を求める公式を利用する。
	課題2 課題1で予想した結果を証明しよう（軌跡の方程式を求めよう）。	
10分	5 課題2を考える。	・グループで考えさせる。
10分	6 全体で考えを共有する。	・課題2について代表のグループに発表させる。 ・座標を用いる場合には，上記②～④のどの考えを用いても証明可能であることに触れる。 ・上記②の考えを用いれば，平行線と辺の比を利用した幾何的な証明も可能であることに触れる。
5分	7 本時の学習を振り返る。	・学習を振り返り，重心の軌跡についてまとめる。 ・また，点Cが円周上を動く場合や，垂心や外心の軌跡についても同様に考えてみるよう促す。

4 授業展開例

軌跡について最初に簡単に復習したうえで，課題1に入ります。

> **課題1**
> 　平面上に2点A（-3，0），B（3，0）と，直線 $y=6$ 上を動く点Cがあり，△ABC の重心をGとする。点Cが直線 $y=6$ 上を動くとき，点Gの軌跡がどうなるか予想しよう。

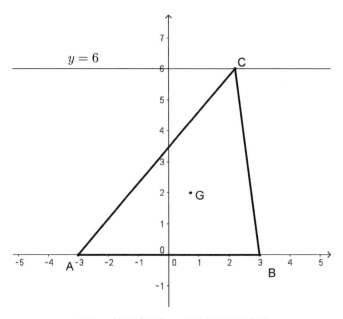

図1　点Cが直線 $y=6$ 上にある三角形

　まず，グラフ用紙を配付し，図1のような図を正確にかいて題意を十分に理解させ，個人で考えさせます。重心の定義や性質について記憶が曖昧な生徒がいる場合には，適宜復習をします。何をしてよいかわからない生徒には，点Cが例えば（-6，6），（-3，6），（0，6），（3，6），（6，6）などにあるときに，点Gがどこにくるか考えるように促します。

　その後，席が近い4名ずつのグループに分けて，わかったこと（予想）を発表させます。結果だけではなく，どのような方法・手順で考えたのかまで話すように促します。

生徒A　僕は，点Cが C_1（-2，6），C_2（0，6），C_3（2，6）の位置にある場合について考えた。実際に三角形を3つかき，それぞれに中線を引いて3個の重心 G_1，G_2，G_3 を作図した。そうしたらどの場合も重心の y 座標は同じくらいになった（図2）。
生徒B　同じくらいって？
生徒A　だいたい2。

生徒B　僕は，点Cが（−3，6），（0，6），（3，6）にある場合について考えた。ただ，中線を作図する代わりに，中線の方程式を求めてみた。その方程式を連立させて，各三角形の中線の交点の座標を計算したら，y座標はいつでも2だった。

生徒A　へぇ，すごいなぁ。

生徒C　重心の性質を使った方が計算が楽だよ。線分ABの中点をMとすると，M（0，0）となる。重心の性質からCG：GM＝2：1で，点Cのy座標はいつでも6だから，点Gのy座標はいつでも2となるはず。

生徒D　その結果だったら，少し前に習った重心の座標を求める公式を使っても，すぐにわかるよ。3点A，B，Cのy座標がわかっているので，

$$y=\frac{0+0+6}{3}=2$$

生徒A　y座標がいつでも2ということは，どうやら重心Gは直線$y=2$上を動きそうだね。これをグループの予想にしよう。

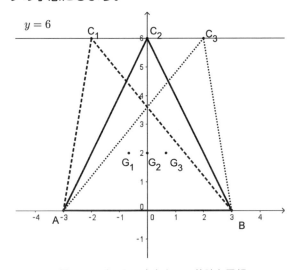

図2　いくつかの点をとって軌跡を予想

上記のような意見がどのグループでも出るとは限らないので，机間指導をしながら各グループで出た主な意見を把握しておき，代表的な意見をもつグループを指名して発表させます。

全体で各グループの考えを共有し，続いて課題2をグループで考えさせます。

課題2
　課題1で予想した結果を証明しよう（軌跡の方程式を求めよう）。

証明という言葉を聞いて，手が止まる者も出ましたが，すぐに意見が出始めました。

生徒A　えっ，証明が必要なの？

生徒B　さっきは3個の点の場合しか調べていないので，点Cが直線上のどこにあっても同じ結果になることを示さないといけないんだよ。

生徒C　簡単，簡単。座標を用いたら同じ要領でできるよ。点Cの座標はC(p, 6)とおける。ここで，pは任意の実数。G(X, Y)とおくと，重心の性質 CG：GM = 2：1を用いて，「内分の公式」から，

$$X = \frac{1 \times p + 2 \times 0}{2+1} = \frac{p}{3}, \quad Y = \frac{1 \times 6 + 2 \times 0}{2+1} = 2$$

これより，Xは任意の実数をとり，Yはいつでも2となることがわかるね。だから点G(X, Y)は直線 $y = 2$ 上を動くと言える。

生徒D　「内分の公式」よりも，「重心の公式」を用いた方がもっと速いよ。

$$X = \frac{-3 + 3 + p}{3} = \frac{p}{3}, \quad Y = \frac{0 + 0 + 6}{3} = 2$$

生徒A　ところで，元の直線 $y = 6$ と軌跡の直線 $y = 2$ は平行だね。これは偶然なのかな？

生徒B　いや，そうではないよ。図3のように点Cを動かした2つの三角形を考えると，内心の性質より $C_1G_1 : G_1M = C_3G_3 : G_3M = 2 : 1$ となる。△C_1MC_3 で考えると2辺の比が等しいので，直線 C_1C_3 と直線 G_1G_3 は平行になるね。

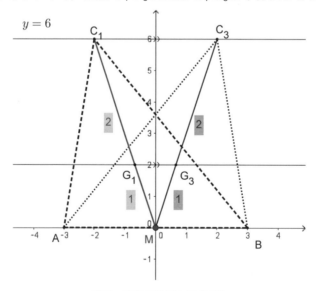

図3　内心の性質と線分の比

生徒C　ということは，点Cが動く直線が底辺ABに平行でなくても，点Cが動く直線と重心Gの軌跡は平行になるということになるね。

これで，このグループは答えを導くことができました。また，他のグループも答えにたどり着いてから，全体で各グループの考えを共有しました。

　学習を振り返り，重心の軌跡についてまとめ，計算によって求める方法以外にも図形の性質（平行線と辺の比）を利用しても軌跡を求められることに触れました。

生徒A　点Cが他の動きをしたらどうなるのかな？
生徒B　他の動きって何？
生徒C　円周上を動くとか，放物線の上を動くとか，…。
生徒D　それもおもしろそうだけど，三角形には外心，垂心，とかいろいろあったよね。それらの点の軌跡がどうなるか気になるな。

　各グループの話し合いの中で，上記のような意見が出ていたことを紹介し，点Cが円 $x^2+(y-6)^2=9$ 上を動く場合について，課題1，課題2と同様の考察をするように促しました（宿題）。また，垂心や外心の軌跡についても同様に考えてみるよう促しました。

5　評価について

　単元末に，学習を振り返り，軌跡についてレポートにまとめさせます。数学が得意な生徒には，このレポートの中で，垂心や外心の軌跡についても考えてみるように促します。レポートは家庭学習の課題とし，必要に応じて教師に質問をしてもよいこととします。

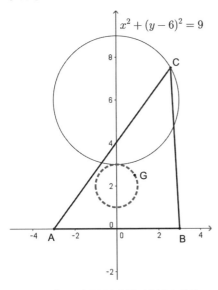

図4　点Cが円周上を動く場合の軌跡

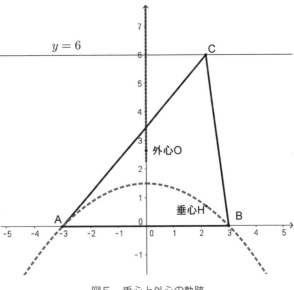

図5　垂心と外心の軌跡

（大西　俊弘）

数学Ⅱ　　　　　　　　　　　対数関数とそのグラフ

大小関係を1つの軸上にとって表現してみよう！

知識・技能	思考力・判断力・表現力等	学びに向かう力・人間性等
■対数の性質についての知識 ■常用対数表を用いて，常用対数の値を求める技能 ■常用対数を用いて，自然数の桁数を求める技能	■対数関数の性質を用いて，対数の値の大小を考察する力 ■常用対数を用いて，自然数の桁数，正の数の整数部分の桁数を判断する過程を考察する力	■常用対数がどのような分野で活用されているかを探究する態度 ■常用対数に関心をもち，進んで活用しようとする態度

1　授業のねらい

　常用対数の定義を理解させ，常用対数表を用いて正の数の常用対数の値を求めることができるようにする。また，常用対数を用いて自然数の桁数を求めることができることを理解させる。

2　授業づくりのポイント

　生徒は前時までに，指数関数，対数とその性質，対数関数について学習しています。特に対数関数については，対数関数のグラフの概形や特徴が，底の値によって異なることを学びました。

　そして，本時は常用対数を用いて自然数の桁数を考えさせます。学習形態としてグループによる学習を取り入れ，常用対数を用いることのよさを理解させます。

　具体的な事例を用いて，10進数で桁が1つ上がるということは常用対数の値が1だけ大きく

なるということを直感的に理解させます。自然数の累乗の桁数を求める問題では，自然数の累乗を実際に計算しなくても，常用対数を用いれば桁数が求められることのよさを強調します。また，不等式を用いて自然数の累乗の桁数を表す過程についても，生徒のつまずきがないよう丁寧に説明します。

3 学習指導案

時間	生徒の学習活動	教師の指導・支援
	課題1　次のものの大きさを，工夫して1つの軸上にとって，大小関係を表現しよう。 雨粒1(mm)　柿10(cm)　信号機1(m)　バス10(m)　金剛山1(km)	
12分	1　まず個人で考える。次にグループで予想や考えを共有する。	・4人ずつのグループで話し合わせるようにする。 ・工夫して1つの軸上にとることを強調する。 ・単位をmに換算したデータを参考にする。
5分	2　全体で考えを共有する。	・各グループに発表させる。他のグループの生徒も理解しやすいように，声の大きさや黒板の書き方を工夫させる。
3分	3　課題2を知る。	
	課題2　同じ軸上に物干し竿の長さ3(m)をとりたい。どの位置にとればよいか。	
10分	4　グループで課題2に取り組む。	・グループで導いた答えを全員が説明できるようにする。
5分	5　常用対数及び常用対数表について説明を聞く。 課題2を仕上げる。	・10^nの常用対数の値から自然数の桁数との関連を意識させる。 ・課題2について，グループ内で考え方を共有する。
10分	6　課題3に取り組む。	
	課題3　自然数Nがn桁のとき，$\log_{10}N$の値の範囲をnを用いて不等式で表そう。	
		・まずは課題1及び2の結果を基に，1桁の場合について考えさせる。 ・nを用いて一般化させる。 ・個人でワークシートに記入させる。 ・正解を導いた生徒を指名し，発表させる。
5分	7　本時の学習を振り返る。	・常用対数及び常用対数表について振り返る。 ・常用対数が使われている事例についてまとめる。 ・レポート課題を提示する。

4 授業展開例

　対数の考えは，化学のpH，地学のマグニチュードの計算等で用いられるなど，他の教科との関連も深く，重要な概念ですが，対数の定義や記号などの新しい考え方や用語を理解する必要があることから，生徒にとっては定着しにくい分野の1つです。

　この授業では，常用対数は自然数の桁数と密接な関係にあることを直感的に理解させたうえで，正の数の整数部分の桁数や小数の位についての考察に応用できることを押さえていきます。また，他の教科・科目と関連する事例を調べる課題に取り組ませることにより，常用対数のよさを認識させ，生徒の興味・関心を高めていくことを目指します。

　はじめに，身近にあるもので，スケールの違う大きさを1つの軸上にとるにはどうすればよいかを考えさせることで，常用対数の考え（対数軸）のよさを実感させます。

　前時までに，対数の性質，対数関数について学習を終えているので，本時では課題1から始めました。

課題1

　次のものの大きさを，工夫して1つの軸上にとって，大小関係を表現しよう。

　雨粒1(mm)　柿10(cm)　信号機1(m)　バス10(m)　金剛山1(km)

　まず，個人で考えさせた後，4人ずつのグループで話し合わせました。

　グループで学習する際は，全員が説明できるまで理解できるようになることに留意させているので，今回もわかった生徒がわからない生徒に対して丁寧に説明するよう強調します。

　多くの生徒は，個人で考えている段階では，オーダー（桁数）の異なるものを1つの軸上にとることは難しいと悩んでいました。中には，理科で単位をそろえることを学んだことを思い出し，単位をそろえることに気づく生徒もいました。そのような生徒がいないグループには，ヒントを与えながら，教師の支援を最小限に留めるようにしました。

生徒A　単位がバラバラ…。どうすればいいんだろう。
生徒B　基準を決めればいい。
生徒C　m（メートル）で表されたものが多いから，m（メートル）にそろえてみよう。
生徒D　大きさが違いすぎる。
教　師　0の数に注目するとどうだろう？
生徒A　小数は，10^{-n} の形に変形できるね。
教　師　ならば，すべて 10^n の形にそろえてみればどうだろう？

生徒C わかった。10^n の形に変形できれば，n（指数）を横軸にとればいいんだ。

　各グループを回りながら，ヒントを与えていきます。まわりのグループも参考にしながら考え始めます。単位ではなく，柿（10cm）など，ものを基準に考えているグループもありました。桁数に注目して軸上にとっているグループもあり，「目盛り」の表し方についてもう少し考えるように促しました。

　各グループの発表では，単位がバラバラになっていました。課題2を同じプリントに掲載したので，課題2を見据え，m（メートル）にそろえようと呼びかけました。理科との関連を意識して，SI（国際単位系）において，m が長さの基本単位になっていることについても触れました。

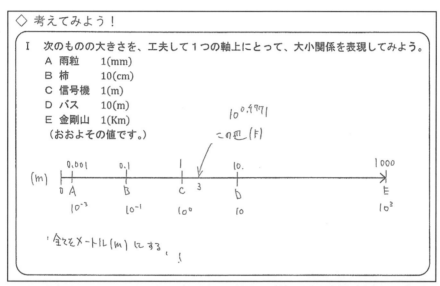

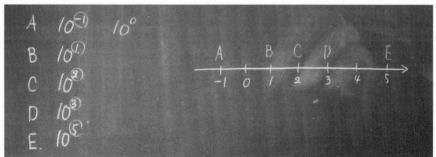

> **課題2**
> 同じ軸上に物干し竿の長さ3(m)をとりたい。どの位置にとればよいか。

全体で各グループの考えを共有した後，続いて課題2を示しました。

3を10^nの形で表すことができるか考え始めました。中には，$\log_{10}3$に気づくグループもありますが，その値がわかりません。

生徒A 信号機（1m）とバス（10m）の間だ。
生徒B どのあたりにとればよいのだろう。
生徒C $3=10^n$を満たすnを求めればいいんだ。
生徒D 値がわからない。どうやって求めることができるの？
生徒C つまり$\log_{10}3$だね。でも，値がわからない。

そこで，常用対数及び常用対数表について説明しました。そして，教科書の巻末にある常用対数表から値を読み取る練習をしました。

そのうえで，課題2にグループで取り組ませました。その際，課題1と同様，わかった生徒がわからない生徒に対して丁寧に説明するよう強調しました。

生徒C 常用対数表を見れば，$\log_{10}3.00$の値がわかる。
生徒D 0.4771だ。軸にとってみよう。
生徒B 信号機とバスの真ん中あたりになるんだ。

教　師 ところで，課題1で横軸にとった値は，それぞれ何を表している？
生徒B 0の数と一緒。
生徒A 桁数から1をひいた値だ。
生徒C 常用対数の値になっている。
生徒D 常用対数の値と桁数は関係があるんだね。

全体で各グループの考えを共有し，続いて課題3を示します。

課題3
　自然数Nがn桁のとき，$\log_{10}N$の値の範囲をnを用いて不等式で表そう。

課題3については，グループではなく，座席を元の状態に戻して，個人で取り組ませ，最後に考えを共有します。ただし，ペアワークは可としました。

まずは課題1及び2の結果を基に，1桁の場合について考えさせます。

教　師　Nが1桁の場合，Nの常用対数の値はどのような範囲になっているか考えよう。
生徒A　0から1の範囲だ。
教　師　それを不等式で表すとどうなる？
生徒C　$0 < \log_{10} N < 1$になる！
教　師　等号（=）は入らない？
生徒A　常用対数の値が1になれば，2桁になる。
生徒C　$0 \leq \log_{10} N < 1$だ！

　この段階で，$n = 1$の場合について不等式で表すことができました。理解できていない生徒も少なからずいるようなので，生徒Aに黒板を使って発表させました。
　ワークシートに結果をまとめることができたのを見計らい，次にnを用いて一般化させます。ここでも，個人で取り組ませますが，ペアワークは不可としました。

生徒C　$n - 1 \leq \log_{10} N < n$だ。
教　師　これが正しいことを確かめるにはどうすればいい？
生徒A　nに値を代入すればよい。
教　師　それでは，すべての自然数Nに対して成り立つことが言えないのでは？
生徒C　$10^{n-1} \leq N < 10^n$と変形すればいい。

　正解にたどり着いた生徒を指名し，発表させ，全体で考えを共有しました。

　最後に，本時のまとめをし，次時までのレポート課題を提示しました。

レポート課題
　常用対数が使われている事例についてまとめよ。

　生徒たちは，すでに化学基礎でpHを学んでいるので，pHの定義などがある，というヒントを与えながら，定義式を含めて常用対数が使われている事例を1つ取り上げてまとめさせる課題としました。

（吉川　浩良）

| 数学Ⅱ | | 導関数の応用 |

三次関数の増減表とグラフをかいてみよう！

知識・技能	思考力・判断力・表現力等	学びに向かう力・人間性等
■微分係数と接線の傾きの関係，接線の傾きとグラフの増減の関係についての理解 ■増減表でまとめる項目についての知識 ■与えられた関数の導関数を求めて増減表とグラフを作成する技能	■微分係数の正負が関数の増加と減少を表すという知識を利用して増減表の形に整理してから，グラフがどのようになるかを考察する力 ■数式やグラフを用いて自らの思考を他者に伝わるように表現する力	■自らの思考と他者の思考を比較し新たな知識・技能を身に付けようとする態度 ■増減表の形式で整理することのよさを認識し，その意味を理解しようとする態度

1 授業のねらい

> 三次関数の増減表とグラフがかけるようにする。

2 授業づくりのポイント

　この授業は，微分係数が接線の傾きを表すことと，接線の傾きの正負が関数の増減を表すという知識を基に，極値を2つもつ三次関数のグラフをかくことが目標です。この単元では，いきなりグラフをかこうとしてもうまくいかないので，必要な情報を増減表の形式で整理することになります。そのまとめ方の枠組みだけを生徒に与えて，どのような手順で項目を記入していけばいいのかを考えさせることで，増減表の作成の方法や，そのようにまとめることの意味，極値をとる点の特徴などを理解させようとしています。

　また，この授業ではグループワークが生徒の活動の基本単位になりますが，タブレットのデジタルノートアプリを活用することで，グループ間においても知識の共有が行える状態にして

おきます。教師からも他のグループを確認するように指示を出しますが，必要に応じて生徒自身でも他のグループの内容を見ることができるようになっています。なお，デジタルノートアプリは以下の機能をもっています。
- タッチペンを用いて紙媒体と同様に文字や記号を書き込むことができる。
- 共通のアカウントにログインすることで，書き込みを共有することができる。
- クラウド上にデータが保存され，過去の書き込みを確認することができる。

3 学習指導案

時間	生徒の学習活動	教師の指導・支援
5分	1 前時の復習をする。	・微分係数が接線の傾きを表すことと，接線の傾きの正負が関数の増減を表すことを確認する。
5分	2 増減表の枠組みを学ぶ。	・増減表の外枠と記載する記号，及びその意味の説明を具体例を見せながら行う。
	課題　三次関数 $y = x^3 - 6x^2 + 9x + 1$ の増減表とグラフをかいてみよう。	
15分	3 個人で考えた後に，4人グループをつくり，話し合いながら増減表とグラフを作成し，タブレットに記入する。続いて質問項目にも解答する。	・具体例の増減表を参考にさせながら，行き詰まっているグループには個別に次にするべきことを確認させて，必要に応じてヒントを与えるなどする。
10分	4 自分のグループと異なる2つのグループが作成したノートを参照して自分のグループと比較し，共通する点と異なる点を見つけて考察する。	・質問事項に沿った内容を確認させて比較させる。 ・気づいた点をまとめ，問題演習が載っているプリントを1人1枚配付して記入させる。 ・質問事項に沿っていない部分でも新たな発見があれば配付するプリントにまとめさせる。
3分	5 増加から減少（減少から増加）に移る境目の y の値を極大値（極小値）と呼ぶことを知る。	・増減表からグラフをかいている時点で，極値の特徴については読み取っていると予想されるので，極値，極大値，極小値という言葉を教える。 （極値をとる $\Rightarrow y' = 0$ などは次時に説明する）
12分	6 問題演習で他の三次関数でも同様の手法で増減表とグラフをかけるかを確かめる。 同時に3，4で気づいたことを中心に学習を振り返る。	・問題演習と振り返りのプリントを授業終了までに完成させるように指示をする。

4 授業展開例

　前時では，グラフの図形的な意味から平均変化率が2点を結ぶ直線の傾きを表すこと，瞬間変化率にあたる微分係数がその点における接線の傾きを表すことについて考えて，接線の方程式を求める方法を確認しました。また，接線の傾き，すなわち微分係数（導関数）の正負を調べることが，関数の増減についても調べることになっていることを確認しました。

　本時では，上記の性質を最初に確認したうえで，関数の増減からグラフをかくことを目標に授業を展開します。授業開始時点では，微分係数（導関数）が正であるときには関数が増加し，負であるときには関数が減少するという程度の知識しかもっていません。グラフをかくためには，それらの情報を整理する必要があり，一般に増減表というものが用いられていると説明します。その後，$y = x^3 + 3x^2 - 2$ の増減表を実際に示して，x，y'，y の項目ごとに，値や正負，増加や減少を「↗」，「↘」と表し記入して，様々な情報をまとめていることを説明します。ただし，増減表をかく手順，例えば $y' = 0$ という方程式を解いて x の欄に記入する値を求めることや，y' が正であるときに y の欄に「↗」を記入すればよいことなどについては説明しません。生徒たちは，増減表の具体物をヒントにして，自分自身の手で下記の三次関数の増減表を考えてグラフをかいていきます。その過程で増減表のまとめ方やグラフのかき方を発見し，そのように記入することの意味を理解していきます。

課題
　三次関数 $y = x^3 - 6x^2 + 9x + 1$ の増減表とグラフをかいてみよう。

　この課題については一定時間後にグループワークを行うのですが，まずは個人で考える時間をとります。いきなりグループを組んでしまうと，他者に頼りきったままグループに貢献しようとしない生徒や，わからないまま周囲に流されてしまう生徒が出てくるからです。個人の時間内で自分自身が考えたこと，わかったこと，わからないことなどをある程度本人に整理させてからグループ活動に移行させます。

　4人1組で各グループに1台ずつタブレットを配付してデジタルノートアプリにログインさせ，考え方がまとまってくればデジタルノートに記入するように促します。課題に取り組む際には，例である $y = x^3 + 3x^2 - 2$ とその増減表や導関数を見比べながら考えるグループや，いきなり $y = x^3 - 6x^2 + 9x + 1$ の増減表をかこうとするグループなど様々な取り組み方が出てくるのでグループによって進度や理解度が異なってきます。教員もタブレットにログインすることで，各グループの書き込んでいる度合いが確認できるので，作業が止まっているグル

ープには，近づいて進行状況などをチェックし，必要に応じてアドバイスを送ります。

生徒A とりあえず x の数字を入れていかないとダメそうだけど…
生徒B そもそも，x の値ってどこから出てきているの？
生徒C $y = x^3 + 3x^2 - 2$ だったら -2 と 0 みたいだね。とりあえず，増加とか減少を調べることが目標みたいだから，$y = x^3 + 3x^2 - 2$ を微分してみよっか？
生徒D 計算してみたら，$y' = 3x^2 + 6x$ ってなったよ。でも，結局ここからなんで -2 と 0 になるかわからないの。
教　師 少し行き詰まっているみたいですね。今の目標は何ですか？
生徒D 増減表に書き込む x の値を求めたいんです。一応導関数を求めてみたんですけど，それを使うのかどうかもわからないです。
教　師 導関数を求めるところまでできていればもう一息ですよ。x の欄で数字が書かれているところが，どのような特徴をもっているかについて考えてみるといいかもしれないですね。
生徒B y' の欄の数字が 0 になっているね。$3x^2 + 6x = 0$ として方程式を解いてみようかな。
教　師 はい，それでやってみてください。ちなみに，$y' = 0$ というのは特徴の1つにすぎません。確かに増減表に書く x の値はそう求めるのですが，なぜ $y' = 0$ の点を増減表に書くのか考えながら進めていってください。

　上記のような流れで各グループを必要に応じて誘導しつつ，タブレット上につくった枠の上に増減表やグラフをかかせていきます。その過程で，どうして増減表はこのようにかくのかについても気づくことが理想です。生徒が考える視点については，タブレット上に項目を設けているので，それに沿って順次解答させます。本時の項目としては，(i) x の欄の数字をどのように求めるか，(ii)数字が入るところにはどのような特徴があるか，(iii) y' の正負をどのように求めるか，(iv) y の増減が変わる部分のグラフはどのような特徴をもつか，です。これらの項目については，後に他のグループの解答をチェックさせるので，その際に他のグループと共通する部分，異なる部分について整理させるねらいがあります。

　一定時間経過後に自分のグループと異なる2つのグループ（教師が指定）の解答を確認して比較するように指示を出します。生徒たちは自分のグループで気になった部分や，質問の解答などについて確認し，他のグループと共通している部分で一般に成り立ちそうかを考えたり，異なっている部分で別の観点からの考え方を吸収したりします。本時では，増減表に記入する x の値を求める方法は，$y' = 0$ の方程式を解くことで共通し，逆に y' の正負は具体的な値を代入する方法や二次不等式の考え方を使うグループなど異なる点が出てきました。

$y = x^3 - 6x^2 + 9x + 1$
の増減表とグラフを書いてみよう

$y' = 3x^2 - 12x + 9$
$= 3(x^2 - 4x + 3)$
$= 3(x-1)(x-3)$

$x = 1, 3$ のとき 0

$x = 2$ のとき 3

$x = -1$ のとき 24

$x = 4$ のとき 9

増減表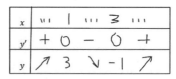

グラフ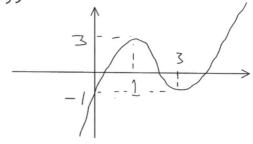

質問1　増減表のxの欄の値をどのように求めましたか？
　　$y'=0$の方程式を解いた。

質問2　xの欄の値が入っている列を縦に見るとどのような特徴がありますか？
　　$y'=0, y$の矢印が変わる。

質問3　y'の正負はどのように調べましたか？
　　値を代入して調べた。

質問4　矢印の向きが変わるところはどのようなグラフになりますか？
　　上に凸や下に凸になる

デジタルノートの一例（他のグループもタブレットを通してこの画面を見ることができる）

生徒A　質問1については，7班も$y'=0$の方程式を解いて求めているね。
生徒B　8班は？
生徒A　8班も同じみたい。ここについてはどのグループも大差がないんじゃないかな。
生徒D　質問2の方はどう？
生徒A　こっちもほとんどうちのグループと同じような意見だけど，y'の「＋」と「－」の記号が変わるとか，yの欄に値が書き込まれているっていう意見もあるね。
生徒C　うちのグループのyの矢印が変わるっていうのと，y'の「＋」と「－」の記号が変わるっていうのは結局同じことだよね。yの欄に値が書き込まれているっていうのも見たらわかるし。
生徒A　質問3の方はうちのグループは具体的な値を代入したけど，8班は因数分解の形からいきなり増減表をかいているみたいだね。
生徒C　途中の計算を省略しているだけなんじゃないの？
生徒A　いや，でも下のところに$y'=3x^2-12x+9$のグラフからって書いているよ。
生徒D　どういうことかな？　とりあえずグラフをかいて考えてみよっか。

生徒C　グラフの正負がわかればいいわけだから，二次不等式を解くときと同じように，x軸との共有点に注意してグラフをかけばいいんじゃない？

生徒D　あ，そうか。交点もすでに求めているからすぐかけるね。

生徒C　それでグラフがx軸よりも上にきている部分と下にきている部分について注目すれば終わりか，なるほど。

教　師　グラフをかくとわかりやすくなりますよね。今回は因数分解された形がすでにあるので，今やったみたいにすれば代入するより速く解くことができそうです。ちなみに因数分解された項に１つずつ着目すれば，グラフをかかなくても見えてきます。

生徒B　どういうことですか？

教　師　$3(x-1)(x-3)$と因数分解された式に１より小さいxを代入すると，$(x-1)$と$(x-3)$がそれぞれどうなるか考えてみてください。

生徒B　わかりました，ちょっと考えてみます。

　上記のように，必要に応じて教師もアドバイスを送りながら，生徒が新たな気づきを得られるように支援します。同時に生徒一人ひとりにプリントを配付していきます。プリントの内容は「次の三次関数の極値を求めてグラフをかけ」という問題と，「この時間で気づいたことをまとめなさい」という項目です。気づいたことをまとめる部分には，(i)増減表とグラフのかき方についてグループ内でわかったこと，(ii)他のグループと同じだったこと，(iii)他のグループと違っていたこと，(iv)自由記述欄の４項目をつくっています。グループワークで話していることについて順次生徒がまとめて記入していきます。

　一定時間後に$y = x^3 - 6x^2 + 9x + 1$の増減表とグラフを板書し，グループワークを一時中断して，問題演習に必要な知識として極値の説明を行います。グラフがかけているグループは，関数の増減が変化するところがわかっているはずなので，その点のyの値のことを極値といい，特に増加から減少に変化する点を極大，yの値を極大値ということ，逆に減少から増加に変化する点を極小，yの値を極小値ということ，増減表でyの欄に書き込まれる値はこの増減表では極値を表しているということなどを説明していきます。

　ひと通り説明した後は，授業終了までの残り時間と終了時にプリントを回収することを確認して，再度生徒の作業に戻します。グループワークの中でまだ考えたいことが残っているグループは再度議論を続け，終わっているグループは個人単位で黙々と問題を解いたり，相談しながら問題を解いたりと，様々な流れが起きるので各グループの取り組みに任せます。授業終了時にグループごとにプリントをまとめて提出させて授業を終了します。

（家治浩之助）

数学B　　　　　　　　等差数列と等比数列

碁石の数の規則性を探ろう！

知識・技能	思考力・判断力・表現力等	学びに向かう力・人間性等
■事象の数量を文字式で表すことやその意味についての理解 ■数列における基本的な概念，原理，法則，用語，記号などについての知識 ■具体的な事象に対し，規則性を見つけ，第n項を求めることができる技能	■具体的な事象から，第n項を求めるため，よりよい規則性を見いだし，説明することができる力 ■事象を数学的に考え，数列の一般項をnの式で表現することができる力	■多様な規則性に着眼し，文字式で表現しようとする態度 ■他者と協働してよりよい規則性を見いだし，気づいたこと，理解したことを，わかりやすく説明しようとする態度

1 授業のねらい

> 規則性を見いだして文字式で表させるとともに，数列の一般項の意味を理解させる。

2 授業づくりのポイント

　具体的な事象から規則性を見いだし，第n番目のものを文字式として表現する技能は，数列を学習するうえで最初に必要なものです。生徒は，すでに中学校で，いろいろな事象の考察において，その中にある数量の関係を見いだし，関係や法則を式で表現し目的に応じて変形するなどして文字式を活用する学習を行っています。今回の授業では，碁石の数を数えるという問題を通して，他者と協力しつつ，パソコン等の端末を利用して内容を共有し，数列の基礎についての理解につなげていきます。数列の規則性を見つけ，一般化・具体化することのおもしろさや有用性を実感させ，「別の条件や事象であればどうなるのか」といったように，問題を自ら発展させ，考える態度を涵養したいと考えました。

3 学習指導案

時間	生徒の学習活動	教師の指導・支援
5分	1 中学校の内容の復習をする。	・中学校のとき学習した，「規則性の発見」の内容を確認する。 ・今回はやや難度の高い学習を行うことを示唆する。
	課題1 碁石の並びにおいて，3番目の碁石の数を要領よく求めてみよう。	
10分	2 まず個人で考える。個人で考えた内容をグループの他のメンバーに紹介し，予想や気づきを出し合う。	（1番目・2番目・3番目の碁石の図） ・4人ずつのグループで話し合わせるようにする。 ・早くできた生徒には，どの方法が効率よいか考えさせるようにする。
	課題2 課題1で考えたことを基に，5番目の碁石の数を予想しよう。	
10分	3 まず個人で考えさせた後，グループで予想や気づきを出し合う。その後タブレットを利用していくつかの考えを電子黒板で表示し，考えを共有する。	・予想した事柄について，なぜそうなるのか，式を用いて説明させるようにする。 ・グループ活動中，わからないところや納得のいかないところがあれば必ず質問させるようにする。
	課題3 n 番目の碁石の数を求めよう。	
15分	4 課題3をグループで考えさせ，代表のグループから電子黒板を使って意見を発表させ，全体で意見を共有する。	・代表のグループに発表させる。他のグループの生徒も理解しやすいように，声の大きさや黒板の書き方を工夫させる。 ・発表を聞く中で，わからないところや納得のいかないところは必ず質問させる。他の考え方がある場合には，発表させる。 ・規則性を考えるとき，多様な考え方があるが，n 番目の式は一致することを確認させる。
10分	5 数列とは何かを理解し，n 番目と a_n との対応関係に着目して数列の一般項 a_n の意味を理解する。	・数列の意味を理解させる。 ・n 番目と a_n との対応関係に着目して数列の一般項 a_n の説明とともにその意味を理解させる。 ・学習を振り返り，一般項を用いるよさを認識させ，次回からいろいろな規則性をもった数列の一般項を求めていくことを告げる。

4 授業展開例

　中学で学習した内容を思い出させるために，中学1年の「文字式の利用」における数量の関係や法則などを文字を用いた式に表す学習において，マッチ棒の問題があったことを確認しました。
　マッチ棒が規則的に並んでいる図から，マッチ棒を要領よく数えるためには，規則性を見つけ出す必要があること，また，一般化することで，n の式に表せることなどを確認しました。
　中学のときも碁石の数を数えていく内容がありましたが，高校では数列への導入を意識して，以下のようにやや複雑に並んでいる碁石を題材にしました。碁石の数を同じように要領よく数えていき，n 番目はいくつになるかを考えていこう，と問いかけました。

```
1番目        2番目         3番目          …        n番目？
              ○            ○
              ○○○         ○○○
  ○          ○○○○○       ○○○○○
○○○○○      ○○○○○○○     ○○○○○○○○○
  ○          ○○○○○       ○○○○○
              ○○○         ○○○
              ○            ○
```

　3～4人のグループを10班つくり，グループで考えさせます。各課題ともまず1人で考え，グループのメンバーに自分の意見を発表させて，それを基にグループで考えていくという展開を基本としました。

　中学校の内容の復習の後，段階的に解決を図るため，次の課題1に入りました。

> **課題1**
> 　碁石の並びにおいて，3番目の碁石の数を要領よく求めてみよう。

　まず，個人で考えさせます。考えた内容を，多くの生徒がすぐにノートに書き込んでいきました。個人で考えた方法を他のメンバーに説明し，考え方をシェアする時間もとります。早く終わったグループの中には，思考が深まるように，他の考え方がないか追究して話し合うグループもありました。
　この後，課題1の考え方を基に，n 番目の碁石の数を考えてもよかったのですが，具体的な状態から抽象的な考え方に発展させるプロセスを大事にしていきたかったので，次の課題2に取り組ませました。

> 課題2
> 課題1で考えたことを基に，5番目の碁石の数を予想しよう。

ここで立ち止まるグループがいくつか出てきました。自分たちが考えた課題1の方法では，正確な碁石の数を求めることができないことに気づいたのです。

生徒A 3番目のときと同じように考えればいいんでしょ？
生徒B 簡単，簡単。同じ要領だよね。
生徒C うーん，なんか同じようにはいかない気がするんだけど…。
教　師 考え方が正しければ，2番目でも1番目でも正しい碁石の数になるはずですよ。課題1で確かめていましたか？　まだのグループは，試してください。
生徒A あれ？　この考え方だと2番目のときに正しい碁石の数を求めることができない。5番目のこの数も間違っているのかなあ…

グループでの話し合い

あるグループのタブレットへの記入

生徒D 違う考え方はどうだろう。（タブレットに記入しながら）このように考えたら大丈夫だと思う。
教　師 それでは各グループでまとめた考え方を電子黒板で表示しますので，送ってください。（2グループ分ずつ教室前方にある電子黒板のモニターに表示させ，紹介）
生徒A Dくんの考え方とは違う考え方がいくつかあるね。でも，結果的に他のグループと同じ数になってよかったね。

次に，本時の目標の1つである課題3に取り組むよう指示を出しました。

> 課題3
> n 番目の碁石の数を求めよう。

教　師　いろいろ考え方がありましたが，いよいよ n 番目の碁石の数を求めたいと思います。みなさんできそうですか？

生徒A　3番目，5番目でできたことだから，n 番目でも大丈夫だよ。

生徒C　いや，この考え方だと n 番目は無理かもしれない。

生徒D　そうだね，4班の考え方なんか，シンプルでいいかもしれない。参考にしよう。

　この学習活動で，多くのグループは，n 番目の碁石の数を求めるための規則性に気づくことができました。しかし，そのままの考え方では，うまくいかないであろうと予想されるグループがいくつかありました。しかし，他のグループの考え方を知ることにより，自分たちのグループの考え方を見直し，少しずつ答えに向かおうとする話し合いが展開されていました。

　ここでも，各グループで話し合った結果をタブレットに記入させて，その内容を教室前面の電子黒板に送信していくつかのグループの結果を全員で共有しました。

　これまでの学習活動を経て，一般形の n 番目の形にたどり着くには無理のあるグループもありましたが，多くのグループは，規則性を理解し，正しい形を導き出すことができました。その内容をタブレットに記入し，教室前面の電子黒板に送信し，4つのグループの代表者に電子黒板を利用して発表させました。ゴールにたどり着く考え方が1つではなく，いろいろな考え方があることがわかり，生徒が興味深く電子黒板を見ていました。

 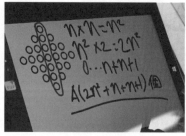 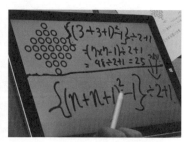

各グループの解答例

 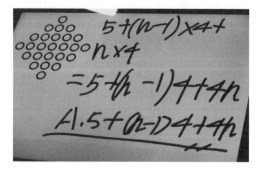

タブレットの内容を電子黒板に送信し表示させる　　　　あるグループの誤答例

生徒E　よし,これで大丈夫だろう。内容を送信したよ。
生徒F　これでできているのかな…
生徒G　やっぱり,この考え方だと n 番目の碁石の数は求められないんじゃないかな…
生徒H　他のグループは,できているのかなぁ…
教　師　どうしましたか？　できましたか？
生徒E　自分たちの考え方が正しいかどうかわからないです。
教　師　今,みなさんは n 番目の碁石の数を n を用いた式で表しているわけですよね。では,その式を使って,3番目の碁石の数を求めるにはどうすればよいですか？
生徒F　あっ,そうか。$n=3$ を代入すれば3番目の碁石の数を求めることができるはずですよね。
生徒G　じゃあ,やってみよう。あれ!?　違ってるよ。
教　師　みなさんが考えた式で計算した結果と実際の碁石の数が違っているということは？
生徒F　自分たちの考えた式は間違っているということですよね。
生徒E　何がおかしかったのかな？
生徒H　あっ！　この部分は3番目のときしか対応できていないよね。ということは,5番目もダメなはず…。勘違いしてた。5番目もこれではダメだよね。
生徒G　他のグループの発表を見てみようよ。
教　師　それでは,2,3,5,8班の代表者は順番に前に出て発表してください。

　4つのグループの代表者が,自分のグループの求め方について,電子黒板を利用して発表を行いました。

生徒F　そうか,一般的に n 番目の碁石の数を求めることができるように考えないといけなかったのか。
生徒G　n 番目の碁石を求めることができるように規則性を考えることが大事だね。

　発表の後,残り9分というところで,いよいよ数列の導入に入りました。1番目,2番目,3番目…の碁石の数を順に並べていくと,5,13,25…と数の列ができ,それを数列と呼ぶことや,項の説明,生徒たちが求めた n 番目の碁石の数が,第 n 項のことであることを説明しました。
　最後に一般項 a_n の説明をし,一般項を求めるには,数列の規則性を見抜くことが基本的に大事であることを押さえました。今回の学習活動では,規則性を見いだし一般項 a_n を求めるといった,自分たちが実際に行った学習活動と関連づけることにより,数列の学習の初歩,いわゆる基本事項について認識を深めることができたと考えます。

（今井　啓文）

数学B　　　　　　　　　　　　　　　いろいろな数列

群数列の規則性をつかもう！

知識・技能	思考力・判断力・表現力等	学びに向かう力・人間性等
■群数列についての理解 ■nを用いて，一般的に表すことができる技能 ■ある特定の群に属する数の和を求める技能	■既習内容を踏まえて規則性・関係性を分析・解明する力 ■考えたことを，自分の言葉で筋道立てて論理的に説明する力	■既習の知識・技能を活用して考えようとする態度 ■話し合いを通して様々な考え方を認め合おうとする態度 ■別の考え方を検討し，他の問題にも対応できるように考えようとする態度

1 授業のねらい

群数列に表れる規則性をつかみ，既習の公式等で問題解決できるようにする。

2 授業づくりのポイント

　多くの生徒が，公式の多さやその処理の煩わしさから「数列」を苦手としています。特に入試などで問われる「群数列」に至っては，生徒の苦手意識はかなり高いものがあります。
　「群数列」はその規則性を見つけさえすれば解決に結びつくのですが，生徒が独力で規則性を見いだすには難しい部分があります。
　そこで，授業では，グループを構成し，「群数列」の規則性について考察する時間を設けました。グループで活動することによって様々な見方や考えが出てくること，自分が考えたことをグループでわかりやすく伝える必要があることなど，有意義な数学的活動になると考えました。

3 学習指導案

時間	生徒の学習活動	教師の指導・支援
5分	1 前時の復習をする。	・等差数列や等比数列の一般項や和の公式を確認させる。
	課題 1から順に奇数を並べて，次のように2個，3個，4個，…となるように群に分け，順に第1群，第2群，…とする。 　　1，3 ｜ 5，7，9 ｜ 11，13，15，17，19，…… 　第1群　　　第2群　　　　　第3群 (1) 第5群に含まれる数をすべて書き出せ。 (2) 第 n 群の最初の数を求めよ。 (3) 第 n 群に含まれる数の総和を求めよ。	
5分	2 (1)を考える。	
10分	3 グループに分かれて，(2)を考える。	・話し合いを通して論理的に説明する力を養い，様々な考え方を認め合うことにつなげる。
10分	4 全体で考えを共有する。	・発表を聞く中で，わからないところや納得のいかないところは必ず質問させる。他の考え方がある場合には，発表させる。
5分	5 (3)を考える。	
	練習問題 次のような群に分けるとき，各問いに答えなさい。 　　1 ｜ 3，5 ｜ 7，9，11 ｜ 13，15，…… 　第1群　第2群　　　第3群 (1) 第 n 群の最初の数を求めよ。 (2) 第 n 群に含まれる数の総和を求めよ。	
10分	6 全体で考えを共有する。	・代表のグループに発表させる。
5分	7 本時の学習を振り返る。	・学習を振り返って，群数列で区切ることによって表れる数列と，元の数列との関係を明確にできるようにする。

4 授業展開例

最初に,前時の復習として等差数列や等比数列の一般項や第 n 項までの和の公式について,順に確認します。

● 初項 a,公差 d の等差数列

　一般項　　　　　　　$a_n = a+(n-1)d$

　第 n 項までの和　　$\dfrac{(a+a_n)n}{2}$ 又は, $\dfrac{n\{2a+(n-1)d\}}{2}$

● 初項 a,公比 r の等比数列

　一般項　　　　　　　$a_n = ar^{n-1}$

　第 n 項までの和　　$r \neq 1$ のとき $\dfrac{a(1-r^n)}{1-r}$, $r = 1$ のとき na

群数列については,解決のポイントとして次の2つが大切であると考えました。

❶　群の分け方の規則性を考えること。
❷　第 n 群の最初の項と,項数を考えること。

授業では,このポイントを基に生徒自身が「解ける」という実感がもてるように進めました。

課題

　1から順に奇数を並べて,次のように2個,3個,4個,…となるように群に分け,順に第1群,第2群,…とする。

　　1, 3 | 5, 7, 9 | 11, 13, 15, 17 | 19, ……
　　　第1群　　　第2群　　　　　　第3群

(1) 第5群に含まれる数をすべて書き出せ。

(2) 第 n 群の最初の数を求めよ。

(3) 第 n 群に含まれる数の総和を求めよ。

まず,課題の(1)に各自で取り組ませて,群の分け方を確認しました。多くの生徒は問題文で

その規則性を把握できましたが，奇数の列をたくさん書き並べ，群に区切って考えている生徒もいました。

その後，グループに分かれて(2)を考えさせました。以下に示すように，あるグループでは，これまでに学んだ知識・技能を生かして考え，判断し，表現するという活動が見られました。

教　師　それでは，グループに分かれて(2)を考えてください。
生徒A　どう考えればいいんだろう…。
生徒B　みんなでチャレンジしてみよう。
生徒A　難しいな。うーん，なんか今までと同じようにはいかないんだけど…。
教　師　新しい発想がないとできないよね。
生徒C　まず，第 n 群の先頭に自分（私）が立っていて，先頭（初項）の1から自分の前に何人並んでいるかを考えればいいんじゃないかな？
生徒A　えっ，どういうこと？
教　師　みんなにわかるように説明してください。
生徒C　第1群には2人，第2群には3人の人が，…，第 $(n-1)$ 群には，n 人の人がいるよ。だから，…。
生徒B　そうだ。C君の前には，$(2+3+4+\cdots+n)$ 人いるんだ。これを計算してみよう。
生徒A　これは，等差数列の和だ。初項が2，末項が n，項数が $(n-1)$ だね。
生徒B　この和を求めると，$\dfrac{(2+n)(n-1)}{2}$ 人がC君の前にいるんだ。
生徒C　だから，私は最初から数えて，$\dfrac{(2+n)(n-1)}{2}+1$ 番目になるね。これを計算してみよう。
生徒A　計算すると，$\dfrac{n^2+n}{2}$ になったよ。
生徒B　この式でC君の順番は合ってるかな？　$n=3$ を代入してみようか。6になった。合ってるよ！
生徒A　うーん…。この数は，…第3群の先頭にC君がいたとすると，先頭の1から数えて6番目ということ？　合ってる!!　すごい。C君の位置がわかったね。
生徒C　第 n 群の先頭に立っている私は，先頭の1から数えて，$\dfrac{n^2+n}{2}$ 番目ということだね。
生徒A　第2群の先頭にいると3，第3群の先頭にいると6，第4群の先頭にいると10，第5群の先頭にいると15だね，まるでC君の背番号みたい。
生徒B　1から始まる奇数の列に戻って考えると，第 n 群の最初の奇数は，最初から数えて

$\dfrac{n^2+n}{2}$ 番目の数になるから，その数は等差数列の一般項の式に入れるといいね。

生徒C　計算すると，初項1，公差2，項数$\dfrac{n^2+n}{2}$だから，

第 n 群の先頭の数は，$1+\left(\dfrac{n^2+n}{2}-1\right)\times 2 = n^2+n-1$ となるね。

教　師　よくできました。では，(3)を考えてみましょう。

生徒C　第 n 群に含まれる数は，初項が (n^2+n-1)，項数が $(n+1)$，公差が2の等差数列だから，総和は公式で求められそうだ。

　このようにして，あるグループは答えを導くことができました。また，他のいくつかのグループでもこのやりとりをヒントとして，なんとか答えにたどり着きました。

　考えあぐねているグループには，次のような表を見せて，考えさせました。

群	項数	数列	群の和
1	2	1, 3	1+3
2	3	5, 7, 9	5+7+9
3	4	11, 13, 15, 17	11+13+15+17
⋮	⋮	⋮	⋮
⋮	⋮	⋮	⋮
$n-1$			
n	(　　)	(　　　　　)	(　　　　　　)

　この表を順に埋めていくことで，問題の意味を理解し，n 群の初項や項数を考えることができました。

　(3)を求めた後，問題を解決した過程を相互に振り返らせ，前述の2つのポイントを押さえました。この2つのポイントを定着させるために，群の区切りを当初の課題よりも易しくした練習問題に取り組ませました。

　群数列は，入試問題にもよく出題されることから，宿題として，はじめから群に区切っていない次の問題に挑戦させました。

> 真分数を分母の小さい順に，分母が同じ場合は分子の小さい順に並べてできる数列
> $$\frac{1}{2}, \frac{1}{3}, \frac{2}{3}, \frac{1}{4}, \frac{2}{4}, \frac{3}{4}, \frac{1}{5}, \frac{2}{5}, \frac{3}{5}, \frac{4}{5}, \frac{1}{6}, \cdots$$
> について，次の問に答えなさい。
>
> (1) この数列の第15項を求めなさい。
> (2) 分母に初めて8が現れるのは，最初から数えて何項目か。
> (3) $k \geq 2$ のとき，分母に初めて k が現れるのは最初から数えて何項目か，k を用いて表せ。
> (4) 分母が k である項の総和を求めよ。
>
> (2016年度センター入試より)

グループによる学習では，グループ内で発見したことを説明し合うことやよりわかりやすい説明をすることに留意するよう指導しました。

生徒の多くは，自分のあやふやな考えをグループ内での会話等を通してまとめ，自分の言葉で説明することや他者の様々な考えに触れ合うことができていました。

なお，今回の「群数列」のような課題については，グループ員の構成によってはなかなか解決方法が見つけられず，話し合いがうまくいかない場合もあります。その場合には，本時でも示したように，「群数列」の問題解決のための2つのポイントに着目させるとともに，その意味を理解させるための表を作成させるなどの工夫が必要です。また，話し合いがうまく進まない場合には，グループ員の構成を考えるなど話し合いを先導する役割をもつような生徒の存在も必要でしょう。

(吉岡　淳，吉田　明史)

数学B　　　　　　　　　　　いろいろな数列

球面は大円によっていくつの部分に分けられる？

知識・技能	思考力・判断力・表現力等	学びに向かう力・人間性等
■等差数列，等比数列，階差数列等のいろいろな数列についての知識 ■漸化式の意味についての理解 ■漸化式から数列の一般項を求める技能	■平面で考えたことが，球面ではどのようになるのかを数学的に考察する力 ■テニスボールと輪ゴムを使った具体的な操作を，図や表を用いて数学的に表現する力	■平面での事象を，球面の場合に置き換えて探究しようとする態度 ■課題をさらに発展させたり深く探ろうとしたりする態度 ■テニスボールと輪ゴムの操作を漸化式としてとらえる態度

1 授業のねらい

テニスボールを輪ゴムで分割したときの部分を漸化式を使って説明できるようにする。

2 授業づくりのポイント

　数列は，自然科学や社会科学などの分野でも取り扱われ，数学と他分野が密接に関連する重要な単元です。自然界では，ひまわりの種の配列にフィボナッチ数列が見られたり，社会生活では金融関係で等比数列が使われたりするなど，数列は身近なものとして存在しています。

　本授業では，テニスボールと輪ゴムを用いて，学習した数列の内容を平面から球面に発展して考えることをねらっています。そのときに，具体的な操作の限界を感じて，絵や表にしたり，推測して一般化したりするなど，数学的な表現や考え方を用いながら，漸化式のよさを感じさせたいと考えます。漸化式について理解し，発展的な問題をつくり，それについて生徒が話し合うことで，学びに向かう意欲や態度をはぐくみたいと考えます。

3 学習指導案

時間	生徒の学習活動	教師の指導・支援
5分	1　前時の復習をする。	・平面を直線で分割したときの課題を思い出させる。
	課題1　テニスボールと輪ゴムが手もとにあったので，輪ゴムをテニスボールに巻きつけて遊んでいるうちに，次のようなことを考えた。テニスボールに輪ゴムを1本ずつ巻く。ただし，輪ゴムの位置は，球面の一番長いところを通ることにする。1本の輪ゴムでは，テニスボールは2つの部分に分けられる。2本の輪ゴムを使うと4つの部分に分けられる。このような巻き方で，10本の輪ゴムでは，いくつの部分に分けられるだろうか。	
5分	2　問題を数学化する。 ・テニスボールと輪ゴムを球面と大円の課題に変換する。	・テニスボールと輪ゴムの遊びの内容が，数学の世界での事象に置き換えられることを確認する。 ・大円の意味を確認する。
	課題1´　球面上にどの3つの大円も1点で交わらないようにかく。これらの大円によって球面がいくつかの部分に分けられる。大円を10個かいたとき，球面はいくつの部分に分けられるか。	
15分	3　生徒と教師が対話をしながら問題を解決する。 ・球面での事象を記録する方法を考える。 ・表にして，推測する。 ・漸化式を考える。	・具体的操作では，わかりにくくなるので数学的に記録することを促す。 ・表をつくって規則性を見つけるだけでは，真の解答は得られないことに気づかせる。 ・漸化式をつくって考えるよさに気づかせる。
	課題2　課題1を基に，発展的な問題をつくってみよう。	
5分	4　各自で課題2の問題をつくる。	・どんな発展や，探究ができているかを把握する。
10分	5　グループになり，問題について協議する。	・4人1組のグループになる。 ・問題について，作問趣旨を出し合う。
7分	6　各グループから問題を発表する。 ・全体で考えを共有する。	・クラス全体が共有できるように発表させる。
3分	7　本時の学習を振り返る。	・授業で考えたことや感想を記述させる。

4 授業展開例

前時までに，いろいろな数列を理解し，規則性を見つけて一般項を求めることを学習しました。しかし，漸化式について必要性を感じていなかったり，漸化式から一般項を求めることを不得意としている生徒が少なくありません。そこで，身近にあるテニスボールと輪ゴムを使って問題をつくり，それを解くことで，漸化式のよさを感じさせたいと考えました。

前時に学習した「平面上に直線があって，どの2本も平行でなく，どの3本も1点で交わらないようにかく。これらの直線によって平面はいくつの部分に分けられるか」という問題を思い出させて，生徒にテニスボールと輪ゴムを配り，少し活動させます。

まず，次のような課題1を投げかけます。

課題1

テニスボールと輪ゴムが手もとにあったので，輪ゴムをテニスボールに巻きつけて遊んでいるうちに，次のようなことを考えた。テニスボールに輪ゴムを1本ずつ巻く。ただし，輪ゴムの位置は，球面の一番長いところを通ることにする。1本の輪ゴムでは，テニスボールは2つの部分に分けられる。2本の輪ゴムを使うと4つの部分に分けられる。このような巻き方で，10本の輪ゴムでは，いくつの部分に分けられるだろうか。

次に，課題1を数学化します。この課題は球面上に大円をかくことで，次のような数学の問題に変えることができますが，教師が数学化するのではなく，生徒に「この課題を数学の問題に書き換えられるかな？」と，問いながら数学化させます。

課題1´

球面上にどの3つの大円も1点で交わらないようにかく。これらの大円によって球面がいくつかの部分に分けられる。
(1) 大円を3個かいたとき，球面はいくつの部分に分けられるか。
(2) 大円を4個かいたとき，球面はいくつの部分に分けられるか。
(3) 大円を5個かいたとき，球面はいくつの部分に分けられるか。
(4) 大円を10個かいたとき，球面はいくつの部分に分けられるか。

最初は，テニスボールと輪ゴムの操作をしている生徒は多くいます。課題の内容を理解するには具体的な操作は有効なのですが，輪ゴムの本数が増えるにつれ，この課題はわかりにくく

なり，数学的な表現や考え方が必要になります。

教　師　まず実際に，テニスボールと輪ゴムで課題１を解決してみましょう。
教　師　輪ゴム１本では２つの部分ですね。２本では４つの部分です。３本ではどうですか？
生徒Ａ　８つの部分です。
教　師　みんなも同じですか？（全員に確認）　それでは，４本ではどうでしょうか？
生徒Ｂ　２，４，８と続いたので，16になると思う。規則性からすると，たぶん16だと思う。
教　師　どうなりましたか？
生徒Ｃ　先生，テニスボールに印をつけてもいいですか？　ややこしくなってわかりにくい。
教　師　ダメです，このボールはテニス部に借りたものだから，色を塗るのは困ります。
生徒Ａ　急にややこしくなります。14です。３回数えたので，間違いないです。
生徒Ｂ　予測の16ではなくて，14なのか。規則性はあるのかなぁ…？
教　師　次は，輪ゴム５本です。分けられた部分を数えましょう。
生徒Ｄ　22です。確かめながら数えているので，間違いはないです。
生徒Ｅ　私も22です。ボールと輪ゴムではわかりにくいので，ノートに絵をかいて数えました。
教　師　絵をかいたの？　立体的な絵？
生徒Ｅ　絵は，球ではなくて円です。１本目の輪ゴムは円の外枠で，２本目からボールを上から見た図に見て，部分を数えて２倍にすればいい。紙に印もかけるし数えやすい。
生徒Ｃ　なるほど。
教　師　５本だと，22の部分に分けられるとわかったね。次の問いは，10本の場合です。

　輪ゴム６本以上になると，具体物（ボールと輪ゴム）ではもちろん，絵をかいてもわかりにくくなります。そこで，調べた部分の数を表にして規則性を見つけて，数学的に考察するようになります。しかし，規則性から数列の一般項を推測しても確かな答えではなく，それは推測の域からは出ないということを生徒が感じ取ります。そのとき，漸化式の考えを用いる生徒の意見が出てきます。

生徒Ａ　ボールと輪ゴムでは，５本が限界です。輪ゴム６本目は，途中で数え方がわからなくなります。
生徒Ｅ　絵をかいて調べたけど，７本が限界かなぁ。あとは，ややこしくって…。
教　師　どうしますか？　調べた人はいますか？
教　師　Ｂ君がノートにかいているのは，どんな方法ですか？
生徒Ｂ　黒板にかきます。（板書する）

大円の数 n	1	2	3	4	5	…
領域の数 a_n	2	4	8	14	22	…

差をとると　　　2　4　6　8

教　師　差をとったのですね。規則性が見えましたか？

生徒B　階差をとると，規則性がわかりました。6本のときの領域は32で，これを続けると，10本のときもわかります。

生徒C　階差数列を使って一般項を出せばいいのか！

教　師　これで，10本のときの答えは出せますか？　確かなのですね？

生徒E　確かなのは5本までです。そこまでは確かに数えました。それ以降は，推測が入っているので，この方法では確かだとは言えません。

教　師　それでは，どのように考えますか？

生徒E　n 番目と，$(n+1)$ 番目の関係を考えます。つまり，漸化式をつくればいいんです。

生徒C　なるほど，そうなんだ。

生徒D　3個目の大円をかくと，大円が2個のときの部分を2つに分けた数だけ部分を増やす。
式で書くと，$a_3 - a_2 = 4$
これを一般化すると，$(n+1)$ 個目の大円をかくとき，n 個の大円の部分を2分割した数だけ部分を増やすことになる。

教　師　黒板に書いてください。

生徒D　つまり，$a_{n+1} - a_n = 2n$ となる。
これを解くと，
$n=1$ のとき $a_1 = 2$
$n \geq 2$ のとき

$$a_n = 2 + \sum_{k=1}^{n-1} 2k$$
$$= 2 + 2 \cdot \frac{1}{2}(n-1)n$$
$$= n^2 - n + 2$$

生徒C　輪ゴム10本のときは，$n=10$ を代入すればいい。

教　師　できましたね。漸化式をつくったことに納得できたでしょうか？　これで，確かな答えを得ましたね。

　次に，課題2を考えます。課題1を深く探究するために，まず自分で作問させます。
　その後，4人1組のグループになって，それぞれがつくった問題を検討して解答もつくりま

す。各グループから1題問題を紹介し，どんな考えでつくったのか，何がおもしろいのかを発表します。

> **課題2**
> 課題1を基に，発展的な問題をつくってみよう。

各グループから代表生徒が発表します。以下は，あるグループの発表の様子です。

教　師　1班のグループに発表してもらいます。
生徒A　今の課題1ですが，球面を平面に戻して同じような問題にできないかと考えました。それで，次のような課題が考えられます。
「平面上に円をかき，$(n+1)$ 個の円は n 個の円と交点をもち，その各交点は，2つの円のみの交点である。このとき n 個の円が分ける部分の数を求めよ」
生徒B　この問題と課題1は，同じように解けます。
教　師　どうしてですか？
生徒B　漸化式をつくって解いてみると，課題1と同じ一般項が求められました。
教　師　こんなことをしてはどうでしょうか？（バレーボールと大きなセロファン紙を準備しておく）バレーボール（球面）にセロファン紙を貼り（バレーボールを風呂敷で包み1か所でつかんでいるような状態），マジックペンで大円を2個かく。球面からセロファン紙をはずし，平面にすると円が2つ交わった図になる。
全　員　なるほど〜。

授業の最後に，生徒が考えたことや思ったことを記述させました。これにより，生徒が授業をどのように振り返っているか，自身の活動をどのように自己評価しているか，といったことがわかります。生徒の感想には，次のようなものがありました。
・課題1では，平面で学習したことを球面の場合に置き換えたけど，球面を平面になおして考えると数えやすい。発想を変えて考えるとわかりやすくなるけれど，それが難しい。
・階差数列になおすことまでしか考えられなかった。とにかく式を求めようとした。
・1つ目の大円を対称軸に考えて，半球ずつ平面の数を考える方法は，納得した。
・最後にやった球面を平面にして広げるという考え方には驚いた。こんな考え方は思いつきもしなかった。

（横　弥直浩）

数学B　　　　　　　　　　　　　漸化式と数列

直線によって分けられる平面の個数の求め方を考えよう！

知識・技能	思考力・判断力・表現力等	学びに向かう力・人間性等
■数列の帰納的定義や漸化式の意味の理解 ■与えられた条件から a_n と a_{n+1} の間に成り立つ漸化式を求める技能 ■階差数列のわかる２項間の漸化式が表す数列の一般項を求める技能	■表に整理しながら考え，その表から規則性を見いだす力 ■具体的な例をあげながら数列を帰納的に考え，漸化式を求める力	■具体例をあげながら，帰納的に推測し，規則性を見つけようとする態度 ■帰納的に推測したことが，一般的に成り立つことを説明しようとする態度

1 授業のねらい

> 帰納的に推測したり，そのことが一般的に成り立つことを説明したりする中で，漸化式の有用性を理解させる。

2 授業づくりのポイント

　漸化式の指導は，解法を一方的に説明したり，理論的な厳密さを求めたりする傾向にあり，公式等の知識を多く必要とする内容でもあるため，つまずいてしまう生徒が多くいます。そこで，漸化式の応用として，n 本の直線による平面の分割数を求めることを試みました。分割は図をかきながら考えられるので，生徒が興味・関心を抱きやすいと考えたからです。

　事象を数学的に考えるとき，個々の具体的な例から，それらの関連性や規則性を見いだし，一般の場合について考察することはよく行われます。複雑な事象でも，そこに潜む規則性が見いだせれば一般の場合について考えることができることを理解させます。

3 学習指導案

時間	生徒の学習活動	教師の指導・支援
5分	1 前時の復習をする。	・前時に行った漸化式の問題を，指名した生徒に解かせる。
	課題1 平面上に n 本の直線があって，どの2本も平行でなく，どの3本も1点で交わらないとき，これらの直線によって分けられる平面の個数 a_n を求めよう。	
10分	2 図をかいて，直線によって分けられる平面の個数を数える。	・題意を把握させたら，5人ずつのグループで取り組ませる。 ・適切に図をかいて数えられているか確認する。
5分	3 a_1, a_2, a_3, a_4, a_5について，表から隣接二項間の規則性を見つける。 | n | 1 | 2 | 3 | 4 | 5 | |---|---|---|---|---|---| | a_n | 2 | 4 | 7 | 11 | |	
15分	4 規則性について考察する。 ・生徒の発表を基に， 　$a_{n+1} = a_n + (n+1)$ 　を導く。 ・$a_{n+1} = a_n + (n+1)$ が成り立つことをはじめの数項で確認する。 ・この漸化式から一般項 a_n を求めるにはどうすればよいかを考える（階差数列を用いて a_n を求める）。	・増加する部分の個数に着目し，理由を考えさせる。 ・階差数列に気づかせる。
	課題2 平面上に n 個の円があって，どの2つの円も2点で交わり，またどの3つの円も1点で交わらないとき，これらの円によって平面はいくつの部分に分けられるだろう。	
10分	5 図や表をかき，帰納的に推測して，円の個数が増えると分割される部分はどこかを考えながら漸化式を導いて解決する。	・帰納的に推測し，漸化式を利用して課題が解決されることを改めて押さえ，その有用性を伝える。
5分	6 本時のまとめ。	・数列の一般項を求めるうえで，漸化式で表すことのよさを確認し，それらを積極的に活用することを促す。

4 授業展開例

> **課題1**
> 平面上に n 本の直線があって，どの2本も平行でなく，どの3本も1点で交わらないとき，これらの直線によって分けられる平面の個数 a_n を求めよう。

漸化式の応用として，n 本の直線による平面の分割数を求めることを試みました。分割は比較的単純な操作であり，図を使って思考できるので，生徒が興味・関心を抱きやすいと考えたからです。

生徒にとって，はじめのうちは平面の分割数を数えることは比較的容易ですが，$n=4$，5になると，図が込み入ってきて，適切な図をかいて分割数を求めることに手間取ってしまいます。

生徒A 1本の直線で分けられる平面の個数は，2個です。
教　師 式ではどのように表せますか？
生徒A $a_1 = 2$
生徒B 2本の直線で分けられる平面の個数は，4個です。
　　　　つまり，$a_2 = 4$
生徒A 3つの直線で分けられる平面の個数は，6個です。
生徒B えっ，7個じゃないの？
生徒A なんで？
生徒B 3つの直線が1点で交わったら，分けられる平面の個数は，確かに6個になる。でも，3つの直線が1点で交わらなかったら，分けられる平面の個数は，こんなふうに7個になるよ。

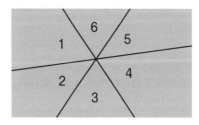 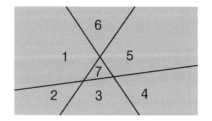

3つの直線が1点で交わる場合　　　3つの直線が1点で交わらない場合

生徒C 3つの直線が平行だったら，分けられる平面の個数は4個で，2つの直線が平行だったら，分けられる平面の個数は6個だね。

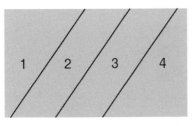
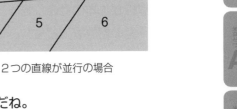

　　　　3つの直線が平行の場合　　　　　　　2つの直線が並行の場合

生徒B　それじゃ，分けられる平面の個数の最大値は7個だね。
生徒A　あっ，そうか。だから，「どの2本も平行でなく，どの3本も1点で交わらないとき」って問題に書かれているんだ。
生徒C　それじゃあ…，4本の直線で分けられる平面の個数は10個かな…？
生徒B　私は，11個になった。
生徒C　え〜，なんで!?
生徒B　こんなふうに…，図をかいたら11個になるよ。

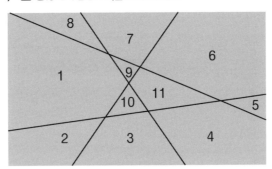

直線が4本の場合

生徒C　そうかぁ。でも，図もかきにくくなってきたね。
生徒A　直線が5本の場合は，何個になるのかな？
生徒C　図がかなり複雑で，かきにくい…
生徒A　もっとよい方法はないかな…

　このように，次々に直線を引いていって分割数を数えることには限界があります。実際に図をかいてその限界を実感させることで，生徒たちにも規則性を見いだす必要感をもたせることができました。
　そこで，ここまででわかったことを生徒に発表させながら整理し，規則性を見いだしていきます。

教　師　今まででわかったことを整理してみよう。

生徒B 直線が1本のとき，分けられる平面の個数は2個。
直線が2本のとき，分けられる平面の個数は4個。
直線が3本のとき，分けられる平面の個数は7個。
直線が4本のとき，分けられる平面の個数は11個。

生徒A 平面の個数は，どんなふうに変化しているのかな？

生徒B 表にしてみたら，変化の様子がわかりやすいよ。

直線の本数	1	2	3	4	5	6
平面の個数	2	4	7	11		

+2　+3　+4

生徒C 直線が1本増えるごとに，平面の個数は，+2，+3，+4と変化しているから，直線が5本のときは，11+5で16個になるね。

教　師 ところで，このことはどんな漸化式で表せるのかな…？

　新たに$(n+1)$本目の直線を引いたとして，その直線はすでにあったn本の直線と交わり，$(n+1)$個の部分に分けられ，その分だけ平面の分割数が増加してa_n個からa_{n+1}個になることを丁寧に説明しました。

生徒B $a_{n+1} = a_n + (n+1)$
合ってる？

生徒C 確かめましょうよ。
$n=1$のとき，$a_2 = a_{1+1} = a_1 + (1+1) = 2 + (1+1) = 4$，
$n=2$のとき，$a_3 = a_{2+1} = a_2 + (2+1) = 4 + (2+1) = 7$
…正解みたいね。

　はじめの数項から規則性を見いだし，漸化式を導いても，それはあくまで推測であり，nが他の値の場合についても成り立つ保証はありません。そこで，階差数列を用いて一般項a_nを求めていきます。

教　師 これ以外のどんなときでも成り立つことを確かめるには，どうすればいいかな？

生徒A $a_n = a_1 + \sum_{k=1}^{n-1}(k+1)$ になるから，これを解けばいいんだ。

生徒C $a \geqq 2$のとき，

$$a_n = a_1 + \sum_{k=1}^{n-1}(k+1)$$

$$= a_1 + \sum_{k=1}^{n-1} k + \sum_{k=1}^{n-1} 1$$

$$= 2 + \frac{n(n-1)}{2} + (n-1)$$

$$= \frac{n^2+n+2}{2}$$

$a=1$ のとき

$$a_1 = \frac{1^2+1+2}{2}$$

$$= 2$$

$a=1$ のときも成り立つ。
よって,

$$a_n = \frac{n^2+n+2}{2}$$

階差数列を利用した漸化式の解き方はよく用いられるので,要点を再確認しました。

続いて,課題1で学習したことの定着を図るため,次の課題2を提示しました。

課題2

平面上に n 個の円があって,どの2つの円も2点で交わり,またどの3つの円も1点で交わらないとき,これらの円によって平面はいくつの部分に分けられるだろう。

図や表をかいて帰納的に推測し,円の個数が増えると分割される部分はどこかを考えながら漸化式を導いて解決しました。

(吉岡　淳)

数学B　　　　　　　　　　漸化式と数列

薬の体内残量を調べ、服用量の決め方を知ろう！

知識・技能	思考力・判断力・表現力等	学びに向かう力・人間性等
■具体的な事象から漸化式や一般項が生み出される過程についての理解	■漸化式を用いて事象を簡潔・明瞭・的確に表現する力	■漸化式や一般項で考えるよさを認識して、薬の服用量などを数学的論拠に基づいて判断する態度 ■多様な考えを生かし、よりよく問題解決する態度

1 授業のねらい

漸化式で表された数列を使って、薬の体内残量を説明できるようにする。

2 授業づくりのポイント

　生徒はこれまでに、数列とその和や、漸化式による表現、一般項への処理について学習しています。そして本時は、その活用を考えさせます。学習形態として、パソコンを1人1台ずつ利用し、漸化式が現実の場面把握や問題解決に有効であることを理解させます。

　さらに、理解を確かなものにするために、場面把握の段階で必ず予想する活動を入れ、問題解決が進む中で新たな疑問や問い、推測などが連鎖的に発生するようにします。

　また、薬の体内残量が求められたことで、大人や子どもの服用量をどう決めたらよいのかなど、与えられた問題への「なぜ」「どうして」だけで終わらせず、「さらに」自分が開発者の立場に立って判断していこうとする態度も育てていきます。

　協働的な学習活動を大切にしつつも、ただ人に頼るのではなく、まずは自分なりの予想をつくり、考えをもって他者と対話することが、深い学びにつながると考えます。

3 学習指導案

時間	生徒の学習活動	教師の指導・支援
10分	1 問題（詳細は次ページ）を把握する。 　想定を超えても、全体が正しく理解するまで十分に時間をとる。	・「1日8時間ごと」「60%分解し、排出」「薬の体内残量」などの意味を含め、問題を正しく把握できているかは、1回目、2回目の体内残量をクラス全体で計算しながら確認する。 　1回目の体内残量の計算式 　440（mg） 　2回目の体内残量の計算式 　$440+440\times0.4=616$（mg）
	課題1 10日後までの体内残量の変化をグラフで予想し、理由を考えよう。	
5分	2 個人で考える。 　予想したグラフをワークシートにかく。	A　　B　　C　　D （予想される生徒のグラフ（机間指導で指名者特定））
10分	3 全体で考えを共有したあと、周囲の生徒と考えを話し合う。	・必ず自分の予想をもって参加し、予想と比較しながら聞くよう促す。 ・発表者には、他者にわかりやすい発言を促す。
15分	4 パソコンを使って個人で追究する。	・漸化式が事象を簡潔に表現するよさを感得させる。
	・予想される生徒のExcel入力① 　3回目　$440+440\times0.4+440\times0.4^2$ 　4回目　$440+440\times0.4+440\times0.4^2+440\times0.4^3$	・予想される生徒のExcel入力② | 日目 | n:回数 | an:残量 | 見つけたルール | |---|---|---|---| | 1 | 1 | 440 | C1=*440* | | | 2 | 616 | C2=C1*0.4+*440* | | | 3 | 686.4 | C3=C2*0.4+*440* | | 2 | 4 | 714.56 | C4=C3*0.4+*440* | | | 5 | 725.824 | C5=C4*0.4+*440* | | | 6 | 730.3296 | C6=C5*0.4+*440* | | 3 | 7 | 732.13184 | C7=C6*0.4+*440* | | | 8 | 732.852736 | C8=C7*0.4+*440* | | | 9 | 733.141094 | C9=C8*0.4+*440* |
	課題2 グラフがDになる理由と、体にとってどんな意味があるのかを話し合おう。	
5分	5 全体で考えを共有する。	・グラフの平らな部分は、薬が効いている状態。 ・均衡値は特性方程式の解でもある。 ・服用量＝均衡値×ろ過量
5分	6 本時の学習を振り返る。	
	発展課題 子どもには体内残量500mgで効くとき、服用量を何mgにすればよいだろう。	
		・服用量＝$500\times0.6=300$（mg）

4 授業展開例

この授業はパソコン室で行い，生徒1人1台ずつの環境で Excel を使います。
前時までにひと通りの数列の学習は終え，この授業は単元のまとめという位置づけです。

> **問題**
> ねんざをしたAさんは，医師から炎症を抑える薬を10日分処方されました。そして，その薬を1日8時間ごとに服用することを指示されました。1回分の薬の量は220mgの錠剤2粒です。Aさんの体内では，この薬を60%分解し，排出します。
> なお「薬の体内残量」は，薬を飲んだ直後の体内に残っている薬の量（mg）とします。

問題に出てくる言葉（「1日8時間ごと」「60%分解し，排出」「薬の体内残量」など）が理解しにくいため，生徒とやりとりをしながら服用1回目，2回目のときの体内残量を計算し，段階的に理解させていきます。

生徒 「薬を飲んだ直後の体内に残っている薬の量」ってどういうこと？
教師 1回目の残量は口に入れた直後って考えよう。
（「1回目の体内残量の計算式　440（mg）」と板書する）
生徒 「60%分解し，排出」がわからないです。
教師 2回目の体内残量を計算で確認してみよう。
1回目の薬は，440×（1−0.6）mg残っているってこと。そこに，新たに2回目の薬440mgを飲むから，2回目の体内残量は？
生徒 440＋440×0.4＝616mg。やっぱり2回目は1回目の440mgより増えるなぁ。
（「2回目の体内残量の計算式　440＋440×0.4＝616（mg）」と板書する）

> **課題1**
> 10日後までの体内残量の変化をグラフで予想し，理由を考えよう。

多くの生徒が疑問に思ったことがあります。それは，「2回目に体内に残った薬は，3回目でまたさらに60%排出される対象となるのか」です。預金でいう複利計算と考えれば，当然何回も利息がつくことは経験的に理解していますが，場面が変わると疑問を感じるようです（そ

の意味でも，数列の応用事例が預金問題に偏っているとしたら問題だと感じました）。
　そこで，2回目に分解された残量は，3回目でまた分解にかかるのかを確認しました（公比の確認）。

教師　（2回目の残量計算式440＋440×0.4を例にとって）
　　　　1回目の薬は分解排出後，これ（＿＿＿部分）だけ残ってるわけですね。
　　　　これを新しい440mgと合わせて体は再度分解にかけます。
　　　　だから，「こっち（＿＿＿部分）しか分解しないよ」とか，「こっち（＿＿＿部分）しか分解しないよ」ではなくて，体内にあるすべての残量を分解にかけて60％排出します。
　　　　そうすると，3回目の残量は…？
生徒　（440＋440×0.4）×0.4が分解後に残ってて，さらに440mgを飲んだから，
　　　　440＋（440＋440×0.4）×0.4
教師　はい OK です。そうしたら，こうやって書くとわかりやすくなるかも。
　　　　$440 + 440 \times 0.4 + 440 \times 0.4^2$

　続いて，10日後までの体内残量の変化をグラフで予想します。

教師　予想でグラフをかいてみて。
生徒　（ノートに，グラフBをかく）

教師　他には？
生徒　（ノートに，グラフCをかく）

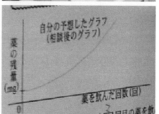

教師　えっ，下がるの？　他には？
生徒　（ノートに，グラフDをかく）

教師　自分の予想と同じグラフはありましたか？　では，予想した理由を話し合ってみよう。

生徒　私はグラフDを予想しました。分解されたのがまた分解されても，それはまだ残っていて，それにいつも440mgがたされていく。1日目の残量がどんどん減っていくので，（440に）たされる数はどんどん減っていくことになるから，増加はだんだん緩やかにな

っていくはず。
生徒　僕はグラフCを予想しました。10日目を過ぎると減るから。
教師　あっ，10日過ぎを考えていたんだぁ。10日はどこ？
生徒　グラフの頂点。
生徒　僕はグラフBを予想しました。階差数列だから，そうなりそうかなって…。
教師　階差数列？　じゃあパソコン（Excel）で調べてみよう。

教師　わかったことを言ってください。
生徒　20回目以降は飲んでも，値が変わらない。
教師　Excelの値はいくつになってる？
生徒　733.333…。
教師　皆さんはどうですか？　値が変わらないということはどんなグラフができるの？
生徒　（ノートに，グラフDをかく）

教師　なんで変わらないんだろう？　10日間で何回飲み続けるの？
生徒　30回。
教師　30回飲んでいるね。だから，20回というのは，まだ飲み続けている途中なわけですね。その中で一定になる様子があるようですが，それは何か理由があるの？　その理由をワークシートに書いてみてください。
生徒　飲む量とろ過（排出）される量が等しくなるから，差し引きされる。
教師　（「飲む量＝ろ過」と板書して）飲む量は何mg？
生徒　440mg。
教師　（平らになったところの）排出量を式でいうと？
生徒　733.333…×0.6
教師　つまり…？
生徒　440mgだ！
教師　みなさんは，あるルールを見つけています。次の体内残量 a_{n+1} を表現すると？
生徒　$a_{n+1} = a_n \times 0.4 + 440$

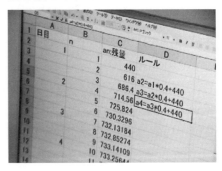

教師　特性方程式の解は？
生徒　$x = \dfrac{2200}{3}$

　　　　　＝733.333…

教師 一般項は？

生徒 $a_n = \dfrac{2200}{3} + 440 \times (0.4)^{n-1}$

教師 $n \to \infty$（どんどん大きくなる）のときは？

生徒 $\dfrac{2200}{3}$

教師 ところで，このことを小数にすると？

生徒 733.333…

教師 733.333…に均衡（収束）していくってことだね。私たちは，均衡値を出すとき，一般項 a_n を求めてから，$n \to \infty$ を考えて，$a_n \to 733.333\cdots \left(= \dfrac{2200}{3}\right)$ を出しましたね。この値は一般項を求めないと出てこないんでしょうか？

生徒 特性方程式の解と一緒。

発展課題
　子どもには体内残量500mgで効くとき，服用量を何mgにすればよいだろう。

教師 じゃあ，均衡値500mgにしたいという問題は，どう解く？

生徒 「飲む量＝ろ過」だったから，440＝733.333…×0.6から考えると…

生徒 $x = 500 \times 0.6$。だから，300mg。

その他にも，次のような発展課題が考えられます。

発展課題2
　10日間飲み終わって薬をやめた後の体内残量は，どのように変化するだろう。

発展課題3
　分解能力が1割落ちたとき，グラフはどのように変化するだろう。

発展課題4
　5日目の3回分を飲み忘れたとき，10日後の薬の体内残量は，どのように変化するだろう。

（横澤　克彦）

| 数学Ⅲ | | 微分法 |

数学を使って海難救助について考えよう！

知識・技能	思考力・判断力・表現力等	学びに向かう力・人間性等
■最短距離の経路と最短時間の経路を作図できる図形的な理解 ■事象を距離と時間の関係式で表せる知識 ■微分を用いてグラフをかくことができる技能	■遠くで溺れている子どもを救うまでの経路を数学的に考察する力 ■最短時間で進む経路を図形的に表現したり，グラフで表現したりする力 ■海難救助をするときに，数学的に一番よい経路を判断できる力	■現実の問題を数学化して，図形としてとらえたり，関数としてとらえたりする態度 ■現実の事象を振り返り，考察を深めてよりよく問題解決する態度

1 授業のねらい

> 海難救助という現実事象を数学化して状況に適した数量の最小値の求め方を理解させる。

2 授業づくりのポイント

　生徒は，中学のときに，図形の授業で最短距離を求める問題を学習しています。そして，微分の考えを学習した段階で，微分法の応用問題として，身近に起こりうる海難救助問題を取り上げます。現実に起こり得る問題を数学的にモデル化して，最短時間となる経路がどこなのかを考えます。単なる数学的な操作としてではなく，現実の問題を解析する数学的な見方・考え方としての側面を実感できる内容としました。微分の考えを使いますが，微分の計算やグラフにすることができない関数があるので，ソフトを利用してグラフをかかせることにしました。また，この時期に物理で光波の性質（光の屈折等）を学習するので，数学で学習した考え方が，物理の現象にも有効であることに気づけたら，微分積分のよさも実感できると考えました。

3 学習指導案

時間	生徒の学習活動	教師の指導・支援
5分	1 最短距離の経路について復習をする。	・中学で，最短経路を通る問題を作図したことを思い出させる。
	課題1 A君が浜辺で日光浴をしていたところ，数 m 先（B地点）でボヤ騒ぎがあった。A君が海辺まで走り，持っていた袋に海水を入れて無事に火を消しに行くためには，どのルートを通ればよいだろう。	
10分	2 問題を数学化して解く（自力解決）。 ・2点間で一番距離が短いのは，直線のときであるから，作図によって求めることができる。	・A君は常に一定の速度で走り，水をくむ前と後では速度は変わらないと仮定する。
	課題2 A君が浜辺で日光浴をしていたところ，遠くで溺れている子ども（B君）が見えた。A君は無我夢中で溺れているB君に向かって走り出し，無事に助けることができた。しかし後で，どの地点で海に飛び込めば一番よかったのだろうかと考えてみた。さて，その地点はどこだろう。 (1)課題1と課題2はよく似た問題に見えるが，どこが違うだろう。 (2)地点（P）を求めなさい。	
10分	3 (1)について，自力解決をして，生徒と教師の話し合いで理解を深める。	・課題2は，最短距離を求めるのではなく，最短時間を求めることである。 ・課題1は，最短距離と最短時間が同じであることに気づかせる。
15分	4 (2)について，グループになり，問題解決をする。 ・作図により，直線の長さを測れば求めることはできる。 ・関係式をつくる。 ・グラフをかくとわかりやすい。	・図形的な意味を確認する。 ・関係式が，距離 x と時間 y の関数であることを理解させる。 ・グラフは，微分を用いるとかくことはできる。 ・iPad や図形ソフトを利用してグラフをかいてもよい。
5分	5 全体で考えを共有する。 ・グループで考えたことを発表する。	・生徒が考えた式やグラフを全体で共有する。
5分	6 本時の学習を振り返る。	・グラフをかくことの意味や微分のよさを確認する。

4 授業展開例

微分法の単元の学習を終えた後，課題学習的に扱ってもよい教材です。中学で学習した最短距離を求める作図問題を思い出させ，図形的な最小問題と，関数的な最小問題を比較するとそのよさを感じ取れるでしょう。

まず，授業プリントを配付して，課題1の状況を理解させます。

課題1

A君が浜辺で日光浴をしていたところ，数m先（B地点）でボヤ騒ぎがあった。A君が海辺まで走り，持っていた袋に海水を入れて無事に火を消しに行くためには，どのルートを通ればよいだろう。

続いて，個人で考えさせた後，教師が質問する形で生徒の考えを聞いていきます。

教　師　どのように考えましたか？
生徒A　この問題は，最短距離を求める問題です。中学のときに同じような問題を解いたことがあります。
教　師　そうですね。どのように解きますか？
生徒B　海岸線Lに関して，点Bと対称な点Cを海の中にとり，線分ACを引きます。（黒板に作図する）直線Lと線分ACの交点Dが求める場所になります。
教　師　そうです。作図の復習ができましたね。

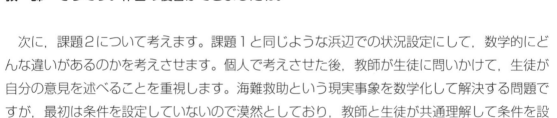

次に，課題2について考えます。課題1と同じような浜辺での状況設定にして，数学的にどんな違いがあるのかを考えさせます。個人で考えさせた後，教師が生徒に問いかけて，生徒が自分の意見を述べることを重視します。海難救助という現実事象を数学化して解決する問題ですが，最初は条件を設定していないので漠然としており，教師と生徒が共通理解して条件を設定します。

課題2

A君が浜辺で日光浴をしていたところ，遠くで溺れている子ども（B君）が見えた。A君は無我夢中で溺れているB君に向かって走り出し，無事に助けることができた。しかし後で，どの地点で海に飛び込めば一番よかったのだろうかと考えてみた。さて，その地点

はどこだろう。
(1)課題1と課題2はよく似た問題に見えるが，どこが違うだろう。
(2)地点（P）を求めなさい。

教　師　海難救助の問題です。どんな行動をとりますか？
生徒A　早く助けないといけないので，溺れている子どもに向かって，まっすぐに走ります。
生徒B　私も，最短距離で救助に向かいます。
教　師　そうですね。慌てているし，溺れている子どもに向かって，直線で走りますね。だけど，冷静に考えたら，浜辺は速く走れても，海に入れば泳ぐ速度は遅くなります。
生徒C　救助に向かうA君の速度が途中から変化するということですね。
教　師　(1)の問いです。課題1と課題2の違いは何でしょうか？
生徒D　課題1では，速度は条件になかったですが，課題2は途中で速度が変わります。
生徒E　課題2では，早く子どもを助けないといけません。時間勝負です。
生徒F　わかりました。課題1は最短距離を求める問題で，課題2は最短時間を求める問題です。
教　師　簡潔に答えましたね。
生徒G　課題2は作図できるのかな？　時間や速度の変数が加わるけど。
生徒E　浜辺を走る距離を最大にとって，海に入って泳ぐ距離を最小にすればいいんじゃないかな。
生徒F　それでは，距離的に長いと思うなぁ。もう少し浜辺を走る距離を短くした方がいいんじゃない？
生徒A　この課題2は，条件を設定しないと解決できません。課題1と同じような作図問題ではないので，具体的に状況を教えてください。
教　師　数学的に解くために，条件を設定しましょう。
「A君から海岸線までの最短距離が10m」「溺れているB君から海岸線までの最短距離が20m」「海岸線と平行に見たA君とB君の距離は30m」とします。
生徒A　現実的な距離だと思うけど，数値がすごくすっきりしてますね。
教　師　そこは，数学ですから，理想化した簡単な数値にしておきましょう。
生徒B　まだ条件が足りません。
教　師　そうですね，「A君の浜辺を走る速度は時速10㎞」「海に入って泳ぐ速度はそのちょうど半分の時速5㎞」としましょう。
生徒C　先生，浜辺を走る速度を1，海に入って泳ぐ速度を0.5としてもいいですね。

授業プリントの方眼紙に，A君からB君までの経路をかいてみて，その長さを測ります。そ

の長さの計算では，浜辺を走るときの経路は1倍，海に入って泳ぐときの経路は2倍して，計算します。その計算した値が最小になるときの経路が，最短時間の経路となります。この解法は，無数に経路を考えないといけないので，特定できません。そこで，生徒は何通りかの経路をかいて距離の計算をし，次ページの授業プリントの $x=20$ が一番よい経路ではないかと予想します。そして，別の解き方を考えます。

　ここで，生徒はグループになって考えます。

グループ内の生徒の意見（次ページの授業プリントを参照）
生徒C　作図して，折れ線の長さを求める方法では，解を見つけるのに効率が悪い。
生徒A　点Oから点Pまでの距離を x として，距離 x と，そのときにかかった時間 y の関係を式にするといい。
生徒B　$y=\sqrt{x^2+100}+2\sqrt{400+(30-x)^2}$ という式になる。
生徒C　これは，距離 x と時間 y の関数になっているので，グラフをかくと事象の増減がすぐにわかる。
生徒D　微分して，極値を求めないといけない。極値を求めるのは，微分すればよいのだけど，かなり計算がややこしいなぁ…。
生徒B　微分して極値の x 座標が計算できたよ。$x=20$ のときに極小値をとることがわかった。
生徒A　関数式がわかったから，PC（関数ソフト）を使ってグラフをかいてみよう。

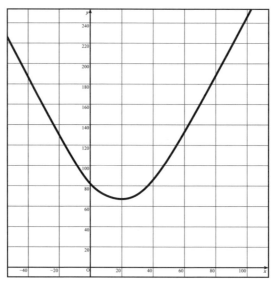

生徒B　グラフを見ても確かに $x=20$ で最小値になってる。
生徒C　A君は，海に最短な位置を点Oとして，点Oから20mのところで海に入れば最短時間で溺れているB君を助けることができたわけだ。

各グループで考えたことを全体で共有します。

点Oから点Pまでの距離をxとして，距離xとそのときにかかった時間yを式に表すと，無理関数になり，その微分をして極値，増減を調べてグラフをかくことができます。計算が不得意な生徒は，関数ソフトを利用してグラフをかき，グラフの読み取りができれば，問題は解決します。

グループで話し合うことにより，自分の不得意な部分を相談しながら問題を解決します。また，課題1と課題2を比較することにより，図形的に解決する問題と，解析的に解決する問題の違いを明らかにして授業を振り返ることで，それぞれの数学的に解決するよさを感じます。

この課題（海難救助の問題）では，微分の考えを理解していることは大切ですが，グラフをかくことに重点を置いているのではありません。そのため，関数ソフトや，iPad等を使ってグラフをかくことも可とします。かいたグラフの意味が理解できれば，授業の目標は達成されているとします。

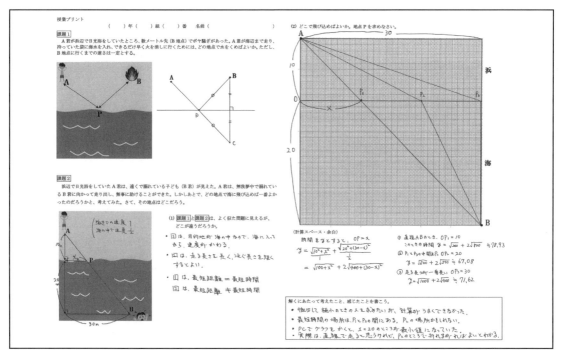

5 評価について

授業プリントに，考えた内容を言葉や式で書かせるようにします。また，課題を解いた後で，「解くにあたって考えたこと，感じたこと」を書かせます。この「考えたこと，感じたこと」には，生徒のメタ認知であったり，情意的側面が表現されたりします。また，具体的に表現できるように指導することが大切です。それが，学びに向かう力や学ぶ態度の育成になります。

（横 弥直浩）

第3章

アクティブ・ラーニングを位置づけた高校数学の授業の評価

1 アクティブ・ラーニングにおける評価のポイント

❶評価にあたって考えておくこと

評価にあたっては，一般的に，次の7点を指導計画を作成する段階で事前に明確にしておくことが必要です。

①だれが評価するのか（評価者）　　　②何のために評価するのか（評価目的）
③何を評価するのか（評価対象，内容）　④いつ評価するのか（評価時期）
⑤どこで評価するのか（評価場所，場面）⑥どのように評価するのか（評価方法）
⑦評価をどう生かすのか（評価活用）

①については，自己評価と他者評価があり，後者は教師が生徒を評価する場合と，生徒同士が相互に評価する場合があります。②については，教師が自らの授業改善のために評価することと，生徒の自己実現のために評価することとがあります。③については，学校教育法第30条第2項が定める学校教育において重視すべき三要素（「知識・技能」「思考力，判断力，表現力等」「主体的に学習に取り組む態度」）を踏まえて評価対象を決定することになります。ただ，実際の授業では，このくくりを生かして単元や題材に沿ってより具体的に資質や能力を決めることが必要となるでしょう。④については，（授業の）事前，事中，事後のほか，まとまりのある題材や単元の事前・事後，学期や学年の終了時（評定）などがあります。特に，事前，事中，事後評価については，診断的，形成的，総括的評価などの言葉を用いることもあります。⑤については，④よりもさらに詳しく，どの場面で評価をするのかを意味しています。⑥については，評価そのものの種類として，相対評価，絶対評価（目標準拠評価），個人内評価があります。また，評価の資料を集める方法としては，ペーパーテスト，レポート，インタビュー，パフォーマンス，ポートフォリオといったものがあります。⑦については，②の評価目的に沿ってどのように生かすのかを具体的に考えることになります。

❷アクティブ・ラーニングの評価観点

先の中教審答申（平成28年12月）では，アクティブ・ラーニングは，「『主体的・対話的で深

い学び』を実現するために共有すべき授業改善の視点」として示されていますが，平成24年の8月に出された「新たな未来を築くための大学教育の質的転換に向けて～生涯学び続け，主体的に考える力を育成する大学へ～」の用語集の中には，アクティブ・ラーニングの例として「発見学習，問題解決学習，体験学習，調査学習等が含まれるが，教室内でのグループ・ディスカッション，ディベート，グループ・ワーク等も有効なアクティブ・ラーニングの方法である」と示されています。

　これは，大学教育での説明ですが，高校教育にも通じるものです。このような様々な学習形態を通して，学力の三要素を身につけることが求められているのです。ただ，既述のように学習形態だけに焦点を当てて授業をアクティブにすることが目的ではなく，アクティブな授業を通して，学び（ラーニング）が深まっているかどうかを問わなければなりません。したがって，評価にあたっては，従前通り評価の観点を設定し，それに沿って，どのような内容について，どの場面でどの程度達成できているかをみることができるようキジュン（規準と基準）をつくることが必要となります。そのうえで，評価するのにふさわしい方法を選択することになります。

　評価の観点として，本書では，先の中教審答申に示された右の内容から，1「知識・技能」，2「思考力・判断力・表現力等」，3「学びに向かう力・人間性等」を位置づけています。

　この中で，「観点別学習状況の評価」（以下，「観点別評価」という）を通して，生徒の学習状況を分析的にみることができるのは，1及び2と3の一部分であると考えます。3については，「主体的に学習に取り組む態度」の側面を観点別評価として評価の対象とし，人間性等に

- 何を理解しているか，何ができるか（生きて働く「知識・技能」の習得）
- 理解していること・できることをどう使うか（未知の状況にも対応できる「思考力・判断力・表現力等」の育成）
- どのように社会・世界と関わり，よりよい人生を送るか（学びを人生や社会に生かそうとする「学びに向かう力・人間性等」の涵養）

かかわるところは個人内評価を活用することになるからです。個人内評価にあたっても，個人のよい点や可能性，伸長・進捗状況等についてきめ細かく評価する場合のために，何をみるのかという評価の観点等が必要になります。

　アクティブ・ラーニングの場合，この観点の中でも，特に知識や技能を活用して課題を解決するために必要な2にかかわる評価をどのように進めるかが課題であると考えます。

❸2つのキジュンが必要

　「2つのキジュン」とは，評価をするための「評価規準（criterion）」と「評価基準（standard）」のことです。評価規準は，指導目標に準拠した質的な評価のキジュンで，「何を評価するのか（評価の対象・項目）」が書かれたものです（この言葉は，平成3年の文部省

の小中学校指導要録改訂についての通知の中で，観点別評価が効果的に行われるようにするために，学習指導要領に示す目標の実現の状況を客観的に判断するためのよりどころを意味するものとして初めて使われています)。一方，評価基準は，その対象の評価にあたって，「どの程度の達成を評価するか（評価の量的・尺度的な判断の根拠）」が書かれたものです。ただし，音声だけではいずれも「キジュン」となることから，混乱を避けるために，評価基準は「判断基準」という表現を用います（本書でも，以下「判断基準」という言葉を用います）。なお，評価については目標を基準にする（criterion standard）評価としての目標準拠評価（絶対評価），集団を基準とする（norm standard）評価としての相対評価，個人を基準とする（individual standard）評価としての個人内評価という言葉がありますが，この「基準」とは意味が異なります。

目標準拠評価による観点別評価を進めるにあたっては，およそ次のような手順になることが想定されます。

1) 評価の観点に沿って，単元又は題材等（学習のまとまり）の目標を設定する。
2) 設定した目標について，生徒が実現すべき学習状況を具体的に想定し文章化する（評価規準の設定）。
3) 観点ごとに設定した評価規準について，どの時期にどのような方法で評価するのかの計画をつくる（指導と評価の計画作成，評価規準を位置づける）。
4) 記録に残す場面を明確にし，生徒の学習状況をどのような評価資料を基に，どのような基準で評価するのかを明確にする（評価場面と判断基準の設定）。
5) 単元又は題材等の授業を実施したあと，記録に残した評価資料や評価結果を基にして，観点ごとに総括的な評価を行う。

ここで，3)〜5)について簡単に説明しておきます。3)，4)では，例えば右に示したような形で，生徒指導要録に残す評価について評価の時期と方法を予め決めておくことが大切です。

この表で，テ1〜3は小テスト，レはレポート，定期は中間考査と期末考査を意味しています。評価の観点は3つで，①〜④までの各問題（課題）は2点満点で，おおむね満足が1点という配点です。例えば，テスト1では，主体的に学ぶ態度をみる問題が1問と，知識・技能をみる問題が2問（4点）ということです。また，定期テストでは，各問題の配点を5点とし，おおむね満足できる状況を3点とみています。5)では，事前に決めていた各評価の全体に対す

記録に残す評価の蓄積

式	① テ1	② テ2	③ テ3	④ レ	⑤ 定期
主体的に学ぶ態度	2			2	10
数学的な見方考え方		2	2		25
知識・技能	4		2	2	65

定期テスト配点	問題数	配点	部分点	合計
主体的に学ぶ態度	2	5	3	10
数学的な見方考え方	5	5	3	25
知識・技能	13	5	3	65

る比重を基に，総括的な評価を行います。

　この表以外に，教師はいくつかの観点で評価をしていますが，授業実施中は，「記録に残さない評価」も含めてそれらを次時の指導に生かすことになります。

❹ 大切なのは，判断基準

　高等学校の観点別評価の工夫については，「評価規準の作成，評価方法等の工夫改善のための参考資料」（国立教育政策研究所，平成24年）が公表されています。この参考資料では，評価規準について，確認テストによる生徒の学習状況を「おおむね満足できる」状況とこれを上回る「十分満足できる」状況を判断する内容を示すとともに，「努力を要する」と評価した生徒への対応が示されています。

　例えば，鋭角の三角比の単元で，評価観点「数学的な見方や考え方」については，次のような内容となっています。

評価規準	図形の相似の考え方を用いて，直角三角形の辺の比を角との関係で捉えることができる。
確認テスト問題	sin35°は0.5736である。これはどのようなことを表しているか。図などを用いて説明しなさい。
おおむね満足	一つの鋭角が35°である直角三角形で，$\frac{対辺の長さ}{斜辺の長さ}$は，常に0.5736であることを述べている。
十分満足	一つの鋭角が35°である直角三角形は全て相似で，辺の長さの比は大きさに関わらず一定であり，$\frac{対辺の長さ}{斜辺の長さ}$は，常に0.5736であることを述べている。
努力を要する生徒への指導	三角形の相似の性質について確認し，特に直角三角形では一つの鋭角の大きさが等しければ二つの辺の比が等しくなることを（コンピュータで辺の長さを表示させるなどして）具体的に確認させる。

　平成16年に国立教育政策研究所から公表された評価規準では，「おおむね満足できる」状況を示し，この状況について，質的な高まりや深まりをもっていると判断されれば「十分満足できる」状況，これを満たさなければ「努力を要する」としていたところですが，上記の「おおむね満足」「十分満足」は，評価規準に対する評価問題について具体的に評価する判断基準が示されています。

　評価にあたっては，観点ごとの評価規準を定めることで終わることなく，このように評価する手段（テスト，レポート，観察等）とその評価手段による判断基準を設けておくことが重要です。

2 アクティブ・ラーニングにおける評価の具体例

❶レポートによる評価

　評価の手段として，思考力・判断力・表現力等（数学的な見方や考え方）の評価では，具体的に考えたことや見つけたことを記述させることに重点を置きたいために，ペーパーテストではなく，授業後にレポートを課し，評価をすることがあります。

　レポートによる評価においても，既述のように評価規準や判断基準を明確にしておくことが大切です。

　例えば，三角比の学習において「図形の相似の考え方を用いて，直角三角形の辺の比を角との関係でとらえることができる」という評価規準に対して，次のようなレポートを課すことが考えられます。

　明さんのクラスでは，直接測量できない木の高さを測るにはどのようにしたらよいかを考えています。

　明さんは，図のように，「木の高さ BC を含む，∠B＝90°の直角三角形 ABC をかいて，∠CAB の大きさがわかれば，この直角三角形の各辺の比は決まる[(1)]。だから，あと AB の長さもわかれば，BC の長さがわかる[(2)]」といいました。

　このことは正しいでしょうか。下線部(1)及び(2)について，明さんの考えをクラスのみんなにわかるように説明しなさい。

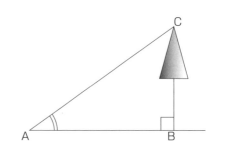

　この評価問題では，明さんを登場させて，明さんの考えの正しさを数学的に判断し表現することを求めています。したがって，評価観点は，思考力・判断力・表現力等に相当する「数学的な見方や考え方」の1つに絞ります。レポートでは，評価の観点を多く設けても，それに相当する記述をしていない場合があることや，問題形式として与えたこのようなレポートでは，観点を1つに絞った方が評価に揺れがないからです。

　このレポートを評価する判断基準は，次のように考えます。

評価規準	下線	おおむね満足
直角以外の1つの角を決めると，その角をもつ直角三角形の2辺の比などは，直角三角形の大きさによらず一定であることに気づいている。	(1)	直角三角形で，直角以外の1つの角を決めて直角三角形をかくとそれらはすべて相似な三角形になっていることに気づいている。（∠CAB＝∠EDBのとき，△ABC∽△DBE）
	(2)	直角以外の1つの角を決めると，その角をもつ直角三角形の2辺の比などは，直角三角形の大きさによらず一定であることに気づいている。

「十分満足できる状況」については，これらの説明に簡潔性と論理性があること，と決めておけば，判断することができます。この判断の基準は，生徒の実態や教師の意図によって変わるものですが，レポートを課す前から考えておくことが大切です。

❷パフォーマンス評価

他教科や総合的な学習の時間などでは，アクティブ・ラーニングの特性から，「パフォーマンス評価」に注目が集まっていますが，この評価は，教科等の特性によってその内容は随分異なります。

パフォーマンス評価は，これまでに獲得した知識や技能等を活用（応用）して，現実的な状況や文脈を解決することができるかどうかを評価するものです。また，パフォーマンス評価を通して，知識や技能等の定着を図るというものです。

評価の観点としては，主に，ペーパーテストでは測ることが困難な，「思考力・判断力・表現力等」を対象にできると考えられています。この評価を進めるにあたっては，まず，目標準拠評価と同様，まず生徒に実現・達成させたい目標があって，それを評価するための「パフォーマンス課題」を設定し，この課題への取組・達成状況を事前に定めた判断基準（ルーブリック）を基にして，評価するものです。この意味で評価計画の「逆向き設計（backward design）」という表現が使われることがありますが，目標準拠評価の手続きと同じです。ただ，この評価は，生徒の学習状況を分析的にみる観点別評価とは立場が異なり，統合的な能力をみるものと考えられ，これから求められる評価ともいえます。

パフォーマンス課題について，西岡（2008）は，「学んだ知識やスキルを応用して実践したり表現したりすることを求めるような，複雑で総合的な課題」と述べ，探究を促したり，本質

的な内容の理解を促進したりするような「本質的な問い」（〜とは何か，〜するにはどうしたらよいか等）があり，それに取り組むことによって，個々の知識やスキルが関連づけられたり総合されたりして，個別の知識等が概念化され，「永続的理解」に至ることができると説明しています。

　数学科におけるパフォーマンス課題としての要件を明確に定義することは難しいですが，「これまでに学び得た様々な知識や技能等を活用・応用することを求めるような（総合的な，現実的な問題・文脈を含む）課題」と考えれば，そのような課題は，これまでにも取り組まれてきたものが多く，例えば，問題づくり，コンセプトマップの作成，説明・証明・論説，発表・プレゼンテーションなどが考えられます。このような課題は，学習指導要領に，数学的活動を一層重視させる課題学習において取り上げられているものなどが参考となります。

　実際に，中学校や高等学校の課題学習について，学習指導要領では次のように示しているからです。

　「生徒の数学的活動への取組を促し思考力，判断力，表現力等の育成を図るため，各領域の内容を総合したり日常の事象や他教科等での学習に関連付けたりするなどして見いだした問題を解決する学習を課題学習と言い，この実施に当たっては各学年で指導計画に適切に位置付けるものとする」（中学校，第3 指導計画の作成と内容の取扱い）

　「（各分野の）内容又はそれらを相互に関連付けた内容を生活と関連付けたり発展させたりするなどして，生徒の関心や意欲を高める課題を設け，生徒の主体的な学習を促し，数学のよさを認識できるようにする。」
　「課題学習については，それぞれの内容との関連を踏まえ，学習効果を高めるよう適切な時期や場面に実施するとともに，実施に当たっては数学的活動を一層重視するものとする」（「数学Ⅰ」「数学A」における内容及び内容の取扱い）

　また，この課題学習以外に，毎年実施されている中学校の全国学力・学習状況調査の調査問題のB問題や，平成24年度に実施された「特定の課題に関する調査（論理的な思考）」で扱われている問題[1]などを参考にすることが考えられます。
　後者の調査は，全国の国公私立の高等学校から160校を無作為に抽出して実施（対象は高等学校及び中等教育学校（後期課程）第2学年）していますが，この調査問題の「数学的な表現形式」を問うている調査Ⅱ内容A問題の「人間開発指数」や，調査Ⅱ内容B問題の「高さと距離」（本書でも実践が紹介されています）などを活用することも可能です。

【参考】
1) https://www.nier.go.jp/03_laboratory/pdf/20130327₁₀₂₃.pdf

❸パフォーマンス評価の実際

パフォーマンス課題の例として，既述の「高さと距離」の問題を参考につくってみました。授業時間を100分（2単位時間相当）と想定し，評価の観点も3つ設定しています。

東京タワーの高さは333m，東京スカイツリーの高さは634mです。

賢治さんは，A地点では東京タワーの方が高く見え，B地点では東京スカイツリーの方が高く見える，といったように，場所によって高さが違って見えることに気がつきました。

賢治さんは，<u>同じ高さに見える場所はどのあたりなのか</u>を探りたいと思っています。

そこで，まず，東京タワーまでの距離が5km，東京スカイツリーまでの距離が12kmのC地点では，どちらが高く見えるかを考え始めました。

あなたならどのように考えて結論を出しますか。まとめてみましょう。また，その結果を，隣同士で発表し合いましょう。

ただし，東京タワーと東京スカイツリーが建てられている地点の標高やそれらを見る目の高さは同じものとします。

原問題は，C地点についての賢治さんの考え（2つのタワーの高さの比 $\frac{RS}{PQ}$ と，タワーまでの距離の比 $\frac{CS}{CQ}$ から見え方を判断しようとしている）が示されていて，その答えの正しさを判断する問題となっていますが，それを上記のように変え，数学Ⅱの「図形と方程式」で扱うことを想定しました。

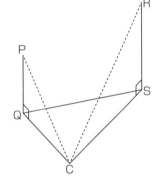

ここのパフォーマンスの目的は，直角三角形の相似（三角比）と2点からの距離の比が一定である点の軌跡の知識等を活用して問題を解決することです。学習者は，賢治さんの考えようとしているC地点からの見え方を探ることから，問題の解決につなげます。想定されるハードルは，図中に直角三角形PQCとRSCを想起し仰角の一致まで考えを進めることができるかです。このことを克服すれば，（下線部をつけた）同じ高さに見える地点の特徴を見いだすことができます。さらに，白地図上に同じ高さに見える場所（2点Q，Sからの距離の比が一定である点）を作図し，その意味を説明できることを期待したいところです。

「評価の観点」については，3つの観点から次のような判断基準を想定します。

	レベル1	レベル2	レベル3
知識・技能	・2つの直角三角形の相似の意味を知っている。 ・見え方は見上げる角（仰角）を考えればよいことを知っている。	・三角比の意味を理解し，仰角の大きさを考えることができる。 ・2点からの距離の比が一定である軌跡を知っている。	・相似な三角形の性質や三角比を使えば仰角が求められることを説明できる。 ・軌跡がアポロニウスの円であることを説明できる。
思考力，判断力，表現力等	・C地点において，見え方が同じかどうかを自分なりの考えで説明することができる。	・同じ高さに見えるかどうかを判断する根拠について，数学的に説明できる。	・2つの相似な三角形の関係で説明することと，三角比を用いて説明していることとの関係を説明できる。
主体的に学習に取り組む態度	・同じ高さに見えるとは，どのようなことかを図にかいて考えようとしている。	・見え方について，相似や三角比が活用できることをグループ内で進んで説明しようとしている。	・見え方が同じ位置である点の軌跡を見取図に表し，その特徴を進んで発表しようとしている。

　この判断基準は，あくまでも参考として示しているものです。実際には，生徒の実態を踏まえてつくり，それを同僚の教師とともに，客観性，信頼性の観点からいろいろな学習状況を想定して検討すること（これを，「モデレーション」といいます）が大切です。

（吉田　明史）

【参考・引用文献】
・「変わる高校教育　第13回　パフォーマンス評価」（河合塾『Guideline（ガイドライン）』2017年4・5月号）
・西岡加奈恵『「逆向き設計」で確かな学力を保障する』（明治図書）

【執筆者一覧】（執筆順，所属は執筆当時）

吉田　明史（奈良学園大学副学長）

酒井　淳平（立命館宇治中学校・高等学校）
熊倉　啓之（静岡大学教育学部）
冨田　真永（静岡県立川根高等学校）
横澤　克彦（長野県屋代高等学校）
小嶌　倫世（奈良県立奈良高等学校）
涌井宏一朗（多治見西高等学校）
鈴木　康博（多治見西高等学校）
田中　紀子（愛知県立豊田西高等学校）
梅田　英之（静岡県立科学技術高等学校）
大西　俊弘（龍谷大学理工学部）
吉川　浩良（奈良県立五條高等学校）
家治浩之助（奈良県立畝傍高等学校）
今井　啓文（奈良県立青翔中学校・高等学校）
吉岡　　淳（奈良県立奈良北高等学校）
横　弥直浩（奈良女子大学附属中等教育学校）

【編著者紹介】

吉田　明史（よしだ　あけし）
奈良学園大学副学長
奈良学園大学奈良文化女子短期大学部学長
昭和50年広島大学教育学部高等学校教員養成課程数学科卒業，奈良県立高等学校教諭を17年間，奈良県立教育委員会事務局学校教育課指導主事，文部省初等中等教育局中学校課・高等学校課教科調査官（数学），奈良県立教育研究所教科教育部長，奈良県立教育委員会事務局学校教育課課長補佐，同課長，奈良教育大学数学教育講座客員教授，同教職大学院教授，奈良県立法隆寺国際高等学校長を経て現職。

主な著書
『「わかる」授業をつくる　中学校数学科　教材研究＆授業デザイン』『高等学校新学習指導要領の展開　数学科編』（以上明治図書），『創造性の基礎を培う数学的活動実践事例集』Ⅰ・Ⅱ（学校図書），中学校数学教科書『未来へひろがる数学』1・2・3（啓林館）

アクティブ・ラーニングを位置づけた
高校数学の授業プラン

2017年8月初版第1刷刊	©編著者	吉　田　明　史
2018年1月初版第2刷刊	発行者	藤　原　光　政
	発行所	明治図書出版株式会社

http://www.meijitosho.co.jp
（企画）矢口郁雄（校正）小松・大内
〒114-0023　東京都北区滝野川7-46-1
振替00160-5-151318　電話03(5907)6701
ご注文窓口　電話03(5907)6668

＊検印省略　　組版所　長野印刷商工株式会社

本書の無断コピーは，著作権・出版権にふれます。ご注意ください。

Printed in Japan　　ISBN978-4-18-278515-3
もれなくクーポンがもらえる！読者アンケートはこちらから →

アクティブ・ラーニングを位置づけた 中学校数学科の授業プラン

次期学習指導要領の動向を押さえたアクティブ・ラーニング事例集の決定版！

3つの視点「深い学び」「対話的な学び」「主体的な学び」とのかかわりがよくわかるアクティブ・ラーニングの事例を全学年・全単元に渡って収録。ルーブリックを用いたパフォーマンス評価からポートフォリオまで、学習評価の具体的な手立てもくわしく解説しています。

もくじ

- 第1章 アクティブ・ラーニングを位置づけた中学校数学科の授業づくり
- 第2章 アクティブ・ラーニングを位置づけた中学校数学科の授業プラン
- 第3章 アクティブ・ラーニングを位置づけた中学校数学科の授業の評価

136ページ／B5判／2,300円+税／図書番号：2551

アクティブ・ラーニングを位置づけた 中学校数学科の授業プラン

江森 英世 編著

Active Learning が即実践できる！

- 3つの視点「深い学び」「対話的な学び」「主体的な学び」とのかかわりがよくわかる！
- パフォーマンス評価からポートフォリオまで、学習評価の具体的な手立てもくわしく解説！

明治図書　携帯・スマートフォンからは **明治図書 ONLINE へ**　書籍の検索、注文ができます。▶▶▶

http://www.meijitosho.co.jp　＊併記4桁の図書番号（英数字）でHP、携帯での検索・注文が簡単に行えます。

〒114-0023　東京都北区滝野川7-46-1　ご注文窓口　TEL 03-5907-6668　FAX 050-3156-2790

＊価格は全て本体価表示です。

はじめに
a preface

　節税というと納税を先送りする、イコール税収減のイメージがありますが、設備や人材への投資は個人所得の増加や企業の成長を促す効果があるため、消費の拡大や景気の回復に貢献する望ましい結果につながると思われます。

　節税の手法には、単なる節税商品の利用や会社の業績アップとは直接関係のない投資も含まれていますので、キャッシュフローとの兼ね合いで検討することが欠かせません。ヒト、モノ、カネの貴重な経営資源をどう割り振るかは慎重な判断が必要だからです。

　また、国税通則法の改正により、平成25年（2013年）から税務調査の手順が複雑になったことを受け、より細かく慎重な税務調査が行われるようになりました。税務調査で否認されないためにも偏った節税策ではなくバランスがとれた必然性の高い節税手法が求められてきています。

　私なりに本書をお手に取っていただいた方の立場によっての活用法を考えてみましたので、参考にしていただければ幸いです。

■ 経営者の皆様

　経営者の皆様にとっては、節税するために支出するコストとその効果が気になるところだと思います。どうかご自分の会社にとって無理のない対策を探し出してください。この本をもとに税理士や会計士の先生方と具体的な打ち合わせを行うと効率的に対策を実行することができると思います。なお、業種によってはなじみのない節税対策も含まれているかもしれませんので慎重に実行してください。

■ 経理部門の皆様

　通常の決算および法人税等の数値予測が整った段階で、トップに報告すると納税額によっては「節税策はないのか」と意見を求められることがよくあると思います。いくつかの対策をリストアップして報告することにより、経営者の意思決定がより的確に行えることと思います。

■ 税理士の皆様

　本書をもとにクライアント向け節税チェックリストを作成し、説明用の資料としてご提案していただいて結構です。職員向けの研修テキストとしてもご活用ください。ご存知のように税法の改正は毎年のようにおこなわれるため、しばらく用いていなかった手法はおざなりにされることもあります。是非、本書を先生方の知識のメンテナンスツールとしてご活用ください。

税理士法人アーク＆パートナーズ
代表社員・税理士　内藤 克

目次 contents

序章 節税対策を知る前に

節税対策はなぜ必要か？ ……………………………………………………………… 12
節税するうえで注意したいこと ……………………………………………………… 15

第1章 売上・仕入れ・製造に関する節税ポイント

01 売上計上基準を見直す ……………………………………………………………… 20
02 販売方法を委託販売方式に変更する ……………………………………………… 23
03 工事進行基準を活用する …………………………………………………………… 26
04 取得価額を見直す …………………………………………………………………… 28
05 リベート（売上割戻し）を未払計上する ………………………………………… 31
06 リベート（仕入割戻し）は期末単価の引き下げへ ……………………………… 33
07 棚卸資産を廃棄して廃棄損を計上する …………………………………………… 36
08 売れ残った商品を値引き販売する ………………………………………………… 38

第2章 給与に関する節税ポイント

09 役員給与を期中に増額する ………………………………………………………… 42

- ⑩ 事前確定届出給与を活用しよう ……………………………… 47
- ⑪ 取締役はできるだけ使用人兼務役員とする ………………… 50
- ⑫ 社長の家族をみなし役員にしない …………………………… 53
- ⑬ 出張日当を支給する …………………………………………… 56
- ⑭ 決算賞与を支給する …………………………………………… 58
- ⑮ 企業型確定拠出年金（企業型DC）を活用する ……………… 60
- ⑯ 分掌変更による役員退職金を支給する ……………………… 62
- ⑰ 賃上げ・設備投資促進税制を活用する ……………………… 65

第3章 決算対策に関する節税ポイント

- ⑱ 短期前払費用を活用する ……………………………………… 68
- ⑲ 締め後の給与の未払を計上できる場合がある ……………… 70
- ⑳ 貸倒損失を計上する …………………………………………… 73
- ㉑ 回収困難な売掛金は減額して回収する ……………………… 76
- ㉒ 個別評価金銭債権として貸倒引当金を計上する …………… 78
- ㉓ 一括評価金銭債権として貸倒引当金を計上する …………… 80
- ㉔ 棚卸資産の評価損を計上する ………………………………… 82
- ㉕ 有価証券の評価損を計上する ………………………………… 84
- ㉖ 決算月を変更して利益を繰り延べる ………………………… 86
- ㉗ 社会保険料の未払を計上する ………………………………… 88
- ㉘ 含み損がある有価証券を売却する …………………………… 90
- ㉙ 仮払金を精算し期末に残高を残さない ……………………… 92

第4章 減価償却資産に関する節税ポイント

- 30 減価償却資産を購入する ……………………………………………… 94
- 31 固定資産の修理は修繕費として損金算入する ……………………… 96
- 32 共同オフィスの固定資産は共同で購入する ………………………… 99
- 33 建物や車などの固定資産は購入費用を区分計上する ……………… 101
- 34 リース取引を検討する ………………………………………………… 103
- 35 特別償却と税額控除を活用する ……………………………………… 106
- 36 中古資産を購入する …………………………………………………… 109
- 37 使用しない減価償却資産を有姿除却とする ………………………… 111
- 38 固定資産税の減免の特例を活用する ………………………………… 113

第5章 交際費等に関する節税ポイント

- 39 交際費の限度額を有効に使う ………………………………………… 116
- 40 飲食費は1人あたり5,000円以下にする …………………………… 119
- 41 取引先との旅行を研修扱いとする …………………………………… 121
- 42 広告宣伝費を利用して交際費を減らす ……………………………… 123
- 43 顧客紹介の謝礼を支払手数料とする ………………………………… 125
- 44 寄附金の損金算入限度額を活用する ………………………………… 127
- 45 地方創生応援税制（企業版ふるさと納税）を活用する …………… 130

第6章 子会社・関連会社を利用した節税ポイント

- 46 分社化して軽減税率を活用する ……………………………………… 134
- 47 分社化して交際費の限度額を増やす ………………………………… 137
- 48 分社化して退職金を支給する ………………………………………… 138
- 49 親会社への資金移転は配当金とする ………………………………… 140
- 50 子会社を支援するなら無利息で貸付する …………………………… 142
- 51 子会社への債権放棄や債務引受けは寄附金となる ………………… 144
- 52 子会社の清算に伴う損失をどう取り扱うか ………………………… 146
- 53 100％グループ内の法人間取引 ……………………………………… 148
- 54 完全支配関係子会社の欠損金を活用する …………………………… 151
- 55 親会社に対する適格現物分配を活用する …………………………… 153
- 56 合併して青色欠損金を引き継ぐ ……………………………………… 155

第7章 消費税に関する節税ポイント

- 57 設立時の資本金は1,000万円未満で ………………………………… 158
- 58 アウトソーシングを利用する ………………………………………… 160
- 59 課税売上割合を95％以上にする ……………………………………… 162
- 60 個別対応方式の検討をする …………………………………………… 164
- 61 課税売上高を見直す …………………………………………………… 167
- 62 土地等の売却があり課税売上割合が減少した場合 ………………… 170

第8章 申告に関する節税ポイント

- ㊻ 青色欠損金を有効に活用する ……………………………… 174
- ㊼ 欠損金の繰戻還付を活用する ……………………………… 176

第9章 様々な経費に関する節税ポイント

- ㊽ ホームページの作成・更新 …………………………………… 180
- ㊾ 土地を貸すときには無償返還届出を ……………………… 182
- ㊿ 自宅の家賃を経費にする ……………………………………… 184
- ㊻ リース資産の入れ替えをする ……………………………… 186
- ㊼ 印紙税を節約する ……………………………………………… 188
- ㊽ オペレーティングリースを活用する ……………………… 190

第10章 福利厚生に関する節税ポイント

- ㊻ 借上社宅を利用する …………………………………………… 194
- ㊼ 死亡退職金の一部を弔慰金として支給する ……………… 197
- ㊽ 社員旅行を実施する …………………………………………… 200
- ㊾ 永年勤続者を表彰する ………………………………………… 202
- ㊿ スポーツクラブなどの法人会員になる …………………… 205
- ㊻ 社葬を執り行ったら費用として計上する ………………… 207
- ㊼ バス・電車以外の通勤手当を支給する …………………… 209
- ㊽ 社員の免許・資格取得費用を会社が負担する …………… 211
- ㊾ 社内提案に表彰金や賞金を支給する ……………………… 213

009

80 結婚祝金を支給する ……………………………………………………… 215

第11章 保険を活用した節税ポイント

81 掛捨ての生命保険を活用する（定期保険） …………………………… 218
82 逓増定期保険に加入する ………………………………………………… 220
83 養老保険に加入する ……………………………………………………… 223
84 長期平準定期保険に加入する …………………………………………… 225
85 所得補償保険、傷害保険に加入する …………………………………… 227
86 従業員の医療保険への加入を検討する ………………………………… 229
87 保険の見直しを検討する ………………………………………………… 231
88 中小企業退職金共済（中退共）に加入する …………………………… 234
89 倒産防止共済に加入する ………………………………………………… 236

第12章 事業承継に関する節税ポイント

90 生前贈与で自社株を移転する …………………………………………… 240
91 相続時精算課税で自社株を移転する …………………………………… 242
92 自社株を譲渡する ………………………………………………………… 244
93 従業員持株会に自社株を移転する ……………………………………… 246
94 取引相場のない株式の評価方法 ………………………………………… 249
95 増資によって自社株式の評価を下げる ………………………………… 254
96 贈与税の納税猶予の制度を活用する（一般措置） …………………… 256
97 相続税の納税猶予の制度を活用する（一般措置） …………………… 259
98 贈与税・相続税の納税猶予（特例措置） ……………………………… 262

序章

節税対策を知る前に

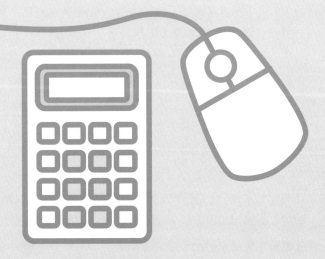

節税対策はなぜ必要か？

■会社は毎年儲かるとは限らない

　会社の利益に対して課税される法人税は、利益が生じた事業年度には納税の義務を負いますが、損失が生じた事業年度には納税の必要はありません。会社は必ず利益が出るとは限りませんから、納税したりしなかったりを繰り返すことになります。

　利益が出たときには節税対策により翌期以降に利益を繰り延べて、赤字のときに備えることが、納税をコントロールすることだといえます。納税がコントロールできるか否かによって、会社の内部留保額が上下するため、最終的に株主へ分配される金額に差が生じます。

　納税をコントロールしなかったA社とB社の30年間の経営状況と納税額のケースで考えてみましょう。

　A社では、最初の15年間は毎年利益が発生し、その合計が15億円だったとすると、法人税を約5億円納めることになります。その後、毎年損失が続いてその損失合計が15億円だとすると、後半の15年間の納税はゼロとなります。その結果、30年間トータルでの利益がゼロであるのに対して、5億円も納税したことになります。

　B社では、30年間毎年利益がゼロであったとすると、30年間トータルでの納税額はゼロとなります。

　2社を比較すると、30年間での利益は同額なのに、納税額においては5億円もの差が生じたことになります。

　会社が毎年利益を計上している場合や、毎年必ず損失を計上している

場合は、通年で納税額を比較しても、このような差は出てきません。

　A社は、この5億円があれば苦しいときに手形の決済ができたかもしれません。ビジネスチャンスを生かした設備投資や人材育成ができたかもしれません。実にもったいないと思いませんか。

　会社は利益を計上する年度もあれば損失を計上する年度もあるからこそ、節税対策が必要となってくるのです。

■工夫するだけでキャッシュを残せるのは節税だけ

　税制改正は毎年行われています。法人税、所得税、相続税、贈与税はその時代の国の財政や産業構造の変化により手直しが随時行われています。

　改正されたことを知らずに特例の適用を失念すると、設備投資や人材採用、不動産売買などにおける税額計算で不利な結果となり、ムダな税金を納付することになります。資本金や株主構成を見直すだけで、特例による税額控除の適用や軽減税率の適用を受けることが可能になり、同じ金額を支出するのでも支払方法や取引形態を変えることにより損金処理が可能になる場合もあります。

　法人税を節税した結果、相続税や所得税をも減少させることができたり、従業員のモチベーションアップや生産性の向上につながることもあります。節税の効果は、単に税負担を減少させるだけではないのです。

　納税は国民の義務ですが、合法的に節税するのも国民の権利です。会社の利益を福祉や介護などの特定の目的のために使ってもらいたければ、そのときは国や、特定の機関に寄附をするという方法もあるのです。寄附という行為により税負担を減らすことができれば、会社のお金を有効

に活用できることになります。

■節税もキャッシュフロー改善の一部

　会社の経営上、すべての支出は収入との因果関係を有しています。給与を支払えば労働力が手に入り、商品を仕入れれば売上のもとになり、高い家賃を払えばより広いオフィスに引っ越すことができます。

　しかし、税金の支払いには、一部を除いて収入や便益との因果関係を見つけることができません。そのため無駄な税金をたくさん支払ってもあまり意味がないことになります（社会貢献という点では意味があります）。会社は、営利を追求して株主に還元するのが使命であると考えると、節税は当然のことといえます。

　近年、キャッシュフローの充実が最優先課題となっております。資金繰りショートの原因は売掛金、在庫、借入金の返済といわれていますが、節税による課税の繰り延べは重要なキャッシュフロー改善の手法であることも忘れてはいけません。

節税するうえで注意したいこと

■節税と無駄使いは違う

よく「税金を払うくらいなら使ったほうがマシ」とうそぶいている社長さんがいます。でも、ちょっと考えてみてください。**節税の目的は会社にお金を残すことです。どうでもいい設備投資やムダ使いによる節税をした場合と、節約して納税した場合では、結果的に納税した方が会社にお金は残ります。**なぜなら税率は100％を超えることがないからです。

ムダ使いかどうかの判断は難しいところですが、最終的には「会社のために役立つ支出かどうか」が基準となるでしょう。

■会社のために役立つ節税

決算賞与を支給する	→	従業員のやる気アップ	→	会社の業績がアップ
役員保険に加入	→	社長が死亡しても保険で借入金を返済	→	会社が安定して存続
新社屋に引っ越し	→	作業効率アップ	→	コスト削減

■節税のようで、実はムダ使い

接待しても効果のない交際費を支出する
まだまだ使える備品を買い換える
従業員が利用しない保養所を購入する

■**納税予測なしには節税はできない**

　節税には、「お金の支出を伴うもの」と「お金の支出を伴わないもの」があります。圧倒的に多い手法は「お金の支出を伴うもの」です。

　多額の納税が出るから節税するのですから、「納税がないなら買わなくてもよかったのに」と後悔しないためにも、納税予測が必要となってきます。

　月次決算がしっかりしていない会社では、決算で締めてみると損益が大幅にブレることがあります。税務申告の段階で節税が必要となっても、すでに翌事業年度が進行しているため間に合いません。また「決算が確定したら利益が意外に少なかった」となると、節税のつもりで支出したことにより赤字転落し、株主から追求を受けたり、金融機関などの信用を失墜してしまうことになりかねません。

　節税対策には納税予測、そのためには早いタイミングでの精度の高い月次決算が必要とされるのです。

■**節税の基本は課税の繰り延べ**

　節税の基本は課税の繰り延べです。課税を繰り延べるといっても、単純に「来期の経費にするのであれば今期の経費に取り込む」「今期の収入にするのであれば来期の収入に繰り延べる」といった利益調整のことではありません。

　会計や税法のルールに基づいて実行しなければ、節税ではなくて脱税となってしまいます。

■**実は納税は会社の生命線**

　よく「納税しなければお金は貯まらない」という言葉を耳にします。これは「ムダな支出をおさえれば、納税は生ずるがお金はたまる」ということを別の表現に置き換えた言葉です。つまり、納税するからお金が

貯まるのではなく、節約するからお金が貯まるのです。その結果、納税するということは内部留保を充実させることになるのです。

内部留保が充実すれば金融機関や株主の評価も高くなり、資金調達が有利になり、会社のさらなる発展が期待できます。納税額が多いということは社会的信用につながることもあるのです。

■ **税務調査で否認されないために**

節税したつもりが、税務調査で否認されたら意味がありません。修正申告の結果、加算税や延滞税が多額にかかってしまったら、かえって無駄な支出を伴うことになってしまいます。

節税対策を実行する際には、税務調査で否認されないために、以下の点に注意していただきたいと思っています。

①税務調査の準備は決算時に

税務調査対応マニュアルなるものを見ると、「事前準備」「当日の対応」「事後折衝」のそれぞれの段階での対処法が記述されています。けれども、この段階で対応できるものは限られています。偶然行った取引が結果的に節税になることもありますが、節税対策はあらかじめ計画的に行われるものであるため、「その支出の必然性」や「その処理の妥当性」については決算時や税務申告時にその経緯についての記録を残しておく必要があります。税務調査時にその取引を思い出しながら説明するより、その状況の真っ只中にいるときに記録しておくべきなのです。

②決め手となるのは議事録・契約書・規程

最近の税務調査では調査官の若返りにともない、マニュアルどおりの税務調査が行われる傾向にあります。調査官による証憑、契約書、議事録、稟議書、規程のチェックにより、事実関係の確認と税務処理の正当性の判断がなされます。口頭でうまく説明をしたつもりでも、角度を変えた質問に対して柔軟に回答することは想像以上に難しいため、書面を

整備していないとつじつまの合わない説明をすることになってしまいます。ベテラン調査官と心理戦を繰り広げる時代は終わり、書面での説明が欠かせなくなってきました。

③同族取引には要注意

　会社と役員、会社と関連会社の取引は、税務調査で重点的に調査されます。同族取引は、独立企業間で行われる取引に比べて不自然な点が多いため、寄附金と認定しやすいからです。

　同族取引が否認されないためのポイントは取引価額、決済状況、必然性です。

【資産の移転の場合】

　資産の移転については、譲渡価額と決済状況が問題となります。同族間での譲渡価額の決定は、時価の査定をもとに慎重に決定しなければなりません。また、形式上の譲渡や販売が行われていても、代金の決済がなければ不自然な取引として否認されても仕方ありません。

【役務の提供の場合】

　税務訴訟で圧倒的に多い科目は「業務委託費」といわれています。不動産などの資産の移転と異なり、業務委託における取引価額は設備を利用するコストや人件費がベースとなります。派遣であれば派遣会社からの見積もり、配送であれば運送会社からの見積もり、保管であれば倉庫業者からの見積もり、経理や給与計算であればアウトソーシング会社からの見積もりが参考となります。また、分社により本社業務から切り離す場合などは、その経緯と必然性を十分に書面で説明できるようにしておく必要があります。

　以上のことを頭に入れたうえで、次章から説明する節税ポイントの実行を試みるようにしてください。

第1章

売上・仕入れ・製造 に関する 節税ポイント

01 売上計上基準を見直す

■有利な売上計上基準を考える

　物やサービスを売っている会社で売上げを計上する場合、税務上、計上すべきタイミング（基準）がいくつか認められています。合理的な計上基準を採用することにより節税を図ることができるため、検討してみる必要があります。

　売上計上のタイミングは、物の引渡しを要するものは「引渡しのあった日」、サービス（役務）の提供を要するものは「役務の提供の完了した日」とされています。

　引渡しの日や完了した日については契約の内容や取引の形態に応じて、いくつかの基準の中から選ぶことになります。

■引渡しのあった日とは

　引渡しのあった日について法人税法では、出荷日、検収日、使用収益開始日、検針日を認めています。

①出荷基準

　商品等を自社が出荷したときを引渡しがあったとする方法です。計上のタイミングとしては一番早い基準です。この基準では、取引先等に商品が到着していなくても売上があったことになります。

②検収基準

　相手方が検収したときに引渡しがあったとする方法です。納品を受けた場合、相手方は発注した商品の種類、数量、不良品がないかなど確認します。確認が済んではじめて検収が完了したとみなします。

③使用収益開始基準

　土地等を相手方が使用収益（物を直接に利活用して利益・利便を得ること）することができるようになった日に引渡しがあったとする方法です。

④検針日基準

　検針等により販売数量を確認したときに引渡しがあったとする方法です。

■ **役務の提供の完了した日とは**

　物の引渡しを伴わない請負などは、作業が完了し先方に完了報告して契約を履行したことになります。ただし、あらかじめ人員や日数に単価を乗じて決められた期間ごとに支払いを受ける契約の場合や基本契約と個別契約が分かれている場合などは、すべてが完了しなくても部分的に金額確定しているため収益計上しなければなりません。

■ **出荷基準としていると実際の売上金額と異なることがある**

　例えば、出荷後に相手方から返品があった場合には相手方に売掛金を払ってもらえるわけではありません。決算前に販売して決算後に返品を受けた場合、売上計上基準を「出荷基準」としていると、一度売上げを計上することになります。つまり、返品されてお金はもらえないのに売上げに入れなければならず、返品の分まで税金を支払わなければならないということなのです。この場合、出荷基準を他の基準に見直せば、不確定な売上げを計上しないですみます。

　実務上、相手方に到着したタイミングを掴むのが難しいことから、売上計上基準を出荷基準としている会社がとても多いようです。節税のためだけでなく、その期の本来の売上をきちんと把握するためにも、業種や業態に応じた売上計上基準に見直すことは重要なことです。

見直す場合に注意しなければならないのは、合理的な理由なしに利益の状況を見ながら変更することは認められないということです。そして、見直した売上計上基準は、今後も続けて適用しなければなりません。

POINT
- 売上計上基準は出荷基準だけではない。
- 出荷基準、検収基準、使用収益基準、検針日基準の中から、合理的なものを選ぶことができる。
- 採用した売上基準は、これからも続けて適用しなければならない。

02 販売方法を委託販売方式に変更する

■委託販売とは

　委託販売とは、委託者が所有権を留保したまま受託者（小売店など）へ販売を委託する販売方法で、洋品店、楽器店、書店などによく見られる形態です。委託者は商品を受託者へ発送し、受託者の店頭に陳列してもらい、受託者は店頭で売れたときに委託者からの仕入れを計上します。

　販売方法を委託販売方式に変更することにより、委託者は収益の計上のタイミングを繰り延べることができ、受託者は在庫のリスクを軽減できるとともに委託者も販売ルートの拡大を図ることができます。

■収益の計上のタイミングを本来の姿に

　通常の販売方法であれば、卸売業者が小売業者へ販売した段階で売上げを計上することになりますが、小売業者からの見込み発注を受けて、売れ残りが発生し、卸売業者が返品を受けるケースがあります。

　その結果、卸業者は大量に売り上げた事業年度に利益による税金が発生し、返品を受けた事業年度に損失が発生することになります。つまり、未確定な利益に対しての納税が先に発生する結果となるのです。

　健全な企業経営においては、わざわざ確定している債権やすでに確保している利益を繰り延べることは、株主、銀行、税務当局に対しても説明がつきません。また、返品が横行している未確定な売上げを計上することも重大な問題です。

■委託販売の収益計上のタイミング

委託販売の収益計上のタイミングは、原則として受託者が販売した日の属する事業年度です。ただし、受託者が売上計算書を月単位で継続して作成し委託者に送付している場合に限り、特例として受託者から売上計算書が到着した日の属する事業年度となります。

委託販売方式で、売上計算書到着基準を採用すれば、さらに収益認識のタイミングは遅くなります。卸売業者は、小売業者への売上のタイミングが遅くなる分だけ仕入れの決済資金が足りなくなるので、注意が必要です。

■在庫の管理

委託販売の商品の所有権は委託者にあるため、商品は受託者にあっても在庫としてカウントしなければなりません。正確な損益を把握するだけでなく、受託者とのトラブルを回避するためにも売上計算書をもとに在庫管理を徹底するとともに破損、減耗などによる在庫差異も把握する必要があります。

【例】当期に小売店へ1,000万円を納品し、翌期に売れ残り400万円を返品された場合

・通常の販売方法の場合
　当期の課税➡1,000万円の売上に対する利益に課税
　翌期の課税➡400万円の返品を損失計上
・委託販売に変更した場合
　当期の課税➡0
　翌期の課税➡1,000万円－400万円の売上に対する課税

POINT

- 売上計算書の到達時期が遅くても、在庫の報告により受託者の売上額が確定できる場合は収益計上しなければならない。
- 委託販売の形式をとっていても商品の発送や代金決済を実質的に委託者が行っていれば引渡し時の売上計上となる。

03 工事進行基準を活用する

■工事完成基準と工事進行基準

　1年以上にわたる工事の収益計上のタイミングは、一定の要件を満たす長期大規模工事を除き、完成時となっています。これを工事完成基準といいます。これに対し、工事の進行割合に応じて収益計上する方法を工事進行基準といいます。通常は、工事進行基準を選択すると未実現の利益を計上することになり、課税のタイミングを早めることになります。

■実現していない損失が計上できる

　平成20年（2008年）度の税制改正で、損失が見込まれる工事についても工事進行基準の適用が認められることになりました。そのため、工事進行基準をとれば、実現していない損失についても損金算入することができ、工事以外の利益と相殺（そうさい）して節税を図ることが可能となりました。

　さらに対象事業に建設、造船、重機械製造、プラント事業に加え、受注ソフトウエアの開発も含まれることから利用範囲が拡大されています。

■工事進行基準を採用すると

　工事完成基準によると、例えばホームページの作成を受注した開発業者は、何らかの事情で赤字とわかっていても完成して売上げを計上するまでは赤字を計上できません。それまでにかかった原価や経費は繰り延べられ、完成時にようやく計上できるのです。しかし、工事進行基準を採用すれば、完成していなくてもその赤字をソフトウエアの開発割合によって取り込むことができるのです。

■ **計上できる損失額**

次の算式で計算した「当期の収益の額」から「当期の費用の額」の差額となります。

> 当期の収益の額＝請負対価の額×進行割合－前期までに計上した収益の合計額
> 当期の費用の額＝工事原価の額×進行割合－前期までに計上した原価の合計額

進行割合は投入時間や投入コストなど、合理的な基準にもとづいたものを採用しますが、一般的には以下の原価比例法を採用しているケースが多いようです。

> 工事進行割合＝すでに要した原材料費、労務費、経費の合計額／見積総工事原価の額

なお、引渡し事業年度においては、以下の算式で計算した「当期の収益の額」から「当期の費用の額」の差額となります。

> 当期の収益の額＝請負対価の額－前期までに計上した収益の合計額
> 当期の費用の額＝工事原価の額－前期までに計上した原価の合計額

POINT

- 未実現の損失を計上できる。
- 工事進行基準を途中で中止した場合には、それ以降その工事については採用することはできない。

04 取得価額を見直す

■**取得価額を見直す意味とは**

　棚卸資産や固定資産の取得価額は、購入したものの本体価格だけではなく、取得のための付随費用も含めて計算しなければなりません。しかし、**付随費用であっても取得価額への算入を省略できるものがあります。これらを検討すれば今期の費用を増やすことができ、節税につながる**ことがあります。

■**棚卸資産・固定資産の取得価額**

　通常の商品を他から購入した場合には、次の金額の合計額が取得価額となります。

> ①本体価額　──　購入のために直接かかった費用
> ②購入のために要した費用　──　引き取り運賃、荷役費、運送保険料、購入手数料、関税等
> ③販売のためや事業供用のために要した費用　──　品質維持のためのメンテナンス費用や倉庫間移動のための費用等

　国内仕入れの場合はあまり問題になりませんが、輸入仕入れなどの場合は通関業者への手数料、保管料などを合計すると棚卸資産の取得価額は増加します。

■**棚卸資産の取得価額に算入しなくてよい費用**
①**租税公課等**

具体的には以下のものです。

- 不動産取得税
- 固定資産税および都市計画税
- 特別土地保有税
- 登録免許税等の登記費用
- 借入金の利子

②**少額な付随費用**

次の費用の合計額が本体価額のおおむね３％以内であれば取得価額に算入しなくても構わないことになっています。

- 買入れ事務、検収費用、整理、選別、手入れ等に要した費用の額
- 販売所から他の販売所への移管費用、荷造り費用
- 季節販売商品などを次のシーズンまで長期保管する費用

③**内部利益**

社内に製造部門と販売部門がある場合に、管理会計上、内部利益を乗せて部門間移動しているケースを見かけます。この利益は内部利益であるため、製造部門が計上した販売部門への売上げと販売部門が計上した製造部門からの仕入れは一致し、決算で相殺されます。これにより部門間移動の利益は残りません。

しかし、販売部門で計算した在庫の金額を製造部門から仕入れた金額、つまり内部利益を含んだ金額のまま計算している場合は、内部利益に対して無駄な税金を支払うことになるので注意が必要です。

■**固定資産の取得価額に含めなくてよい費用**

固定資産の取得価額に含めなくてよい費用は、次のとおりです。

①不動産取得税または自動車取得税、特別土地保有税のうち土地の取得に対して課されるもの、登録免許税等の登記費用
②借入金の利子
③建物の建設のために行った調査、測量、設計、基礎工事等でその建設計画を変更したことにより不要となったもの
④固定資産の売買契約を解除して、他の固定資産を取得した場合の当初契約の違約金
⑤資産を割賦購入している場合で割賦利息が明らかな場合、その利息相当額

POINT

●そもそも取得価額に含めなければならない費用を理解すること。
●固定資産と棚卸資産では、取得価額に含めなくてもよい費用に違いがあること。

05 リベート（売上割戻し）を未払計上する

■ リベート（売上割戻し）を未払計上するには

商品を大量に購入してくれた相手に対して一定の割合で金銭などを渡すことを、「売上割戻し」といいます。売上割戻しは、売上値引きと同じ性質であることから、費用として損金に算入できます。

■ 交際費との区別に注意

売上割戻しは税務上、交際費と認定される場合があります。

売上割戻しは金銭を受け取った側は収益として計上し、渡した側は費用として損金に算入します。この売上割戻しを商品やほかのもの（例えば商品券や観劇券、旅行券等）で渡したときには謝礼としての意味合いが強くなるため、原則として交際費になることに注意しましょう。

■ 損金算入時期

販売の契約内容によって、損金に算入する時期が異なることに注意しましょう。

■**損金算入時期**

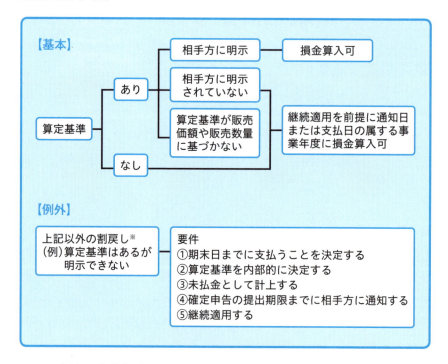

※この方法は事業年度終了後の決算手続中に決定することができますので、節税対策として非常に有効な手段となります。

POINT

- 売上割戻しに関する規約を作成する。
- 金額が確定していれば損金に算入できる。

06 リベート（仕入割戻し）は期末単価の引き下げへ

■リベート（仕入割戻し）を受け取ったら

　商品を大量に購入するなどの行為で、取引先より一定の割合で金銭等を受け取ることがあります。これを「仕入割戻し」といいます。

　仕入割戻しの経理処理には、①雑益等として営業外収益に計上する方法、②総仕入高から控除する方法があります。**どちらの方法も継続して適用すれば認められていますが、税務上は②の処理が有利になります。**

　①の営業外収益とする方法は、仕入割戻しの計上時に全額課税対象となってしまいます。

　②の方法は、仕入れの控除項目として処理することで、その事業年度の総仕入高が減少するとともに仕入単価も減少します。低くなった仕入単価をもとにすれば期末在庫の単価を引き下げることが可能となり、結果、その分の利益が減少し税金を低く抑えることができます。ただし、期末在庫の減少分は翌期以降に商品が販売されれば解消しますので、課税の繰り延べということになります。

■返品、値引きをどのように扱うか

　仕入割戻しの他にも、返品や値引きといった性質のものは仕入れの控除項目として処理できますので、上記と同じ理由により総仕入高から控除する方が税務上、有利になります。

■仕入割引は営業外収益として計上する

　仕入割戻しや返品、値引きによく似たものに、仕入割引があります。

仕入割引は仕入高から控除することはできず、営業外収益として計上しなければなりません。仕入割引は、支払期限より早く支払った場合の利息相当としてもらうものだからです。

■消費税との関係

　消費税の簡易課税方式（基準期間における課税売上が5,000万円以下の会社が選択できる方式）を選択した場合、納付する消費税額は課税売上高で決まります。仕入割戻しを雑益等で計上すると、雑益等も課税売上高となり、納付する消費税額も増加します。

■注意する点

　会社が仕入割戻しの金額を計上すべき事業年度に計上しなかった場合には、総仕入高から控除することはできず、直接収益に計上することになることに注意が必要です。

【例】
1個100円の商品を10個仕入れ、→ 仕入　100円×10個＝1,000円
1個150円で8個売り上げた。→ 売上　150円× 8個＝1,200円
期末に売れ残ったのは2個 → 期末棚卸　100円× 2個＝　200円

仕入割戻しが商品1個に対して5%とすると、
　仕入　100円×（100％－5％）×10個＝950円
　　　　　　　→ 95円
　期末棚卸　95円×2個＝180円

■2つの経理処理の比較

①雑益等に計上する方法		②仕入れから控除する方法	
売上	1,200円	売上	1,200円
仕入	1,000円	仕入	950円
期末棚卸	200円	期末棚卸	180円
粗利	400円	粗利	430円
雑益等	50円	雑益等	0円
利益	450円	利益	430円

POINT

- 仕入高から控除する方が有利になる。
- 消費税の簡易課税を選択している場合には消費税も有利になる。
- 採用した会計処理は、継続して適用すること。

07 棚卸資産を廃棄して廃棄損を計上する

■ **棚卸資産の評価損の計上**

　棚卸資産を利用した節税対策としてよく目にするのが、棚卸資産の評価損を計上することで、利益が減少し税金も減るという節税対策です。確かに、棚卸資産の評価損の計上は資金流出を伴わないので節税対策として有効です。しかし、この評価損の計上にあたっては期末棚卸の評価により、いかようにも利益操作が可能であるため、税務調査時においてもトラブルが多く見られるところでもあります。

　そこで、棚卸資産の評価損の計上ではなく、売れる見込みがなくなってしまった棚卸資産（いわゆるデットストック）を、実際に廃棄処分することにより廃棄損として損金に算入する方法があります。

■ **棚卸資産廃棄の勧め**

　棚卸資産の廃棄は実際に在庫を廃棄して、その原価部分を損失に計上することにより、利益が減少し税金も減るという節税対策です。実際に廃棄という事実を伴うため、棚卸資産の評価損の計上よりも確実で、税務調査時においても争いは少ないところです。

　また、在庫が長期間保管されているような場合には、その在庫に関して様々な維持管理コスト（倉庫賃借料、保険等）がかかっており、売れる見込みのない在庫にお金をかけるのは経営上もムダといえます。

　よって、売れる見込みがない在庫をたくさん抱えているのであれば、これを機会に在庫を一掃することで、管理コストの削減と税金の減少という一石二鳥になるのではないでしょうか。

■ **棚卸資産廃棄の方法**

　実際に棚卸資産を廃棄する場合、廃棄処分を社内決裁した証拠を残すために、議事録を作成しておくとよいでしょう。また、決算日までに廃棄業者から、廃棄業者が引き取った証拠（廃棄証明書など）を取得しておけば問題ないでしょう。実際に廃棄するという行為が必要なので、期末日までには必ず廃棄業者に引き渡す必要があります。

■ **棚卸資産廃棄の注意点**

　注意点としては決算日直前に廃棄業者に頼んだ場合、決算日までに廃棄（廃棄業者に引き渡すこと）ができない可能性があるということです。決算日までには必ず廃棄業者に引き渡せるように、余裕をもって手配することが必要です。

POINT

- 棚卸資産の評価損の計上より廃棄の方が確実に損金に算入できる。
- 棚卸資産の管理コストを削減できる。
- 実際に廃棄する（廃棄業者に引き渡す）。

08 売れ残った商品を値引き販売する

■棚卸資産を廃棄する前に

36～37ページで記載した、棚卸資産を廃棄するという方法も確実に有効な節税対策となりますが、少しでも資金繰りを改善したい場合、**廃棄する前に売れ残った商品を赤字覚悟で安く値引き販売するという方法があります。**

「決算大バーゲン」などのチラシを見たことはありませんか。期末に売れ残った商品があれば、それは期末棚卸として資産に計上しなければならないので、決算を前に赤字覚悟で処分してしまおうというものです。

バーゲンによる値引き販売は、商品を期末在庫としないで見切り販売により処分してしまうことで、結果的に棚卸資産の評価損を実現させる方法です。たとえ赤字になっても商品を処分してしまうことで売上原価に算入でき、その分、利益が減少し税金を減らすことができます。本当は値引きしなくても全部売れてくれるのがいいのは言うまでもないことなのですが。

この方法は、実際にキャッシュが入ってきますので、投資した資金を一部回収することができ、会社経営上も健全な方法といえます。

■値引き販売する場合の注意点

値引き販売の場合には、実際に販売するという行為を伴うため、税務調査時においてはトラブルの少ない方法です。価額を引き下げて販売したことを証明できるように、レジペーパーやバーゲンのチラシなどを保管しておくとよいでしょう。

■**売れ残りの社員販売**

　バーゲンによる値引き販売ではブランドイメージが低下してしまう危険性があります。そこで、広く一般消費者向けではなく、社員向けに割引販売することも考えられます。この場合も、バーゲンによる値引き販売と同様、値引きにより利益が減少し税金を少なくすることができます。

　ただし、社員割引販売の場合、社員への現物給与とみなされるおそれがありますので注意が必要です。

　では、どの範囲なら社員割引価格として認められるのでしょうか。所得税法上、社員割引販売が以下の要件をみたしていれば問題ありません。

①販売価額が仕入価額以上で、かつ、通常他に販売する価額の70％以上であること
②役員や社員の職位や勤続年数等にかかわらず値引率が一律であるか、または一律でなかったとしても、全体として合理的なバランスが保たれていること
③販売数量が一般家庭で消費する程度であること（買い過ぎはダメだということです）

POINT

●値引き販売したことを証明できる資料を保管すること。
●社員割引の場合は、割引価格に注意すること。

第2章

給与に関する節税ポイント

09 役員給与を期中に増額する

■そもそも役員給与は損金に算入できない

　役員に対する給与・賞与は「役員給与」として統一して扱われており、一定の要件を満たさないと損金に算入できないことになっています。

　役員給与には一般的な給与として、①定期同額給与、②事前確定届出給与、③利益連動給与、が含まれ、一般的な給与以外として、④退職給与、⑤ストックオプションによるもの、⑥使用人兼務役員に対する使用人分給与、が含まれています。これらの給与のうち、不相当に高額なものは損金不算入となります。

　②事前確定届出給与については47～49ページを参照してください。③利益連動給与は上場企業等にだけ適用されるものです。

■役員給与の損金算入

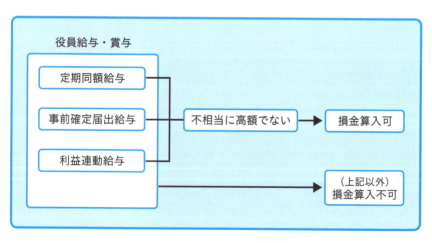

■ **定期同額給与について**

①定期同額給与は「支給時期が1ヶ月以下の期間で、各支給時期における支給金額が同額であるもの」をいいます。例えば、毎月同額を支給している場合がこれにあたります。

期首から3ヶ月以内に改定するもの（役員の給与は一般的に定時株主総会で決定します。定時株主総会は年1回、期首から3ヶ月以内に開催されることになっています）は、改定前の各支給時期で同額、かつ改定後の各支給時期で同額であれば損金として算入できます。 例えば3月決算の会社であれば4月と5月の役員報酬が30万円、6月から3月までが50万円といった場合は税務上も損金に算入できます。

定款で報酬が決まっている場合には、定款変更手続きもこの期間に済ませる必要があります。

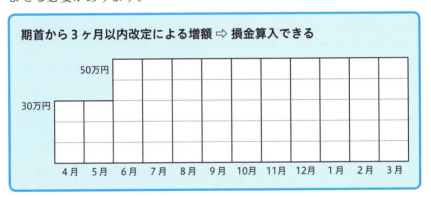

■ **期中増額が認められる場合**

昇格などの職制上の地位の変更による増額が、特例として認められています。この場合であれば、期首から3ヶ月を超えて変更しても損金として算入できます。また、経済的利益を供与した場合には、たとえ期首から3ヶ月を超えていても損金に算入することができます。この場合には役員給与として所得税の課税対象となることに注意が必要です。

職制上の地位の変更によるもの（平取締役から代表取締役へ昇格、合併に伴いその役員の職務の内容が大幅に変更される場合、非常勤役員から常勤役員へなど）は、改定後の各支給時期における支給額が同額であれば損金として算入できます。

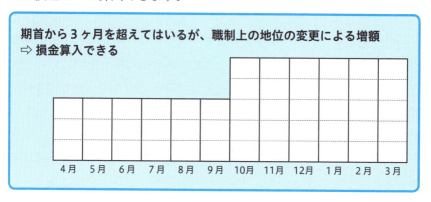

　経済的利益を供与した場合（例えば社宅家賃の補助、無利息の貸付け等）は、期首から3ヶ月を超えて経済的利益を供与した場合でも、各支給時期における支給額が同額であれば損金として算入できます。

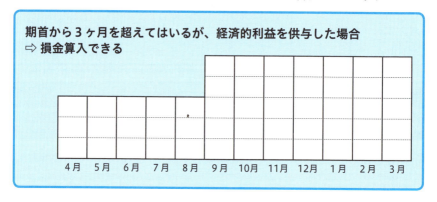

■ **遡及しての増額改定は損金算入できない**
　定時株主総会決議で当年度の経過月分の役員給与を遡及増額改定し、

増額改定分を含めて一括支給した場合には、損金算入できません。

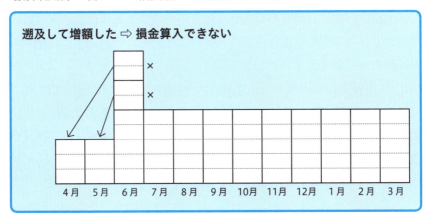

■ **不相当に高額とは**

定期同額の役員給与は原則として損金に算入できるのですが、不相当に高額な部分は損金として算入できません。「不相当に高額」に対する具体的な金額の定めはありませんが、次の①と②の基準から判断します。

① **実質基準**

次の条件に照らして個々に判断されることになります。主観的な判断を要する部分ですので、慎重に判断する必要があります。

- 役員の職務の内容
- 会社の収益の状況
- 使用人に対する給料の支給状況
- 事業規模が類似する同業他社の役員給与の支給状況

国税庁は毎年「税務統計からみた民間給与の実態」を発表しています。これには会社規模別・業種別の役員給与の平均額等が掲載されていますので、役員給与の決定にあたっては参考にするとよいでしょう。

②形式基準

　損金算入できる役員給与は、株主総会等の決議または定款の規定により定めている報酬限度額以内となっていますので、支給限度額に少し余裕を持たせておくとよいでしょう。

　また、役員全員の総額で定めておくことをお勧めします。限度額を個々の役員ごとに定めてしまうと、個々の役員ごとに限度額と支給額とが比較されてしまいます。限度額を役員全員の総額で定めておけば、役員全員の支給額総額と限度額総額とを比較しますので、個々の役員での支給限度額の比較が必要なくなるからです。

　役員の増員があった場合などは、忘れずに役員報酬の上限額を引き上げる決議を行う必要があります。うっかり忘れてしまうと、役員給与を損金に算入できなくなります。

■限度額は個々の役員ごとではなく、総額で定めておく

	個々に限度額100万円と規定した場合	総額で300万円と規定した場合
A代表取締役	150万円	150万円
B専務取締役	110万円	110万円
C取締役	40万円	40万円
損金不算入額	（150万円－100万円）＋（110万円－100万円）＝60万円	（150万円＋110万円＋40万円－300万円）＝0

POINT

- 事業年度開始から3ヶ月以内に変更すること。
- 3ヶ月を超えてしまった場合には職制上の地位の変更によること。
- 不相当に高額でないこと。

10 事前確定届出給与を活用しよう

■事前確定届出給与とは

　42～46ページに記載したとおり、役員に対する給与は毎月同額の給与を支給していれば、損金に算入することができます。よって、役員に対して賞与を支給した場合は、定期同額給与に該当しませんので、その賞与は損金に算入することはできません。しかし、**事前に所轄の税務署へ届出をしていれば、役員賞与も損金に算入することができます。**

　「事前確定届出給与」とは、その役員の職務につき、所定の時期に確定額を支給する旨の定めに基づいて、支給される給与をいいます。すなわち、株主総会等で支給する旨を定め、所轄の税務署にその定めの内容に関して、所定の事項を記載した届出をしている給与をいいます。

　所定の事項には、①いつ、②誰に、③いくら支払うか、などを記載し、事前に届出します。

　ただし、たとえ事前に届出をしたとしても不相当に高額である場合（45～46ページ参照）には損金に算入できませんので注意が必要です。

■役員に賞与を支給するときの注意点

　税務署へ支給額の届出をしたら、届出どおりの額を実際に支払日に支給する必要があります。届出額と異なる支給を行った場合は、その支給額は損金に算入できません。

　例えば、役員賞与を100万円支給する旨の届出をして、150万円支給すると100万円を超える50万円が損金に算入できないのではなく、150万円全額が損金に算入できなくなります。また、実際に支給した金額が

80万円だとすると、80万円全額が損金に算入できなくなります。

よって、事前確定届出給与は支給上限（支給枠）で考えないようにしてください。

> 「事前届出額＜実際支給額」⇨ 実際の支給額全部が損金不算入
> 「事前届出額＞実際支給額」⇨ 実際の支給額全部が損金不算入
> **「事前届出額＝実際支給額」➡ この時のみ損金算入できる**

■非常勤役員への支給

非常勤役員や監査役に支払う毎月の給与がそれほど多くない場合、振り込む手間を考えて、年1回とか四半期ごとに支給する会社も多いかと思います。同族会社の場合には、非常勤役員への役員給与も定期同額給与に該当しないので、何もしなければ損金に算入できないのですが、事前に税務署に届出をして、そのとおりに支払うことで損金に算入できます。

■現物資産による支給

事前確定届出給与は、所定の時期に確定額を支給する旨の定めに基づいて、支給する給与がその対象となるため、現物資産により支給するものや、支給額の上限のみを定めたものおよび一定の条件を付すことにより支給額が変動するようなものは含まれません。いずれも額が確定していないためです。

■届出期限

事前確定の届出は、事前確定届出給与にかかる定めに関する決議をした株主総会等の日から1ヶ月を経過する日と、会計期間開始の日から

４ヶ月を経過する日とのいずれか早い日となっています。

POINT
- 届出額どおりに実際に支給すること（多くても少なくてもダメ）。
- 不相当に高額でないこと。

11 取締役はできるだけ使用人兼務役員とする

■使用人分として賞与を支給すると得

　役員のうち、部長、課長、その他法人の使用人としての職制上の地位を有し、かつ、常時使用人としての職務に従事するものを「使用人兼務役員」といいます。役員に対する賞与は、事前確定届出給与以外は損金に算入できませんが（42ページ参照）、**使用人兼務役員に対する賞与は、条件が満たされれば、使用人分として支給する部分は損金に算入できます。**

　当期は利益が出たので臨時賞与を支給しようとする場合、使用人分の臨時賞与については、原則として損金に算入されますが、役員分の臨時賞与は損金不算入となります。よって、**取締役はできるだけ使用人兼務役員とした方が、税務上、得だといえます。**

　「その他法人の使用人としての職制上の地位」とは、支店長、工場長、営業所長、支配人、主任など、会社の機構上定められている使用人としての職務上の地位をいいます。取締役総務担当とか取締役経理担当というのは、使用人としての職務に従事しているとはいえず、会社の特定部門の職務を統括していると判断されるため、使用人兼務役員になれません。

■使用人兼務役員になれない役員

　取締役はできるだけ使用人兼務役員とした方がいいのですが、次の①から⑤の役員は、使用人兼務役員になれないため、注意が必要です。

> ①社長、理事長、代表取締役、代表理事、清算人
> ②副社長、専務取締役、常務取締役その他これらに準ずる職制上の地位を有する役員
> ③合名会社、合資会社および合同会社の業務を執行する社員
> ④委員会設置会社の取締役、会計参与、監査役、監事
> ⑤同族会社のみなし役員

②は定款の規定または株主総会や取締役会の決議により専務・常務と決められた役員をいいます。自称専務取締役や通称常務取締役であっても、単なる平取締役であれば使用人兼務役員になれます。また、定款や議事録等の書類を揃えておくことが必要です。

⑤は、持ち株の判定の際には配偶者の持ち株も合わせて判定しますので、本人の持株割合がゼロであってもみなし役員になってしまう可能性があります（みなし役員については53～55ページ参照）。

■**使用人兼務役員の使用人分の賞与が損金に算入できる条件**

使用人兼務役員がいる場合に、賞与を損金として算入できるための条件は以下のとおりです。

①**他の使用人に対する賞与と同一の時期に支給すること**

使用人兼務役員の使用人分賞与を、従業員の賞与の支給時期と同時に支給しなければならないので、支給日が数日前後するケースや、支給時期に未払金として処理し、事後に支給するようなケースでは認められません。

②**使用人の職務に対する賞与として適正な金額であること**

その使用人兼務役員と類似した仕事をしている使用人がいる場合には、その使用人に支給した賞与を基準に判定します。また、比準する使用人

がいない場合には、その使用人兼務役員が役員になる直前にもらっていた給料に、その後のベースアップを加味して算定した金額、使用人のうち最上位にある者に対する賞与等を考慮して、適正に見積もった額によることとされています。

③損金経理により費用計上をすること

　実際に支給するにあたり、役員給与の支給限度額を決議する際には、定款等に「支給限度額等には使用人兼務役員の使用人給与は含まれない」旨の定めをしておきましょう。

POINT
- 使用人兼務役員は実際に使用人としての職務に従事していること。
- 他の使用人と支給時期をあわせること、適正な支給額を支給すること。
- 定款等にあらかじめ定めておくこと。

12 社長の家族をみなし役員にしない

■社長の家族は使用人にする

　中小企業の社長の中には登記されている役員だけが役員だと認識している方が多いと思います。基本的に、会社運営上はそれで問題はありません。

　しかし、会社法上の役員と法人税法上の役員はその範囲が異なっているため、トラブルが生じやすくなっています。**会社法上は役員ではないけれども、法人税法上は役員である者を、「みなし役員」といいます。**同族会社の社長の配偶者や子供は、この「みなし役員」とされてしまうことがあります。

　同族会社のみなし役員になってしまった場合、使用人兼務役員になれないため(50～51ページ参照)、**使用人分として支給したつもりの給与・賞与が損金不算入となり、その分、税金を払わなければならない**という事態になってしまいます。

　よって、社長の家族は使用人としての職務に従事する、つまり使用人となる必要があります。

■同族会社のみなし役員とは

　同族会社のみなし役員とは、次の①から④の要件をすべて満たす法人の使用人をいいます。

　①から④の４つの要件のうち１つでも外すことで、みなし役員と認定されません。

■**同族会社のみなし役員に認定される要件**

①50%超基準
②10%超基準
③5％超基準
＋
④実質的に法人の経営に従事
＝
みなし役員と認定!!

①50％超基準
　株主グループの所有割合（出資額または議決権の保有割合のこと）が大きいものから順位を付けて、第１順位から第３順位の株主グループの所有割合の合計が50％超の場合に、その使用人がその株主グループのいずれかに含まれていること。
②10％超基準
　その使用人の属する株主グループの所有割合が10％超であること。
③５％超基準
　その使用人と配偶者（これらの者の所有割合が50％超の他の会社を含む）の所有割合が５％超であること。
　上記の①から③では、本人と配偶者の持ち株を合わせて判定することに注意が必要です。

■**「実質的に法人の経営に従事している」とは**
　前記の④の「法人の経営に従事している」とは、会社の重要な意思決定に参画したり、実際に業務の執行をすることをいいます。一般的に以下の場合が考えられますが、最終的にみなし役員になるか否かは、これらの個別事情を総合的に勘案して判断されます。

■実質的に法人の経営に従事している場合

・営業に関する事項
　商品の仕入れや販売計画・取引先との契約等で権限を持っている。
・従業員に関する事項
　使用人の採用や退職、給与・賞与の決定等をする。
・資金計画
　資金調達や銀行等との折衝等を行っている。

これとは逆に、専ら使用人としての職務内容で、経理事務をしているに過ぎない場合は、経営に従事しているとはいえません。また、社長の指揮監督のもとで作業をしている子で、社内では専務と呼ばれていた者であっても、何の権限もなく会社の重要な意思決定に参画していなければ、実質的に経営に従事していることにはあたらないでしょう。

みなし役員は、税務上の考え方で、個別判断を要する場面が多いので、みなし役員に該当するか否かの判断は慎重に行う必要があります。

POINT

- 社長の配偶者や子供は重要な意思決定には参画させないこと。
- 所有割合を判定する場合、配偶者の持ち分も合わせて判定することに注意。

13 出張日当を支給する

■ 出張日当を支給しよう

　出張が多い会社は「出張日当」を支給することにより節税をすることができます。出張日当は個人の給与に含まれず、所得税の課税対象になりません。また、出張日当を支給した会社にとっては、損金に算入できます。さらに、国内に関する出張日当は消費税の課税対象となり、消費税の節税にも役立ちます。

■ 出張日当とは

　出張の場合、宿泊費・交通費の他に食事代・電話代・職場へのお土産等の細かい経費がかかりますので、出張の目的、期間、相手先、出張者の地位等により、一定額支給するというのが日当の考え方です。実際にかかった経費の実費弁済と考えられます。また、諸経費をきちんと精算しても日当を支給することができます。ただし、あくまで業務遂行に関わる分のみですので、個人旅行等の場合の日当は給与認定されるということに注意が必要です。

■ 出張日当を支給するための条件

　社内で「旅費規程」を作成する必要があり、旅費規程の中で役員や従業員の出張に際して日当を支給する旨の規定を設け、適正金額の範囲内で支給することが条件となります。支給額の目安としては次ページの図表のとおりです。
①支給額は社内のすべての役員、従業員間で適正なバランスを保ってい

ること。例えば役員・管理職・一般従業員等、職位の別により格差を設けることは構いませんが、役員だけ著しく高い場合は認められない可能性が高いでしょう。
②同規模・同業他社の支給額と比較して相当なものであることが必要です。

　出張精算書等で出張の事実を明らかにしておきましょう。出張報告を怠り、「カラ出張」とみなされないように気を付けてください。

　日当の目安は、交通費・宿泊代等の実費は別途支給される場合のものとなっています。

■日当の支給額の目安

区分	日帰り日当	宿泊日当(国内)	宿泊日当(海外)
役員	3,000円	5,000円	10,000円
管理職	2,000円	3,000円	5,000円
一般職	1,500円	2,000円	3,000円

POINT

- 旅費規程を整備すること。
- 出張は必ず実態を伴うこと。
- その証明ができるようにしておくこと。

14 決算賞与を支給する

■ **業績がよかったら決算賞与で従業員に利益を還元**

「決算賞与」は従業員に利益を還元するもので、会社の業績を見て、利益が出ていれば、臨時の賞与として支給するものです。当然、赤字なら出せませんし、たとえ利益が出ていたとしても、経営者によっては来期の投資に回すので出せないと判断する場合もあると思います。

決算賞与は、決算の日にまだ払っていなくても損金に算入できるため、節税になります。ただし、税務上は業績を見てから金額を決定することができることもあり、利益調整として税務調査時にトラブルになりやすいところでもあります。しかし、適用要件さえしっかり満たせば節税対策として非常に有効です。

節税のために決算賞与を支給するということではなく「業績次第」ということにすれば、毎期の負担になりません。また、一定以上の業績が出た場合に利益の還元として支給することを決めておけば、従業員のモチベーションも上がり、翌期以降への投資の効果も期待できます。

■ **決算賞与を未払計上するための要件**

決算賞与は決算日に未払いであっても損金に算入できますが、そのためには次の3つの要件をすべて満たす必要があります。

① **決算日までに決算賞与の支給額を、各人別に受給者全員に通知していること**

賞与通知書等を作成し、従業員に通知書を渡した日付と氏名を記入しておくとよいでしょう。

②決算日後1ヶ月以内に受給者全員に支払っていること

　銀行振込みにするか、現金払いの場合は領収書を従業員からもらいましょう。

③決算で損金経理すること

■**決算賞与支給の注意点**

　決算賞与は業績を見ながら決められるので、節税対策として非常に有効ですが、実際の現金支出を伴うものであることを認識しておく必要があります。決算書上、利益が出ていても仕入れが先行するような業種では、資金繰りの状況をきちんと把握しておかなければ、決算賞与を払ってしまったために税金を納付できなかったり、他の支払が滞ったり、会社運営上支障が出てきますので注意を要します。

　これとは逆に、税金の納付や他の支払を優先して、決算賞与の支払を後回しにしてしまい、決算日後1ヶ月以内の支給という要件を満たさないと、決算で未払計上した全額が損金に算入できなくなります。

　また、決算賞与を支給すると健康保険料や厚生年金保険料等の社会保険料がかかってきます。社会保険料は会社と従業員の折半ですので、当然会社の負担が増えることになります。

POINT

- 決算日までに受給者全員に通知すること。
- 受給者全員に決算日後1ヶ月以内に支払うこと。
- 決算で損金経理すること。

15 企業型確定拠出年金（企業型DC）を活用する

■ **企業型確定拠出年金（企業型DC）とは**

　企業型確定拠出年金（以下、企業型DC）とは、企業が掛金を毎月積み立て（拠出）し、従業員（加入者）が自ら年金資産の運用を行う制度です。平成29年（2017年）1月に制度の見直しがあり、現役世代の多くが確定拠出年金に加入できるようになりました。

　従業員は掛金をもとに、金融商品の選択や資産配分の決定など、様々な運用を行います。そして、定年退職を迎える60歳以降に、積み立ててきた年金資産を一時金（退職金）もしくは年金の形式で受け取ります。

　会社と従業員のそれぞれの目線でメリット・デメリットとなるポイントをまとめました。

【会社のメリット】
・企業が拠出した掛金は、損金として処理できる。
・拠出した分の給与は減額するが、その分、所得税・住民税・社会保険料の負担は軽くなる。
・運用リスクがない。

【会社のデメリット】
・従業員に対する投資教育をする必要がある。
・制度管理費用などのコストの負担がある。
・労使合意が必要で、社内規定等の変更が必要。

【従業員のメリット】
・会社が掛金を毎月従業員の年金口座に積み立ててくれる。
・従業員自らが年金資産の運用を行うため、運用成績によって将来受け取る退職金・年金が増える可能性がある。
・マッチング拠出部分は所得税・住民税の所得控除の対象となる（確定申告・年末調整が必要）。

【従業員のデメリット】
・原則60歳まで年金資産を引き出すことができない。
・従業員自らが年金資産の運用を行うため、運用成績によって将来受け取る退職金・年金が減る可能性がある。
・企業型DC取扱いの金融機関に関しては会社が選ぶので、必ずしも投資したい運用商品があるとは限らない。

　企業型確定拠出年金の規約に定めがあれば、企業拠出分に加えて、従業員が掛金を拠出するマッチング拠出※もあります。

※マッチング拠出とは、従業員が会社の掛金に上乗せして、企業拠出分との合計で拠出限度額である月額55,000円まで積み立てることができる制度です。

POINT

●現役世代の多くが確定拠出年金に加入できる。
●従業員にはデメリットも含めて説明をする。

16 分掌変更による役員退職金を支給する

■**退職していなくても退職金を支給できる**

　退職金は退職の事実があって、はじめて損金に算入できるものです。しかし、退職の事実がない場合でも、特別に退職金を支給できます。それが「分掌変更による役員退職金の支給」です。分掌変更とは役員の職務の変更や仕事の分担が大きく変更することをいいます。

　この分掌変更により、退職したと同様の事情にあると認められる場合とは次のとおりです。

> ①常勤役員が非常勤役員になったこと。ただし、常時勤務していない者であっても代表権を有する者および代表権は有しないが実質的にその法人の経営上主要な地位を占めていると認められる者を除きます。
> ②取締役が監査役になったこと。ただし、監査役でありながら実質的にその法人の経営上主要な地位を占めていると認められる者およびその法人の株主等で使用人兼務役員とされない役員に掲げる要件のすべてを満たしている者を除きます。
> ③分掌変更等の後における役員の給与の額がおおむね50％以上減少したこと。ただし、その分掌変更等の後においてもその法人の経営上主要な地位を占めていると認められる者を除きます。

■ **社長から会長に退く場合の注意点**

　同族会社においては、オーナー社長が高齢のため、社長を辞任して会長に就任し、代わって後継者候補である子供が社長に就任するというケースがよく見られます。その際、社長から会長に代わることに伴い、給与についても大幅に減額するものとします。

　このような場合に元社長に対して支払う役員退職金は、損金算入できるように思われますが、慎重な対応が必要です。すなわち、会長に退いた後も、引き続き経営上の主要な地位を占めているような場合には、役員退職金の損金算入はできません。元社長である会長が、依然として相当割合の株式を所有しており、経営の実権を握っている状況にある場合は、経営上の主要な地位を占めていると判断される可能性が高いと考えられます。

　分掌変更による退職金の支給で問題となるのは、あくまでも実質で判断すべきものであって、名目は関係ないということです。社長（代表取締役）から会長になったという事実だけでは、分掌変更とは言い難く、実際に分掌変更を伴うものでなければなりません。

■ **適正額の支給**

　実際に退職金を支給したときに問題となりやすいのが、退職金の金額が適正であるかどうかです。一般的に以下の功績倍率法という算式を用いて退職金を算定する場合が多いです。

$$適正な退職金＝最終報酬月額×在任年数×功績倍率$$

　この功績倍率をいくつにするかで、退職金が２倍にも３倍にもなります。主観的な判断が入るため、功績倍率の決定にあたっては、多くの資

料を集め、その数値がいかにして導かれたのか客観的な証拠をそろえておくとよいでしょう。

POINT
- 名目ではなく実質で判断すること。
- 実際に退職金を支給すること。
- 適正額を支給すること。
- 退職金規程を整備すること。

17 賃上げ・設備投資促進税制を活用する

■ **賃上げ・設備投資促進税制とは**

　雇用の一層の確保および個人所得の拡大を図り、消費需要の回復を通じた経済成長を達成するため、給与等支給額を増加させた場合、その支給増加額について、15％の税額控除が可能となります（上乗せ要件の満たす場合25％）。ただし、①解散（合併による解散を除きます）を含む事業年度および②清算中の事業年度においては適用できません。

■ **給与増加額の15％か法人税額の20％が税額控除**

　青色申告書を提出する法人が平成30年（2018年）４月１日から平成33年（2021年）３月31日までの間に開始する各事業年度において、この適用を受けようとする年度の国内雇用者(※1)に対して給与等を支給する場合において、以下の①を満たす場合には、㋑と㋺のいずれか少ない金額を法人税額から控除（法人住民税にも適用があります）することができます（大法人の場合には②も満たす必要があります）。

---

①継続雇用者給与等支給額(※2)が前事業年度比で1.5％以上増加（上乗せ要件を満たす中小企業者は2.5％）
②国内設備投資額(※3)が当期償却費総額(※4)の９割以上

㋑給与等の増加額の15％（上乗せ要件を満たす場合は25％）
㋺その事業年度の法人税額の20％

■ **税額控除の上乗せ要件**

①の要件に加え、(1)適用年度における教育訓練費$^{(※5)}$の額が前事業年度における教育訓練費の額と比べて10％以上増加していること、もしくは(2)適用年度終了の日までに中小企業等経営強化法に基づく経営力向上計画の認定を受けており、経営力向上計画に基づき経営力向上が確実に行われたことにつき証明がされていることのいずれかを満たす場合は、10％上乗せして25％の税額控除を受けることができます。（法人税額の20％が限度となります。）

(※1) 法人の使用人（法人の役員およびその役員の特殊関係者を除く。）のうち法人の有する国内の事業所に勤務する雇用者をいう。
(※2) 継続雇用者（法人の適用年度および前事業年度等の期間内の各月においてその法人の給与等の支給を受けた国内雇用者として一定のものをいう。）に対する適用年度の給与等支給額をいう。
(※3) 法人が適用年度において、取得等（取得、製作、建設）をした国内資産（国内にある当該法人の事業の用に供する機械、装置等）で当該適用年度終了の日において有するものの取得価額の合計額をいう。
(※4) 法人が有する減価償却資産につき適用年度においてその償却費として損金経理した金額の合計額。
(※5) 国内雇用者の職務に必要な技術または知識を習得させ、または向上させるために支出する一定の費用で、損金の額に算入されるもの。

POINT

● 適用事業年度および前事業年度すべての期間において一般被保険者として給与の支払いを受けた従業員のみが対象となるため、期中での採用者、退職者への給与等支給額は含まれない。
● 給与等支給額には、国外の事業所に勤務する雇用者、法人の役員およびその役員の特殊関係者（親族、家事使用人など）に対する給与等の額は含まれない。
● 新規設立法人は、前事業年度が存在しないため、適用できない。

第 3 章

決算対策に関する節税ポイント

```
******************
    決算報告書
      第〇期
   自 平成〇年〇月〇日
   至 平成△年△月△日

    株式会社〇〇〇〇
******************
```

18 短期前払費用を活用する

■前払費用と短期前払費用

　前払費用とは、会社が一定の契約により継続的に役務の提供を受けるために支出した費用のうち、事業年度終了のときにおいてまだ提供を受けていない役務に対応するものをいいます。例えば、家賃は当月末までに翌月分の支払をするのが慣習となっていますが、このような家賃の支払は前払費用になります。

　前払費用の原則的な取扱いは、支出時においては「前払費用」として資産の部に計上し、役務の提供を受けたときにおいて、損金に算入していきます。

　しかし、次の要件に該当する場合は、「短期前払費用」として支出時に損金に算入することも認められています。

> **短期前払費用となる要件**
> ①その支払った日から1年以内に提供を受ける役務にかかるものであること
> ②その支払った金額を継続してその事業年度の損金の額に算入していること

　短期前払費用の適用対象となる主な支出は次のとおりです。

> 地代家賃、リース料、賃借料、保険料、支払利息(金融資産等に投資するための借入利息は認められません)、信用保証料

■**注意する点**

　短期前払費用の支出時の損金算入による節税は、決算期末において月払いの契約を年払いの契約にすることにより、大きな効果が得られます。しかし、利益が出たから当期だけ1年分支払うというような場合は利益操作と認定されることもあるので、継続的に年払いとする必要があります。

　例えば、3月決算の場合、3月に4月分から翌年3月分を支払えば適用できますが、2月に4月分から翌年3月分を支払った場合には、「支払った日から1年以内に提供を受ける役務にかかるもの」に当てはまらないため、短期前払費用の適用を受けることはできません。

POINT

- 1年以内に役務の提供を受けるものであること。
- 継続して適用すること。

 締め後の給与の未払を計上できる場合がある

■給与をどのタイミングで費用と認識するのか

給与に関しては、支給日に損金としている会社が多いと思います。しかし一定の要件を満たせば、締め後の給与についても未払として計上し、損金算入できる場合があります。例えば、給与の計算期間を15日締め、支払日を25日としている12月決算の会社が、12月16日から12月31日までの給与を当期の損金として未払計上することができます。

■給与規程の重要性

決算で計上する未払費用が損金となるかどうかは、その事業年度終了の日までに債務が確定しているかによって決まります（債務確定主義）。

これを給与について当てはめると、仮に1月1日に従業員が会社を辞めたとしても、実際に働いてもらった期間（12月16日から31日まで）の給与は1月25日に支払わなければなりませんし、その支払額についても定められた月給に基づき日割りで合理的に算定できます。

したがって、未払給与は損金算入できます。ただし、翌期以降同様の処理を行うことから、初年度のみの節税対策となります。

未払給与について債務が確定していると主張するためには給与規程で計算期間や支給日を明らかにしておく必要があります。

■給与規程の例

> （給与計算期間および支給日）
> 第6条　給与は、前月の16日から当月15日までを一給与計算期間として締め切る。
> 2　給与は、毎月25日に支給する。ただし、支給日が日曜日または祝日にあたるときは、その前日に繰り上げて支給する。

■従業員の所得の帰属時期は

　計上された未払給与について、従業員が給与所得として収入とすべき時期は、所得税法においては、契約または慣習等により支給日が定められているものについては、その支給日とすることとなっています。
　支給者である会社は12月の費用となり、受給者である個人は1月の収入となるので、両者でズレが発生することとなりますが、これは法人税と所得税の考え方の違いに基づくものなので問題ありません。

■実務上の留意点

　未払給与は決算整理仕訳で計上し、翌期はその未払給与を1月に取り崩すことなく同じく決算整理仕訳で洗い替えましょう。理由は以下のとおりです。
①毎月未払給与を計上するのは実務上手間が掛かること。
②1月のみ取り崩すこととした場合、1月の給与が半月分減少（1月1日から15日までの分）となり、同じ理由で12月は給与が半月分増加（12月16日から12月31日分）となるので月単位の損益把握が困難になり、利益の予想が立てにくいこと。

■**役員給与の未払計上**

　役員の給与については、前記と同様の処理は行えません。役員と会社の関係は民法上の委任契約と解されており、受任者（役員）は義務履行後でなければ報酬請求権を行使できず、その期間は通常月ないし年単位であるため、日割りという概念がないからです。

POINT

- 給与規程で計算期間を明らかにすること。
- 役員給与は日割り計算できない。
- 効果はその初年度に限られること。

20 貸倒損失を計上する

■ 貸倒損失とは

貸倒損失とは、売掛債権等の金銭債権が回収不能となった際に計上される費用です。

> 売掛債権 ── 売掛金、受取手形　等
> 金銭債権 ── 売掛債権、貸付金、前渡金、保証金　等

税務上、貸倒損失の要件は厳密に定められており、次に説明する「法律上」「事実上」「形式上」の3つのケースにおけるそれぞれの金額です。決算時に以下の要件を満たすものがないか確認が必要です。

■ 法律上の貸倒れ

①会社更生法、民事再生法等の規定に基づく認可決定により切り捨てられることとなった部分の金額

②債務者の債務超過の状態が相当期間継続し、その金銭債権の弁済を受けることができないと認められる場合において、その債務者に対し書面により明らかにされた債務免除額

■ 事実上の貸倒れ

債務者の資産状況、支払能力等からみて、その全額が回収できないことが明らかになった場合、その事業年度において（債務者に担保物を提供させている場合にはその処分後に）、貸倒れとして損金経理した金額

■ **形式上の貸倒れ**

次の売掛債権（貸付金等は含みません）については、その売掛債権の額から備忘価額（１円）を控除した残額を貸倒れとして損金経理をした金額

> ①継続的な取引を行っていた債務者の資産状況、支払能力等が悪化したため、その債務者との取引を停止した場合において、その取引停止のとき、最終弁済日等から１年以上経過したとき
> ②債務者に対する売掛債権の総額が取立費用より少なく、支払を督促しても弁済がない場合

■ **損金経理要件と仮装経理**

法律上の貸倒れには損金経理要件がありません。それは会社更生法、民事再生法等の規定に基づく認可決定による切捨てまたは債権放棄という行為によって法律的に債権が消滅しているためです。

一方で、事実上の貸倒れ、形式上の貸倒れについては法人の判断によるところもあるので、損金経理して意思表示する必要があります。

注意すべきは、貸倒損失を計上するタイミングです。 事実上の貸倒れにあっては、全額が回収できないことが明らかになった事業年度において計上しなければなりません。形式上の貸倒れにあっては、１年以上経過した日、督促しても弁済がない日を含む事業年度において計上しなければなりません。恣意的にそのタイミングを遅らせると、貸倒損失の否認を受けることとなります。

■**寄附金とされないために整備すべき事項**

　回収可能性があると判断される金銭債権等につき、債権放棄した場合は、寄附金と認定される可能性があります。特に、子会社や関連会社に対する貸倒損失については上記要件を満たしているか確認が必要です。また、債務免除をする場合は、配達証明付きの内容証明郵便により債務免除通知を送付し、原本を保管しておくことが望ましいでしょう。

　債務者が債務超過である、または支払能力が著しく欠如しているなどの証明をしておく必要がある場合、決算書など債務者の財政状態を明らかにするような資料を保存しておくことが必要です。また、社内の稟議書や取締役会議事録も残しておきましょう。

POINT

- 各要件に該当することの証拠書類を残しておくこと。
- 計上のタイミングに留意すること。

21 回収困難な売掛金は減額して回収する

■貸倒損失の検討の前に

回収困難な売掛金を有しているときには貸倒損失の計上を検討することと思いますが、**法的貸倒れや回収不能の貸倒れなどの税務上の要件を満たしていない場合、減額して即時回収する**という方法もあります。

これにより、**減額分が損金算入されて節税となる**ほか、一部は入金となるためキャッシュフローの改善を図ることができます。

> 【例】今期の利益予想は2,000万円であるが、数年前から取引先のA社に対して有している回収困難な売掛金1,000万円がある。
>
> ①状況が悪化してA社が倒産した場合
> 　　節税効果＝1,000万円×税率40％＝400万円
> 　　∴キャッシュの増加＝400万円
>
> ②売掛金1,000万円を600万円に減額して回収した場合
> 　　節税効果＝400万円×税率40％＝160万円
> 　　回収額＝600万円
> 　　∴キャッシュの増加＝160万円＋600万円＝760万円

■効果は債権譲渡と同じ

不良債権を譲渡して流動化をはかる方法として債権譲渡があります。これは金融機関がよく用いる手法で、譲渡損による節税効果（無税償却）が期待できます。

けれども、担保や保証のついていない売掛債権を第三者に譲渡するのは実質的に不可能です。

債権回収が大詰めを迎えた段階で減額を条件に回収できれば、債権譲渡や貸倒損失の部分計上と同様の効果を得ることができます。

■**寄附金や交際費と認定されないために**

減額をしてでも売掛金を回収した方がいいとはいえ、債務免除は取引先においては益金に算入されます。また、債権者による安易な債務免除は取引先に対する利益供与とみなされ、寄附金または交際費と認定されるおそれがあります。

このため、減額せざるを得なかった経緯や取引先の業績が悪化していることの記録を整備しておきましょう。

子会社や関連会社に対するものは、特に注意が必要です。子会社や関連会社の破綻を回避するために行う債権放棄や無利息貸付等は、合理的な再建計画に基づくものであれば、これらの経済的利益は寄附金とはならず、損金に算入することができます。

また、平成22年（2010年）10月1日以降、100％グループ法人間において行った債権放棄等は、債権者側で寄附金課税されて損金不算入となった場合、債務者側における債務免除益は益金に算入されないこととされました。

POINT

- 売掛金の現金化による資金繰り改善の効果がある。
- 減額した合理的理由が説明できるように記録の整備をすること。

22 個別評価金銭債権として貸倒引当金を計上する

■ **貸倒引当金とは**

　貸倒引当金とは、会社が将来の貸倒れによる損失に備えてあらかじめその損失を合理的に見積もって計上する資産の控除項目をいいます。法人税では個別評価金銭債権と一括評価金銭債権とに区分され、それぞれ取扱いが定められています。不良債権が発生した場合には、個別評価による繰入れの方が繰入額が多くなります。

■ **個別評価金銭債権とは**

　個別評価金銭債権とは、その事業年度終了のときに売掛金、貸付金その他これらに準ずる金銭債権(前渡金、保証金、手付金を含む)の一部について貸倒れ等による損失が見込まれるものをいい、以下の3つが規定されています。

①会社更生法、民事再生法等の規定に基づく認可決定により、返済が猶予され、または分割払いにより弁済されるもののうち、5年以内に返済されないものの金額

②会社更生法、民事再生法等の規定に基づく手続開始の申立てがされた債務者に対する金銭債権のうち、担保処分等により取立て等の見込みがある金額を控除したものの100分の50に相当する金額

③債務超過の状態が相当期間継続し、かつ、事業好転の見通しのない債務者にかかる金銭債権の一部について、取立て等の見込みがないと認められる場合のその金額

　③は①②と異なり回収不能額を見積もるもので、相手先において債務

超過が1年以上（つまり2期以上）継続し、本業で赤字決算が続いているような場合は適用が検討できます。

■ **貸倒損失との違い**

前記③は貸倒損失の事実上の貸倒れと似ていますが、次の表に示した部分において決定的に違いがありますので、適用する際に注意が必要です。

■ **貸倒損失と事実上の貸倒れとの違い**

	③の引当金	事実上の貸倒れ
損金経理する金額	一部でも可	債権全額
担保処分	不要	担保は処分後であること

■ **会計処理について**

会計上は、①前期末の貸倒引当金をいったん全額取り崩して益金計上し、再度期末に貸倒引当金を設定する方法（洗替法）と、②前期末と当期末の貸倒引当金の繰入限度額の差額を損金または益金として計上する方法（差額補充法）がありますが、税務上は原則として洗替法によることとなります。

POINT

- 滞り債権が個別評価金銭債権に該当しないかを毎期末に必ず検討する。
- 個別評価による繰入れを優先すること。
- 平成24年（2012年）4月1日以後に開始した事業年度においては、貸倒引当金の設定対象法人に一定の制限が設けられている。

23 一括評価金銭債権として貸倒引当金を計上する

■一括評価金銭債権とは

　貸倒引当金のうち一括評価金銭債権とは、売掛金、貸付金その他これらに準ずる金銭債権（前渡金、保証金、手付金等を除く）で、貸倒損失および個別評価金銭債権に該当しないものをいいます。言い換えれば、一括評価金銭債権は健全な金銭債権ともいえます。健全なのに貸倒引当金が計上できるのですから、これを利用しない手はありません。

■貸倒引当金の計算

　貸倒引当金の計算は以下の計算式によって行います。

> 期末貸金の額※×繰入率
>
> ※期末貸金の額とは、売掛金、貸付金等の債権の額（個別評価したものを除く）から実質的に債権と認められないものを除したものです。

■貸倒実績率とは

　貸倒実績率とは、下記の算式のとおり、過去3年間の売掛債権にかかる貸倒れ（個別評価による繰入れを含む）の実績率をいいます。

$$\frac{（過去3年の貸倒損失額等の合計額）\times 12 \div 36ヶ月}{（過去3年の一括評価金銭債権の帳簿価額の合計額）\div 3年}$$

■法定繰入率とは

中小法人等は貸倒実績率に代えて以下の法定繰入率をもって計算することができます。

```
①卸売および小売業 ──────── 10／1,000
②製造業 ───────────── 8／1,000
③金融および保険業 ─────── 3／1,000
④割賦販売小売業 ──────── 13／1,000
⑤上記に掲げる事業以外の事業 ─── 6／1,000
```

■中小法人等においては有利不利判定を必ず行うこと

中小法人等（資本金1億円超の法人および資本金5億円以上の法人の完全子会社以外の法人）は、貸倒実績率と法定繰入率を比較して有利な方を選択することができます。通常は、法定繰入率の方が有利となりますが、過去3年以内に大きな貸倒損失が計上されている場合には、貸倒実績率の方が有利となる可能性が高いため、実際に貸倒実績率を算出してみる必要があります。

貸倒引当金の計上は法人の任意であるため、決算において損金経理しなければなりません。

POINT
- 貸倒引当金の計上は法人の任意。必ず損金経理すること。
- 中小法人等は貸倒実績率と法定繰入率の有利判定が必要となる。

24 棚卸資産の評価損を計上する

■実地棚卸は決算の基本

在庫を保有する会社においては、毎期必ず実地棚卸をされていると思います。実地棚卸を行うことにより、帳簿棚卸との差異分析が可能となり、在庫の管理方法や物流システムに問題がないかを把握することができます。

また、実地棚卸と帳簿棚卸に差異が生じた場合には、評価損の計上による節税効果を期待できます。

■棚卸資産の損失計上には2種類ある

棚卸資産にかかる損失計上には以下の2種類があり、それぞれ全く意味が異なります。

> ①棚卸減耗損 —— 決算日において帳簿棚卸高と実地棚卸高とに数量の差異がある(帳簿在庫数量よりも実際に数えた数量が少ない)場合に計上する費用
> ②商品評価損 —— 決算日における商品の時価が取得価額よりも下がってしまった場合に計上する費用

【例】取得価額100円の商品が帳簿上1,000個計上されていた。期末において、実際の商品が950個しかなく、商品の時価も陳腐化により80円となった。

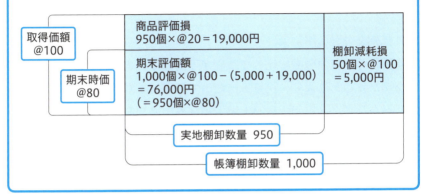

■ **評価損の計上が認められる場合**

そもそも棚卸資産の評価損益については認識をしないのが原則となっていますが、次に掲げる事実が生じた場合には、評価損の計上が認められることとなります。

①資産が災害により著しく損傷したこと
②資産が著しく陳腐化したこと
③ ①および②以外で、破損、棚ざらし、品質変化等により通常の方法で販売できないこと

POINT

- 棚卸をする際に陳腐化したものがないか確認すること。
- 新製品の販売による型落ち品は評価損の対象になること。

25 有価証券の評価損を計上する

■ 有価証券の評価損の扱い

　有価証券の帳簿価額に比べて時価が下落している場合には、一定の要件を満たすことにより、決算日において評価損を計上することができます。保有している有価証券が上場有価証券の場合と上場有価証券以外の場合とでは扱いが異なります。

■ 上場有価証券等の場合

　上場有価証券等の評価損の計上にあたっては、次の2つの要件を満たす必要があります

> ①有価証券の当該事業年度終了のときにおける価額がそのときの帳簿価額のおおむね50％相当額を下回ること
> ②近い将来その価額の回復が見込まれないこと

　特に②については判断が難しいところですが、会社が独自にこの株価の回復可能性にかかる合理的な判断を行った場合には、税務上その基準は尊重されることとなっています。
　また、専門性を有する第三者である証券アナリストなどによる個別銘柄等の見通し等を入手し、その根拠付けをしておくことが望ましいと言えます。
　同様に、第三者である監査法人に株価の回復可能性にかかる判断基準が合理的であるかのチェックを受け、継続適用することも認められてい

ます。

■ **上場有価証券等以外の有価証券の場合**

　この場合は、上場有価証券等と異なり市場での価額の低下が判断できないため、有価証券を発行する法人の資産状態が著しく悪化した場合には評価損の計上が可能となります。

　資産状態が著しく悪化したことの定義としては、以下の2つがあげられます。

> ①有価証券の発行法人について、特別清算、破産手続、再生手続の開始決定等があったこと
> ②事業年度終了の日における有価証券の発行法人の1株または1口あたりの純資産価額が当該有価証券を取得したときと比較しておおむね50％以上下回ることとなったこと

　②については、発行法人の純資産価額の計算基礎となる資料を手に入れなければなりませんので、ハードルが高いと言えそうです。取引先等に出資を要請された場合、その条件として毎期決算報告書の提出を約束させるなど、その取得時に対策を講じておくことが必要です。

POINT

- 有価証券の価額およびその回復可能性を毎期末にチェックすること。
- 時価が帳簿価額をおおむね50％以上下回ることが要件となること。

26 決算月を変更して利益を繰り延べる

■決算月をいつにするか

　事業年度とは、会社の財産および損益の計算の単位となる会計期間で、一般的には会社の定款に定める期間をいい、期間は1年を超えないものとされています。決算月は事業年度の終わりの月ということですが、これを決める場合、一般的には業務の繁忙月や利益が集中する月の手前にすると決算手続きや決算対策がしやすいと言われます。

■決算月を変更して利益を繰り延べる

　決算月を目前にして、一時的に多くの利益が計上されることとなる場合があります。例えば、立ち退きに伴う損害賠償金の収入があったり、災害または事故等による保険金の収入があったりという場合です。

　このような場合、決算までの期間が短く、十分な決算対策ができないこととなります。そこで決算月を変更することで、翌期の利益とすることにより、向こう1年かけて決算対策を講じるという方法があります。

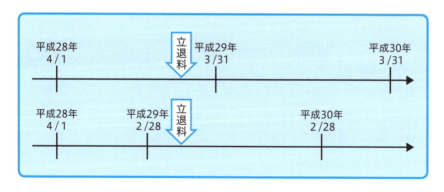

■決算月を変更して消費税の還付を受ける

　消費税の免税事業者は、消費税の納税義務は生じません。このため、預かった消費税は売上となり、支払った消費税は費用となります。そのため、大規模な設備投資を行っても還付請求はできないこととなります。そこで決算期を変更し、新しい会計期間開始前に「消費税課税事業者選択届出書」を提出することにより、還付請求が可能となります。

■決算月変更の手続き

　手続きは、（臨時）株主総会の決議を経て定款を変更（定款の再認証は不要）し、変更後すみやかに税務署、都道府県、市区町村に届出を行うことが必要です。

■行為計算の否認について

　税務署長は、同族会社等が非同族会社等では容易に行えないような異常な行為または計算を行い、法人税等の負担を不当に減少させる結果となると認められるものがあるときは、その行為または計算にかかわらず、その会社にかかる法人税の課税標準もしくは欠損金額または法人税の額を計算することができることとなっています。決算期の変更を頻繁に行うことは、このようなリスクも伴うということに注意しましょう。

POINT

- 税務署等への異動届はすみやかに提出すること。
- 議事録作成と定款の変更を忘れないこと（定款の再認証は不要）。
- 消費税の届出は、事業年度開始前に提出すること。

社会保険料の未払を計上する

■社会保険料をどのタイミングで費用と認識するか

　従業員の健康保険料や厚生年金保険料等を、社会保険料といいます。これは、標準報酬月額に保険料率を掛けた額が月額保険料となり、これを会社と従業員が折半して負担することとなっています。

　この社会保険料の会社負担分については、支払日に損金としている会社が多いと思います。しかし社会保険料は、当月分を翌月末納付（3月分は4月末）することとなっているため、当月分の社会保険料は、未払計上することにより、損金として算入することができます。

【3月分の社会保険料の処理】

現金主義 ── 3月の会社負担分は4月末に計上
発生主義 ── 3月の会社負担分は3月末に計上

■社会保険料の計算期間

　社会保険料は月末に在籍している従業員が対象となります。よって3月1日入社の従業員も3月31日入社の従業員も3月分の社会保険料が発生することになります。同じ理由で3月31日に退社した従業員については社会保険料が発生しますが、3月30日に退社した従業員については3月分の社会保険料が発生しないこととなります。

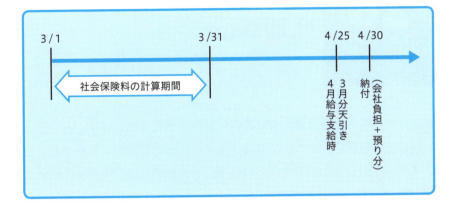

POINT

- 決算月の翌月納付分の社会保険料のうち、会社負担分を未払計上すること。
- 決算日が土日にあたる場合、2ヶ月分が未払計上となること。

28 含み損がある有価証券を売却する

■売買目的有価証券以外の有価証券に含み損がある場合

　税法上、売買目的の有価証券は、決算時に時価で評価し損益を計上しますが、売買目的有価証券以外の有価証券の評価損は、決算時の株価が帳簿価額の50％相当額を下回り、かつ、近い将来その価額の回復が見込まれないことなどの厳しい要件があります。

　そこで、この要件を満たすことはできませんが、含み損が発生している有価証券は、決算前に実際に売買することによって、損失を計上し利益を減少させることができます。

■損益を認識するのはどの時点なのか

　有価証券を譲渡した場合の譲渡損益の計上時期は、原則として契約をした日、いわゆる約定日となります。決算日までに契約を済ませれば引渡しや決済は翌期になっても問題ありません。

■クロス取引は売却損を計上できない

　有価証券を売却した直後に同一の有価証券を購入した場合をクロス取引といいます。法人税法の基本通達において、売却と再購入が同時の契約である場合、売却した有価証券のうち再購入した部分は、その売却がなかったものとして取り扱われます。

　契約が同時ではない場合でも、この契約が予定されたものであり、売却価額と購入価額が同一となるように設定されているとき、または売却の決済日と購入の決済日との間にかかる金利調整のみを行った価額にな

るよう設定されているときは、同時の契約があるものとして取り扱われます。

■ **売却先の検討**

上場有価証券は証券会社を通して売却することができますが、現実問題として非上場会社の株式は売却する相手を探すのが大変です。結果としてグループ会社やオーナーとの取引になってしまいます。

その場合には、取引価額を通常の取引価額（時価）とする必要があります。

■ **有価証券の売却と消費税**

消費税の計算において有価証券の売却をした場合、売却価額の5％を非課税売上として認識し、課税売上割合を計算しなければなりません。売却価額が多いときは注意です。

POINT

- 評価損を計上できない有価証券は実際に売却してしまうこと。
- 譲渡損益の計上時期は約定日に行うこと。
- クロス取引の場合は、売却がなかったものとされる。

29 仮払金を精算し期末に残高を残さない

■仮払金の精算

役員や従業員が出張するときに掛かる費用の見込額を、仮払金として支払うことがあります。仮払金は、実際に支払った経費の内容や金額が確定したときに、適正な科目に振り替えて、精算しなければなりません。精算することにより損金算入され、利益を減少させることができます。

仮払金勘定は不確定な科目です。決算期末にできるだけ仮払金の残高を残さないようにすべきです。

■法人税と仮払金

交際費や寄附金に振り替えるべき支払いを仮払金のままにしていた場合、法人税の計算上調整が必要になります。交際費や寄附金については精算しなくても損金不算入計算の対象となります。また、他の科目の経費についても精算したときに損金になるのではなく、実際に購入したときや役務の提供を受けたときに損金になるので、注意が必要です。

POINT

- 仮払金は未確定な科目のため、内容や金額が確定したらすぐ精算すること。
- 精算が遅れたら法人税の計算上、調整が必要となる。

第 **4** 章

減価償却資産に関する節税ポイント

30 減価償却資産を購入する

■ **減価償却資産であっても取得時に損金算入ができる**

　取得価額が10万円未満の減価償却資産は、全額損金に算入できますが、10万円以上の場合は資産計上し、法定耐用年数に応じて損金算入していきます。ただし10万円以上20万円未満の減価償却資産は、一括償却資産として３年間で均等償却により損金算入する方法も選択できます。

　さらに、資本金１億円以下の法人（大規模法人に発行済株式の50％以上を保有されている法人等は除く）かつ常時使用する従業員の数が1,000人以下の法人は、10万円以上30万円未満の減価償却資産は、一事業年度で合計300万円まで全額損金算入することができます（平成30年（2018年）３月31日までに取得したものに限ります）。

■ **減価償却資産の選択可能な損金算入方法**

固定資産の取得価額	①資産計上	②少額減価償却資産	③一括償却資産（３年で均等償却）	④全額当期の損金に算入
10万円未満	○		○	○
10万円以上20万円未満	○	○	○	
20万円以上30万円未満	○	○		
30万円以上	○			

○が選択可能な方法です。

■ 支出はあくまで必要なものを

翌期購入する予定の減価償却資産があれば、期末までに購入することにより有効に節税を図ることができます。ただし、節税のことばかり考えて不要な減価償却資産を購入してしまうと、無駄な資産が手許に残りかねません。税金を支払った方が自由に使える手許資金を残すことができるという結果になったら本末転倒です。あくまでも近い将来発生する可能性が高い支出の前倒しと考えるべきでしょう。

■ 減価償却資産にかかる税金

減価償却資産（建物、車両などを除く）を購入すると、償却資産税が課せられます。これは毎年1月1日に所有している償却資産について課されるもので、1月31日までに申告を行い、年4回に分けて納付することになります。この償却資産税ですが、10万円未満の全額損金算入した減価償却資産と一括償却資産は課税の対象外です。10万円以上30万円未満の少額減価償却資産は償却資産税の課税対象となります。

■ 減価償却費は任意

法人税法においては減価償却費は任意計上となっています。このため、いったん資産として計上し、現状の損益と将来の収益の見通しによって、損金算入をすべきか資産計上すべきか、毎期検討しましょう。

POINT

- 資本金1億円以下の中小企業者（大企業の子会社等は除く）は、一事業年度で合計300万円まで、30万円未満の減価償却資産を全額損金算入できます。
- 30万円未満の減価償却資産は処理方法の選択が可能です。

31 固定資産の修理は修繕費として損金算入する

■ 固定資産の修理などの支出金額

固定資産の修理・改良のために支出した金額には、固定資産の取得価額に加えられる「資本的支出」と、その支出事業年度で一時に損金の額に算入される「修繕費」とがあります。

節税対策の面ではできる限り「修繕費」として損金算入したいところです。

【例】修繕費と資本的支出での比較

事務用機器補修で30万円支出（耐用年数6年、当初3年間のみ例示）

(単位：円)

	修繕費	資本的支出（器具備品）
1年目	300,000	99,900
2年目	0	66,633
3年目	0	44,444

初期段階では修繕費として処理した方が節税効果が大きくなります。

■ 修繕費と資本的支出

修繕費とは、維持管理および原状回復を目的とするもの、ならびに災害により損傷した固定資産を元に戻すために支出したものなどを言います。

資本的支出とは、修理したことにより使用可能期間が延長し、資産価値が高まるものを言います。

例を挙げましたが、実務上判断が困難な場合があるので、次ページの図のような形式基準が設けられています。

> 【修繕費と資本的支出の例】
> 修繕費の例
> ・建物の壁の塗装費用
> ・LEDライトへの取替費用
> ・ソフトウェアのプログラム修正等を行った場合において機能上の障害の除去、現状維持のための費用等
>
> 資本的支出の例
> ・建物の避難階段取り付け
> ・倉庫から事務所へ用途変更するための補修工事
> ・ソフトウェアのプログラム修正等を行った場合において、新たな機能の追加または機能の向上等に該当する費用等

■ **最終的には修繕費でも資本的支出でも経費となる**

最終的に損金となる点では「修繕費」でも「資本的支出」でも同じですが、資金繰りの関係で、当期に多額の納税が困難である場合は、修繕費に該当するかどうか判定し、一括して損金となるように処理する必要があります。

また修繕費とした判断根拠を残しておくことで税務調査等での否認されるリスクを軽減することができます。その際、関連資料に、資本的支出を想定させる文言を使用しないなどの考慮が必要です。

■資本的支出と修繕費の区分判定

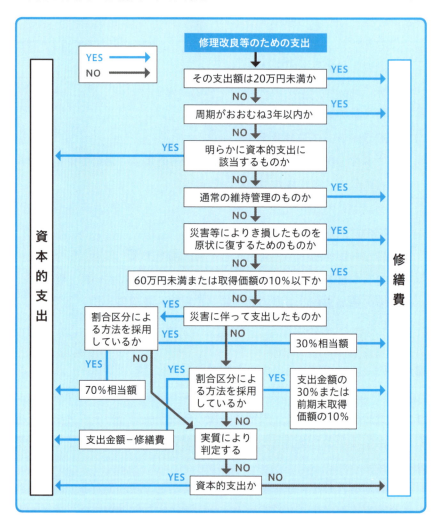

POINT

● 固定資産の修理の場合は修繕費に該当するかチェックすること。
● 判断に迷う場合は形式的基準で判定すること。

32 共同オフィスの固定資産は共同で購入する

■共同オフィスでの固定資産購入

2社以上で共同オフィスを使用している場合における固定資産の購入は、取得価額を各社の持ち分割合で判定することができます。

共同資産を各社の持ち分割合で按分した結果、10万円未満（一定の要件のもとでは30万円未満）であれば、その会社の持ち分は全額損金算入ができることになります。

■賃貸借と比較してみよう

経費削減のため、各社が共有する複数の資産をそれぞれ単独購入して他の会社に貸し合うより、共同購入した方が事務負担も軽減されます。

【単独購入の例】

A社が備品（27万円　耐用年数5年）を購入し、B社とC社に賃貸借した場合（両社とも賃借料年額4.5万円）

A社の損益

使用料収入9万円／減価償却費10.8万円

損益　　　　△1.8万円

B社、C社の損益

資産使用料　4.5万円

この場合、B社C社ともに45,000円の経費が計上されることになります。また、各取引において賃貸借契約を締結、合理的な賃借料の設定

が必要となり、経理事務負担の増加などが考えられます。

> 【共同購入の例】
> 27万円の備品を3社で共同購入した場合
> ・A社　持ち分1/3　　27万円×1/3＝9万円
> ・B社　持ち分1/3　　27万円×1/3＝9万円
> ・C社　持ち分1/3　　27万円×1/3＝9万円
> よってA社・B社・C社ともに全額損金算入

　共同購入の場合は持ち分で按分します。上記の場合は各社とも10万円未満となるので、支出額全額を当期の損金に算入することができます。

■**合理的な書類の整備が必要**

　共同購入の場合は、契約書や覚書などの形で、使用面積や使用量、人数などについて、持ち分の割合を示す証拠を残しておく必要があります。
　また、一定の固定資産を取得した場合に適用される特別償却も、それぞれの持ち分で適用を受けることになります。

POINT

- 共同購入の資産計上額は持ち分で判定すること。10万円未満であれば一時に損金算入できる。
- 特別償却なども持ち分按分後の価額で判定すること。
- 持ち分割合の算定には客観的・合理的な理由が必要となる。

33 建物や車などの固定資産は購入費用を区分計上する

■建物や車両を購入したとき

建物や車両などを購入したときに、支払額の全額を1つの資産として計上せず、内容により区分して費用計上することにより節税ができます。

■建物を購入した場合

建物の耐用年数は長いため、毎期損金として計上できる金額はわずかです。建築請負契約書を確認し、建物付属設備に該当する資産を抜き出し、建物とは別に資産計上することで、建物より短い耐用年数で償却することが可能となります。具体的には、「電気設備」や「給排水設備」などの建物付属設備が該当します。

次の例では、建物と建物付属設備を分けた結果、取得した事業年度において、損金算入額に37,600円の差が出ることになります。

【例】電気設備工事が80万円であった場合

科目	細目	構造	償却方法	耐用年数	償却率	減価償却費
建物	事務所用	鉄筋コンクリート造	定額法	50年	0.020	16,000円
建物付属設備	電気設備		定額法	15年	0.067	53,600円

■土地付き建物を取得した場合

マンションやビルなどの土地付き建物を購入したときには、契約書に土地の価額と建物の価額が明記されていない場合があります。その際に

は、土地と建物の取得価額を区分する必要があります。

合理的な区分方法としては時価がありますが、時価の把握は困難なため、建物の建築価額等により算定します。また不合理でない限り固定資産税評価額や相続税評価額などで区分する方法も認められています。

土地と建物の決定的な違いは減価償却の有無です。土地は非減価償却資産なので、合理的な範囲で建物の区分を多くすると節税が見込めます。

■ 車両を取得した場合

車両の購入明細を見ると、本体以外に様々な代金があります。原則的にはすべて車両の取得価額となりますが、税務上は取得価額に算入せず、全額その事業年度の損金とする処理も認められているものもあります。

> **個別計上が可能な代金**
> 自動車取得税・重量税、自賠責保険料、検査登録費用、車庫証明費用

次の費用は原則的に取得価額に含めなければなりませんが、購入後に装着した場合は、例外的に個別の資産または費用として処理が可能です。

> **取得価額に含めなければならない費用**
> カーステレオ、カーナビゲーション、カーエアコン

POINT

- 契約書を確認し、区分計上可能な費用を抜き出すこと。
- 土地は非減価償却資産のため、土地建物一体の取引は建物として多額に計上できる方法を検討すること。
- 車両の備品は購入後に装着した場合、別途損金算入が可能となる。

34 リース取引を検討する

■リース取引とは

　リースは、設備資金を借りるのではなく、設備そのものを賃借する取引です。もとは設備資金調達の代替手段として構築されたもので、その取引の仕組みや契約の内容は通常の賃貸借とは異なっています。よって、支払うリース料は様々な要素から構成されることになります。

■リース料の算式

　リース料の算式は一般的に次のとおりです。

> リース料総額＝基本額（購入価額－見積残存価額）＋金利＋固定資産税＋保険料＋手数料＋利益

　リース会社も通常、物件の購入資金を金融機関から調達します。この資金には当然金利が伴います。リース会社の調達金利に一定の率を加えたものが、ここでの「金利」となります。この利率をいくらにするかがリース料を大きく左右することになります。「手数料」は、リース会社の販売費・一般管理費、「利益」はリース会社の利益にあたる部分です。
　「金利」「手数料」「利益」は、自己資金で設備投資をした場合は通常発生しない項目です。
　資金力が乏しい、あるいは信用力が低い企業などは、設備資金を十分に確保しにくいので自己資金や借入金によって設備投資をするのではなく、リース取引を設備投資手段と考える場合もあるでしょう。

「リース」と「借入金による購入」、どちらが税務上有利となるかは一概にはいえません。以下のような条件でシミュレーションしてみると、購入による場合は、早期に多額の減価償却費を計上できることがわかります。

【例】リースと借入金による購入の比較

【前提条件】

①リース取引：リース期間5年

　リース料総額172万800円（150万円×リース料率1.912%）

②購入：耐用年数5年（定率法）購入価額150万円

減価償却費の計算

（単位：円）

	①リース取引	②購入
1年目	344,160	600,000
2年目	344,160	360,000
3年目	344,160	216,000
4年目	344,160	162,000
5年目	344,160	161,999

■**資金繰りも考慮しよう**

　上記の例の場合、減価償却費としての計上時期のみで判断すると購入の方が有利ですが、リース取引は、現金支出がリース期間全部にわたり発生し、購入のように一時に現金が支出することはないため、資金繰りの面では有利です。また、借入金による購入の場合は、利息の支払いも加味する必要があります。

　リース取引のメリットとして、車両の場合は保険料や自動車税の管理の手間が省けます。ただし、前述のとおりリース取引の場合はリース料

に金利・手数料等が含まれますので、その点も加味してリース取引か購入か検討することになります。

POINT
- 自己資金に問題がない場合は購入の方が有利となる。
- リース取引は固定資産税や保険料等の管理が省略できる。

35 特別償却と税額控除を活用する

■ **政策的な減税の要件を満たすか判定しよう**

　税法において定められている一定の資産を取得した場合は、通常よりも多く減価償却費を計上できる特別償却という制度があります。

　また、特別償却の適用を受けない場合には、算出した税額から一定額を控除する税額控除という制度があります。

　これらは政策的な減税の一種であり、要件を満たすかどうか判定をし、もれなく実施することで節税効果が見込まれます。

■ **特別償却とは**

　特別償却とは、通常の減価償却費に上乗せをして、追加で減価償却費を計上できる制度をいい、種類は様々です。例えば、中小企業者等が新品の「特定機械装置等」を取得した場合には、通常の減価償却費に加え、取得価額の30％を特別償却費として計上することができます。

　なお、通常の減価償却費は償却不足額が生じた場合に繰り越すことはできませんが、特別償却不足額については1年間の繰越が認められています（青色申告書を提出している会社に限ります）。

　償却費が早期に多額に計上されるのみで、最終的に損金に算入される総額そのものは変わらないので、早期に税額の軽減を受けるという意味での節税となります。

■ **税額控除とは**

　税額控除とは、特別償却を選択しない場合に、供用年度の法人税の額

から下記のいずれか少ない方の金額を控除することができます。（例として、中小企業者等が特定機械装置等を取得した場合を想定）

①取得価額の7％
②事業供用年度の法人税額の20％

なお、控除不足額（②＜①の場合）については1年間の繰越控除が認められています。

■ **特別償却と税額控除、どちらが有利か**
次の例で、有利不利を考えてみましょう。

【前提】
特定機械装置等の取得制度を利用した1年目のみ比較
機械2,000万円（耐用年数10年　定率法0.200）
特別償却
特別償却限度額　2,000万円×30％＝600万円
税率を30％とすると　600万円×30％＝180万円　当期節税額
税額控除
2,000万円×7％＝140万円　法人税から控除　当期節税額
　（どちらを選択した場合でも、普通償却限度額は、
2,000万円×0.200＝400万円となります。）

上記の例で比較すると、特別償却の方が当期においては節税効果があります。
特別償却は前にも説明したとおり、減価償却費の早期計上に過ぎないので、**一般的には法人税額そのものから控除できる税額控除の方が有利**

といえるでしょう。ただし税額控除も法人税額の20％が限度となるので、法人税そのものが発生しない場合は効果がありません。
　選択にあたっては、利益計画も見込んで十分な検討が必要です。

POINT
- ●特別償却と税額控除は選択適用となる。
- ●時限立法であるので適用期限に注意すること。
- ●償却不足額・控除不足額は１年間繰り越せることも考慮すること。

36 中古資産を購入する

■ **中古の減価償却資産は新品より短い耐用年数で償却する**

　新品同様の中古品も市場に出回り、新品の半額近い金額で購入できる場合もあります。中古の減価償却資産を取得した場合、新品より短い耐用年数で償却することができ、購入金額によっては、新品で購入した場合に相当する償却費の計上が可能な場合があります。

　耐用年数の算定方法は次のとおりです。

> ①使用可能期間（残存耐用年数）を見積もる
> ②簡便法により見積もる

　①の見積もりは困難であるため、実務上は簡便法が広く採用されています。簡便法による算式は次のとおりです。

> ・法定耐用年数の全部を経過した資産──法定耐用年数×20％
> ・法定耐用年数の一部を経過した資産──（法定耐用年数－経過年数）＋経過年数×20％

> 【例】法定耐用年数6年の車両で、3年経過した中古資産を購入した場合の簡便法による見積もり耐用年数の算定。
> 　　（6年－3年）＋3年×20％＝3.6年 ⇨ 3年

■見積もり耐用年数は原則として後から変更できない

どちらを選択した場合でも、中古資産を取得して事業の用に供した事業年度において耐用年数を算定しなければなりません（その後の事業年度で変更することはできません）。

例外として、法定耐用年数が改正になり、従来適用していた見積もり耐用年数より短い場合は、再見積もりによる変更が可能となります。簡便法を選択している場合は、改正後の規定が適用される最初の事業年度において、改正後の法定耐用年数を基に再計算することができます。

■新品の償却費に近い償却費になる例

新品価格の半額の中古資産であっても、新品とほぼ同額の減価償却費を計上できる場合があります。

> 【例】法定耐用年数6年の車両で、3年経過した中古資産の簡便法による見積もり耐用年数は3年です。この車両を新品で取得した場合は500万円、中古で取得した場合は250万円でした。
> ・新品 —— 500万円×0.333＝166.5万円
> ・中古 —— 250万円×0.667＝166.75万円

中古でも性能が落ちない資産や、売却する場合に相場があまり崩れない資産（高級車両など）を取得する際には効果的な節税策といえます。

POINT
- 中古の耐用年数は新品より短い耐用年数を使用できる。
- 事業の用に供したときに耐用年数の見積もりを行うこと。
- 中古資産の購入時に改良費を支出した場合は、法定耐用年数が適用される場合がある。

37 使用しない減価償却資産を有姿除却とする

■実際に存在する減価償却資産を除却損として計上

　減価償却資産は、時の経過に伴い法定耐用年数に応じ減価償却により損金算入していきます。しかし、事業で使用している資産に限られているため、事業に使用していない資産については、減価償却費を計上することは認められません。

　減価償却資産として資産計上し、最初は使用していたものの、利用価値がなくなって使用されなくなったものは、減価償却もできず、ただ資産計上されているケースがあります。例えば、古い机、ロッカー、パソコンなどです。処分にも費用がかかるために放置されているのではないでしょうか。こうしたものは、一定の要件に該当する場合には、実際に処分しなくても「有姿除却」として損失を計上することが可能です。

■有姿除却が認められる要件

　有姿除却が認められるには、次のいずれかの要件を満たす必要があります。

> ①現在使用しておらず、今後も事業に使う可能性がないと認められるもの
> ②特定の製品生産のための金型で、その製造を中止したため将来も使用する見込みがないこと

　ポイントは、いずれも将来使用する見込みがないということです。

■**将来使用する見込みがないとは**

　ここで問題となるのは、将来使用する見込みがないことをどのようにして証明するかということです。

　廃棄や処分とは異なり、第三者に対して証明することは困難かと思われますので、内部資料を作成しておく必要があります。

　例えば、「固定資産廃棄伺い書」という書類を担当者から社長に提出し、承認をもらい税務上の処理を行うという流れをつくります。

　この伺い書には、使用しなくなった理由、将来使用しないという結論に至った経緯を記載します。作成するポイントは、第三者にわかりやすく納得できる内容に記載することです。

　なお、その後の税務調査でその資産に利用価値があると認められる場合は、除却損が否認される場合がありますので注意が必要です。

POINT

- 実際に存在する減価償却資産でも、将来使用しないものは除却損を計上することができる。
- 期末に、使用していない減価償却資産でこの先も使用しないものがないか見直すこと。

38 固定資産税の減免の特例を活用する

■一定の固定資産税が最大で3年間ゼロになる

　この制度は、市区町村から認定を受けた法人が固定資産を取得した場合に、その固定資産税が3年間にわたり最大でゼロになる制度です。

　例えば、適用対象となる事業用設備（機械装置等）2,000万円を取得した場合には、1年目に約248,000円、2年目に約192,000円、3年目に約148,000円が免除となります。（税率1.4％を基にした概算です。）

　この制度の適用を受けるためには、事前に以下の証明書と確認書を取得しておく必要があります。

必要な手続き	手続き方法
工業会等による証明書	設備メーカー（一般的には購入元）より取得
事前確認書	認定支援機関（会計事務所、銀行等より取得）

■固定資産の特例の申請の流れ（東京23区の場合）

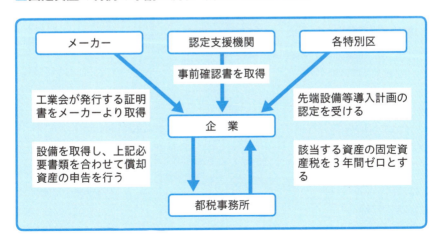

■**対象となる固定資産設備**

以下の3要件を満たす必要があります。

①生産性向上に資するものの指標が旧モデルと比較して年平均1％以上向上してるもの
②生産、販売活動等に直接使用する設備であること
③中古資産でないこと

設備の種類	最低取得価格	販売開始時期
機械及び装置	160万円以上	10年以内
工具（測定工具、検査工具）	30万円以上	5年以内
器具および備品	30万円以上	6年以内
建物附属設備(※1)	60万円以上	14年以内

※1　償却資産として課税されるものに限る
※市区町村によって対象が異なる場合がある。

POINT

●大きな設備投資計画がある場合は、事前に減免対象かどうか確認。
●減免を進める場合は、各機関から取得する書面に漏れや不備がないように。

第 5 章

交際費等に関する節税ポイント

39 交際費の限度額を有効に使う

■交際費等とは

　交際費等とは、交際費、接待費、機密費その他の費用で、会社が、その得意先、仕入先その他事業に関係のある者等に対する接待、供応、慰安、贈答その他これらに類する行為のために支出する費用をいいます。

　会社が交際費として処理しているものの中に、交際費として処理しなくてもいいものが含まれていないか検討してみましょう。

■交際費等の税務上の取扱い

　資本金の額または出資金の額が１億円を超える会社については、交際費等の金額の全額が損金不算入となります。また、資本金の額が５億円以上の会社の100％子会社である場合には全額損金不算入となります（接待飲食費の額の50％相当額は損金の額に算入できます）。

　資本金の額または出資金の額が１億円以下の会社については、交際費等の額のうち、800万円以下の金額に対する全額が損金算入され、800万円を超えた部分の金額は損金不算入となります。

> 【例１】 支出交際費が700万円の場合
> 　　損金算入額　　700万円×100％＝700万円
> 　　損金不算入額　700万円－700万円＝0円
> 【例２】 支出交際費が900万円の場合
> 　　損金算入額　　800万円×100％＝800万円
> 　　損金不算入額　900万円－800万円＝100万円

■交際費の損金算入限度額を有効に使うためには

年800万円の交際費の損金算入限度額を有効に使うためには、下記のような方法が考えられます。

①支出形態を見直す

以下の支出は原則として交際費となりますが、支出形態を見直すことで交際費から除くことができます。詳しくは参照ページをご覧ください。

> 【例】
> ・得意先との飲食費用（119～120ページ）
> ・得意先を旅行に招待する際にかかった費用（121～122ページ）
> ・取引高の多い得意先に対して渡す金銭または物品（31～32ページ）
> ・一般消費者にモニター活動の謝礼として支払う金銭または物品（123～124ページ）
> ・顧客を紹介してくれた人に謝礼として渡した金品等（125～126ページ）

②交際費の限度額は繰り越せないことを認識しておく

800万円の損金算入限度額を当期において使い切らなかったとしても、翌期に繰り越すことはできません。よって、限度額が余っている場合で、いずれ支出すべき交際費があれば、当期に交際接待を行うようにするといいでしょう。交際費は支出時ではなく、接待等を行った事業年度に認識するので、未払いであっても交際費に含めることができます。

■平成26年（2014年）度の税制改正による変更

平成26年（2014年）度の税制改正により、交際費等のうち飲食その他これに類する行為のために要する費用（社内飲食費を除きます。以下「飲食費」といいます）の額のうち、50％に相当する金額は損金の額に

算入することとされました。

　なお、中小法人については、接待飲食費の額の50％相当額の損金算入と、従前どおりの定額控除限度額までの損金算入のいずれかを選択適用することができます。

【飲食費とは？】

・社内飲食費（もっぱら当該法人の役員もしくは従業員またはこれらの親族に対する接待等のための支出）は含まれません。
・1人当たり5,000円以下の飲食費で書類の保存要件を満たしているものについては、従前どおり交際費等に該当しないこととされています。
・飲食のための会場費、弁当代などはこれに含まれます。
・次のような飲食費は含まれません。

> ゴルフや観劇、旅行等の催事に際しての飲食等に要する費用
> 飲食物の詰め合わせを贈答するために要する費用
> 接待等を行う飲食店等へ得意先等を送迎するために支出する送迎費

POINT

- 資本金は1億円以下に設定することで有利となる。
- 交際費にしなくてもよい支出を交際費にしていないか確認すること。

40 飲食費は1人あたり5,000円以下にする

■1人あたり5,000円の飲食費とは

　得意先との飲食費は通常交際費となりますが、1人あたりの支出額が5,000円以下であるものについては、交際費等に含めなくてよいこととなります。消費税については、税込経理している場合は税込5,000円以下、税抜経理の場合は税込5,400円以下であれば損金算入可能です。

■書類の保存

　交際費から除外するために、次の事項を記載した書類を保存しておく必要があります。

> ①飲食等の年月日
> ②飲食等に参加した得意先、仕入先その他事業に関係のある者等の氏名または名称およびその関係
> ③飲食等に参加した者の数
> ④その費用の金額ならびに飲食店の名称および所在地

■飲食費についての注意点

　飲食費については、次のことに注意しましょう。

①社内飲食費は対象とならない

　社長と従業員（親族含む）が飲食をして、1人あたり支出額が4,000円だったとしても交際費から除くことができません。ただし、関係会社

の役員や従業員等は社外の人間に該当するため、交際費から除かれます。

②2次会はお店を変えて行う

　1次会の後にお店を変えて2次会を行った場合、5,000円基準の判定は、1次会と合算して計算する必要はありません。ただし、同じお店でいったん締めて続けて行う場合は、合算した金額で判定することになります。交際費とならないように注意しましょう。

■飲食費精算表の例

飲食費精算表		
平成××年度		名 ○○ ○○
飲食年月日：		
参加者（計：　　名）		関係
飲食店名		住所

POINT

- 社内関係者だけの飲食は該当しないこと。
- 明細を記載した書類を保存すること。

41 取引先との旅行を研修扱いとする

■ 旅行の交通費、宿泊費が交際費から除かれる

　得意先と旅行に行くための参加費用、もしくは旅行に招待するための費用を交際費として処理していませんか。税法では次のような場合は交際費に含めなくてよいとされています。

> 「製造業者又は卸売業者が特約店その他の販売業者を旅行、観劇等に招待し、併せて新製品の説明、販売技術の研究等の会議を開催した場合において、その会議が会議としての実態を備えていると認められるときは、会議に通常要すると認められる費用の金額は、交際費等の金額に含めないことに取り扱う」（措通61の4⑴－16）

　上記の通達によると、**得意先と研修旅行をした場合、往復の交通費は研修費として全額損金算入できます。また、宿泊費は研修に要した日数により按分し、研修費と交際費に区分します。**ただし、宴会費は交際費となります。

　研修に要した費用を損金算入するためには、研修を実施した実態を証明する必要があります。行程表、議事録、プレゼンテーションの資料、研修アンケート等を整備しておくようにしましょう。

【例】
得意先10名を招待し、4泊5日の海外旅行を実施。かかった費用は、航空運賃80万円・宿泊費50万円・宴会費20万円。

旅行のみの場合
⇨ 全額交際費（150万円）
- 航空運賃　80万円
- 宿泊費　　50万円
- 宴会費　　20万円

上記旅行中に2日間研修等を行った場合
⇨ 交際費50万円
- 航空運賃　0円
- 宿泊費　　30万円（50万円×3／5日）
- 宴会費　　20万円

⇨ 研修費100万円
- 航空運賃　80万円
- 宿泊費　　20万円（50万円×2／5日）
- 宴会費　　0円

　上記の例では、旅行中に研修を行うか否かで、交際費の額に100万円の差が出てきます。得意先を旅行等に招待する場合には、研修や会議等をあわせて行うと、節税効果があるということなのです。

POINT
- 招待旅行を行う場合は研修等をあわせて実施すること。
- 実態を証明できるように研修資料等の整備をしておくこと。

42 広告宣伝費を利用して交際費を減らす

■ **交際費にならない広告宣伝費**

広告宣伝費とは、商品・サービス等会社を広く売り込むための広告や宣伝にかかる費用のことです。今まで交際費として処理してきたものの中で、広告宣伝費に該当するものが含まれていないかチェックしてみてはいかがでしょうか。

広告宣伝費と交際費とを区分するポイントは、不特定多数の者に対する支出か否かによります。税法では次ページのものなどは交際費に含まれず、広告宣伝費となります。

一般消費者への旅行、観劇等の招待は、交際費とはなりません。得意先など特定の者に対しての旅行、観劇等の招待費用は、交際費となります。

例えば、医薬品メーカーが医師や病院を対象として行う招待旅行は、対象が特定されているため、一般消費者への招待には該当しません。しかし、特定の者に対するものでも、社名入りのカレンダー、手帳、タオル等を贈与するための費用は、交際費には該当しません。

■交際費に含まれず広告宣伝費となるもの

①製造業者や卸売業者が、抽選により、一般消費者に対し金品を交付するための費用または一般消費者を旅行、観劇等に招待するための費用

【例】食品製造会社が消費者に抽選で旅行に招待するための費用

②製造業者や販売業者が、一定の商品を購入する一般消費者を旅行、観劇などに招待することをあらかじめ広告宣伝し、その商品を購入した一般消費者を招待するための費用

【例】キャンペーン期間中に、一定金額以上の車両を購入した一般消費者全員を海外旅行に招待する費用

③得意先などに対して見本品や試用品を提供するために通常要する費用

【例】化粧品販売会社が無料お試しセットを配布する費用

④製造業者や卸売業者が、一般消費者に対して自己の製品や取扱商品に関してのモニターやアンケートを依頼した場合に、その謝礼として金品を交付するための費用

【例】ビール製造会社が新商品を開発し、発売前に消費者にモニターやアンケートを依頼した際に支払う金品

POINT

●不特定多数の者に対する広告宣伝費用は交際費に該当しない。

43 顧客紹介の謝礼を支払手数料とする

■ **顧客紹介に対する謝礼が交際費とならないように**

お客様を紹介していただいた方に対し、その成約のお礼として紹介料等を支払うことがあります。この支出は、原則として交際費となります。

例外として、**以下の要件を満たしている場合には、交際費に該当せず、支払手数料等として損金に算入することができます。**

> 【支払手数料等として損金算入できる要件】
> ①その金品の交付が、あらかじめ締結された契約に基づくものであること
> ②提供を受ける役務の内容が、当該契約において具体的に明らかにされており、かつ、これに基づいて実際に役務の提供を受けていること
> ③その交付した金品の価額が、その提供を受けた役務の内容に照らし相当と認められること

①については、必ずしも契約書を結ぶ必要はなく、書面等で通知して周知されていれば、契約と同等の効力があります。例えば、お客様紹介キャンペーンなどのチラシの提示や配布でも条件を満たします。

支払手数料等として損金算入できる具体例としては、次ページのようなケースがあります。

【支払手数料として損金算入できる具体例】
①建築会社が、あらかじめ締結した契約に基づき、設計事務所に支払う紹介料
②車のディーラーが、既存の顧客から顧客紹介キャンペーンに基づき、購入希望者の紹介を受け、成約した場合に支払う紹介料

つまり、お客様を紹介していただいた方に対して飲食代を支払ったり、菓子折りを渡したりすれば交際費になりますが、情報提供料としての金品であれば交際費にならないのです。

■ 情報提供料を支払う際の注意点
　紹介料等を実際に払う際には、払う相手によってあらかじめ締結した契約の金額を変えたりしてはいけません。支払者の裁量によって金額を変えたりしていると交際費として認定される可能性が高くなります。

■ 個人が情報提供料を受け取った場合の注意点
　個人が受け取った情報提供料は雑所得となります。ただし、一般のサラリーマンであれば、給与所得以外の所得の合計額が20万円以下である限り確定申告の必要はありません。

POINT
●情報提供料を支払う際には、契約書を結ぶか、チラシ等で周知すること。

44 寄附金の損金算入限度額を活用する

■寄附金とは

寄附金とは一般的に、町内会や神社の祭礼への寄附等、反対給付を伴わないもの（見返りを期待しない支出）が該当します。税務上の寄附金はその範囲が広く、金銭の贈与の他、経済的な利益の無償の供与、債権放棄や低額譲渡を行った場合も寄附金と認定されることがあります。

■寄附金は原則的に損金とならない

寄附金は対価性がないなどの理由から、本来は損金不算入とすべきものですが、事業遂行上必要な寄附もあるため、一定の限度額を設けて損金算入を認めています。次ページの損金算入限度額を見るとわかりますが、**当期の所得金額が高い場合には、損金算入限度額も大きくなるため、このような事業年度には税務上認められない債権放棄等も限度額の範囲内であれば損金に算入することができます。**有効に活用しましょう。

■寄附金の種類

損金算入限度額を計算するため、税務上、寄附金は次の3種類に分類されます。

①指定寄附金等

国または地方公共団体に対する寄附金および財務大臣が指定した寄附金で、国等に対する寄附、共同募金や災害時の義援金等が該当します。

②特定公益増進法人に対する寄附金

学校法人、社会福祉法人、日本赤十字社等、公益を目的とした事業を

行う法人に対する寄附金が該当します。

③**一般の寄附金**

上記に該当しないもので、町内会、商工会、政治団体等への寄附金や債権放棄、低額譲渡等が該当します。

■100%グループ内法人間の寄附

平成22年度（2010年）の税制改正により、平成22年（2010年）10月1日以降に行われる、完全支配関係があるグループ法人間での金銭の贈与、債権放棄、低額譲渡等は、支出する法人においては寄附金として全額損金不算入でき、受領する法人における受贈益は、全額益金不算入となりました。

■寄附金の損金算入限度額

寄附金の損金算入限度額は次のとおりです。

> ①**指定寄附金**
> 　支出額全額が損金算入できます。
> ②**特定公益増進法人に対する寄附金**
> 　{(期末資本金等の金額)×当期月数／12×0.375% +(当期の所得金額)×6.25%}×1／2
> ③**一般の寄附金**
> 　{(期末資本金等の金額)×当期月数／12×0.25% +(当期の所得金額)×2.5%}×1／4

前記の損金算入限度額により損金不算入額の計算を図で示すと、次ページのようになります。

■損金算入と不算入額の関係図

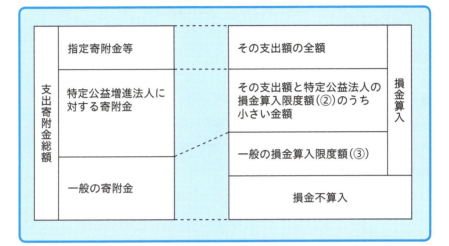

- 指定寄附金は、その全額が損金に算入できる。
- 損金算入限度額は、所得の高い事業年度ほど大きくなる。

45 地方創生応援税制（企業版ふるさと納税）を活用する

■ 地方創生応援税制（企業版ふるさと納税）とは

　青色申告書を提出する法人が地方再生法の改正法施行日から平成32年（2020年）3月31日までの期間内に、地域再生法の認定地方公共団体が行った「まち・ひと・しごと創生寄附活用事業」に対する寄附を行った法人に対し、次の税額控除が認められます。

■ 地方創生応援税制（企業版ふるさと納税）による税額控除

		平成29年（2017年）4月1日以降に開始する事業年度	
法人事業税		寄附金の合計額の10％（法人事業税額の15％が限度）	
法人住民税	法人都道府県民税	寄附金の合計額の2.9％（法人都道府県民税法人税割額の20％が限度）	20％
	法人市町村民税	寄附金の合計額の17.1％（法人市町村民税法人税割額の20％が限度）	
法人税		次の①と②のいずれか少ない金額（法人税額の20％が限度） ①その支出した額の合計額の20％からその寄附金の支出について法人住民税の額から控除される金額を控除した金額 ②その支出した寄附金の額の合計額の10％	

■ 寄附金の約60％の節税効果が期待できる

　地方公共団体に対する寄附金は、指定寄附金に該当するため、全額損金算入によって約30％（実効税率）の税額軽減が認められており、加えて地方創生応援税制を適用することによって、寄附金の30％が地方税および国税から税額控除されることになるため、合わせて約60％の税額軽減が見込まれます。

■ **法人関係税の軽減のイメージ**

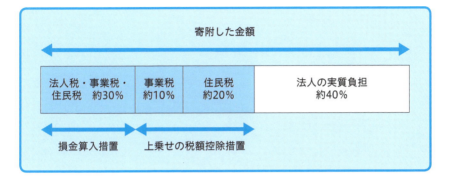

■ **地方創生応援税制の留意点**

留意点は次のとおりです。

①寄附企業への経済的な見返りはない。
②寄附企業の本社が所在する地方公共団体への寄附は対象外。
③寄附額の下限は10万円。
④不交付団体である東京都、不交付団体で三大都市圏の既成市街地等に所在する市区町村は対象外。

POINT

●課税所得を考慮して、地方創生応援税制の活用を検討すること。
●経済的な見返りはなく、対象外の地方公共団体があることを留意すること。

第 **6** 章

子会社・関連会社を利用した節税ポイント

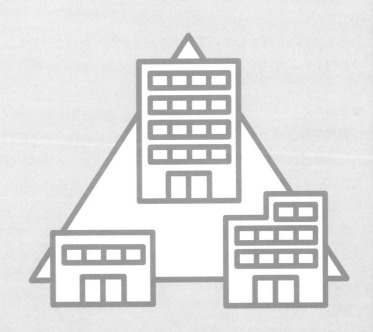

46 分社化して軽減税率を活用する

■軽減税率とは

　法人税の税率は原則23.2%ですが、中小法人等の場合は2段階になっています。**課税所得金額が年800万円以下の部分については15%と軽減されており、年800万円を超える部分については23.2%とされています。**さらに地方法人税額として、法人税額の4.4%相当額が加算されます。

　軽減税率は地方税にもあります。東京都の場合、法人事業税は3段階あり、課税所得金額が年400万円以下の部分は3.4%、年400万円を超え年800万円以下の部分は5.1%、年800万円を超える部分は6.7%の税率です。

　そこで利益が発生している法人を分社化し、利益を分散することにより節税を図る方法をご紹介しましょう。

■具体的なケースで節税できる額を計算しよう

　課税所得金額が年2,000万円発生するA株式会社のある部門を分社化し、B株式会社を設立するとします。それにより、A株式会社の所得が1,200万円、B株式会社の所得が800万円となった場合、どれくらい節税になるのでしょうか。

　次ページのように計算してみると、このケースでは、法人税だけで398万円－332万円＝66万円の節税になることがわかります。

> **分社前の法人税**
> 　800万円×15％＝120万円
> 　(2,000万円－800万円)×23.2％＝278万円　　**合計398万円**
> **分社後の法人税**
> 　A株式会社　800万円×15％＝120万円
> 　　　　　　(1,200万円－800万円)×23.2％＝92万円
> 　B株式会社　800万円×15％＝120万円
> 　　　　　　　　　　**グループ合計（A社＋B社）332万円**

■**分社の方法**

分社化には、次の3つの方法があります。

①**事業譲渡による分社**

新たに会社を設立し、資産・負債を譲渡する方法です。譲渡した会社は、資産等の帳簿価額と時価の差額を譲渡損益として認識しなければなりません。

②**会社法の吸収分割**

分割した事業を既存の別会社に承継させる方法です。適格分割（155ページの「適格合併」とほぼ同様の要件です）に該当すれば資産等を帳簿価額で移転することができ、譲渡損益の認識をする必要はありません。

③**会社法の新設分割**

分割した事業を新設の会社として承継させる方法です。適格分割に該当すれば譲渡損益を認識する必要はありません。

■**地方税の均等割額**

道府県民税は法人税割額と均等割額からなっており、均等割額は利益

に関係なく資本等の金額による段階に応じて課税されるため、分社化のデメリットとして地方税の均等割額の負担増があげられます。

POINT

- 法人税は所得によって2段階の税率がある。
- 法人事業税についても所得によって3段階の税率がある。
- 課税所得金額が多い場合、分社化によりいずれも軽減税率を適用できる。

47 分社化して交際費の限度額を増やす

■ 基本は交際費にならない支出をする

交際費等とは、交際費、接待費、機密費、その他の費用で、会社が得意先・仕入先その他事業に関係ある者等に対する接待、供応、慰安、贈答等の行為のために支出する費用をいいます。

■ 中小法人等の交際費の限度額は800万円

交際費は原則として損金不算入ですが（116〜118ページ）、中小法人等では一部損金算入が認められています。損金算入となるのは**年800万円まで**です。中小法人等に該当しても年800万円を超える交際費は全額損金不算入になってしまいます。

交際費を多額に支出しなければならないような業種の場合、**部門を分社化して別の会社を設立すれば、交際費の年800万円の限度額を増やすことができます。**

上記の限度額800万円の適用期間は平成25年（2013年）4月1日から平成32年（2020年）3月31日までに開始した事業年度となります。

POINT

- 中小法人等は年800万円の交際費の損金算入の限度額がある。
- 交際費を多額に支出する業種は、分社化により限度額を増やすこと。

48 分社化して退職金を支給する

■ **転籍させて退職金支給**

業績が好調で規模が大きく、従業員や部門が多数ある会社は、**分社して従業員を転籍させ、退職金を支払うことにより節税することができます**。転籍による退職金の支出形態は次の3通りあり、それぞれ注意しなければならないことがあります。

① **本人に直接支給する場合**

転籍前の会社が転籍時の退職金規程に基づき本人に支給する方法です。通常、退職金は勤続年数によって支給額が増加するので、従業員にとっては勤続年数がリセットされるため、不利になることがあります。

② **転籍前の会社が転籍後の会社に退職給与負担金として支給する場合**

従業員本人ではなく転籍後の会社にその時点の退職金を支払う方法です。金銭のやりとりがあるためスッキリしますが、転籍後の会社においては、受け取った退職給与負担金を預り金ではなく収益として計上することになるので、注意が必要です。

③ **転籍後の会社を実際に退職するときに、本人に直接または転籍後の会社を通じて支給する場合**

転籍前の会社は、転籍時に金銭の支給がないため退職金として損金算入できず、実際に退職したときに負担した金額が損金になります。また、転籍者の退職まで両方の会社で管理しなければなりません。

いずれの退職金の支出形態をとったとしても、転籍前の会社が負担する額は同じになります。

なお、退職金は必ず支給しなければならない賃金ではないため、退職金規程がないと適正な金額の証明ができません。このような方法をとるときは、前もって退職金規程の整備が必要になります。

■ **退職金にかかる所得税**

受け取った退職金は退職所得として課税されますが、勤続年数に応じて退職所得控除額があります。

> **【退職所得控除額】**
> ・勤続年数20年以下――40万円×勤続年数（80万円未満の場合は80万円）
> ・勤続年数20年超―――800万円＋｛70万円×（勤続年数－20年）｝

さらに、控除後の金額の1／2が他の所得と分離して課税されることになります。このため、他の所得と比べると税金が少なくなります。

> 課税所得金額＝（退職所得の収入金額－退職所得控除額）×1／2

POINT

- 転籍時に退職金を支給すれば損金になる。
- 転籍時の支給は直接本人か転籍後の会社となる。
- 役員等として勤続年数5年以下の者が支払を受ける退職金（特定役員退職手当等）については2分の1課税が廃止されている。

49 親会社への資金移転は配当金とする

■親会社への安易な資金移転は注意

　資金の移動の方法としては、貸付金、業務委託料を受けるなどがあります。貸付金の場合は、利息の支払いが発生しますし、なによりも返済しなければなりません。また、業務委託料を受け取る場合、実態が伴わない金額だと、寄附金と認定され損金の額に算入されないおそれがあります。

■受取配当金の益金不算入制度の活用

　子会社から親会社へ資金を移動させる手段として、上記のほかに、親会社に配当金を支払うという方法があります。

　会社が配当を受けた場合には、会計上は当然収益として処理しますが、法人税法上は一定の申告手続きにより、その「配当の基となる株式の区分」に応じて、その配当の額の一部または全部が益金に算入されないことになります。配当の基となる株式を次のいずれかに区分し、それぞれ益金不算入の計算をすることになります。

配当金の基となる株式の区分
①連結法人株式等または完全子会社法人株式等
②関係法人株式等（発行済株式総数の3分の1超を所有している法人株式等で①に該当するものを除きます）
③ ①②④のいずれにも該当しない株式等（その他の株式）
④非支配目的株式等（発行済株式総数の5％以下を所有している法人）

子会社であれば区分は①か②に該当しますので、益金不算入の計算上有利になります。

受取配当等の益金不算入額は、具体的に次のようになります。

> **受取配当等の益金不算入額**
> ①連結法人株式等にかかる配当等の額または完全子会社法人株式等にかかる配当等の額 ＝ その全額
> ②関係法人株式等にかかる配当等の額から関係法人株式等にかかる負債利子額を引いた金額
> ③その他の株式等にかかる配当等の額×50％
> ④非支配目的株式等にかかる配当等の額×20％

■ **海外の子会社からの配当金についても適用**

海外の一定の子会社から受ける配当等についても益金不算入の制度が適用できるようになりました。

> 受取配当等の益金不算入額＝外国子会社から受ける配当等の額×95％

POINT
- 完全子会社化することにより、100％益金不算入となる。
- 海外子会社についても一定の要件のもと、適用できる。

50 子会社を支援するなら無利息で貸付する

■無利息貸付の経済的利益は寄附金

通常、資金の貸付が無利息または低利率で行われた場合、適正な利率との差額は経済的利益の供与があったものとして寄附金とみなされてしまい、一定額を超えると損金不算入となります。

■子会社等支援なら特例がある

債権者である親会社が、業績が悪化して倒産の可能性がある子会社等に対して行う無利息または低金利貸付は、合理的再建計画に基づくものであれば寄附金に該当せず、法人税法上問題になりません。

ただし、寄附金に該当しないためには、無利息貸付に必然性が求められます。例えば、その無利息貸付を行わなければ子会社等は倒産し、親会社に取引上あるいは信用上の多大な損失をもたらすおそれがある、といった理由がある場合などです。

「合理的な再建計画に基づくもの」というのが条件なので、単に子会社が業績不振で、利息を負担する能力がないから免除するなどの理由は該当しません。

■対象となる子会社等は

子会社等とは、親子会社間における子会社だけではありません。**取引関係、人的関係、資金関係等、事業関連性を有する他の会社も含まれます。**

■ **合理的な再建計画とは**

　条件となっている「合理的な再建計画」については、次のような点について、総合的に検討することとなります。

①損失負担等を受ける法人は子会社等に該当するか。
②子会社等は経営危機にあり倒産の可能性があるか。
③損失負担等を行うことは支援者にとって相当な理由があるか。
④損失負担等の額は合理的であるか。
⑤整理・再建について管理され、立ち直り状況において支援額を見直すこととされているか。
⑥損失負担等をする支援者の範囲は特定の債権者が意図的に加わっていないなどの恣意性がないか。
⑦損失負担等の額の割合は、特定の者に不当に負担を重くしたり、軽くしたりせず、合理的であるか。

POINT

- 原則として、無利息または低利率貸付は寄附金と認定される。
- 合理的な再建計画による場合は寄附金にならない。
- 子会社だけでなく取引先等にも適用がある。

51 子会社への債権放棄や債務引受けは寄附金となる

■ 安易な債権放棄は寄附金認定

　業績不振の子会社に対し、親会社が債権放棄や債務の引受けをすると原則として寄附金となります。なぜなら、子会社の再建を行う場合、親会社は債権の棚上げを行ったうえで子会社の業績を回復させ、その後その回収をするのが一般的と考えられるため、債権放棄や債務引受けは、親会社から子会社への単なる利益移転とみなされるからです。

　ただし、次に説明するように、寄附金と認定されず、損金算入できる場合があります。

■ 寄附金と認定されないためには

　親会社の子会社に対する債権放棄や債務の引受けが寄附金にならない場合は、以下のとおりです。

> ・合理的な理由等により子会社を解散等により消滅させる
> ・親会社が子会社を売却するときに行う債権放棄等
> ・第三者の再建計画の一環として債務整理が行われる

　通達によると、債権者集会の協議決定で合理的な基準により債務者の債務整理を定めているもの、行政機関または金融機関その他の第三者のあっせんによる当事者間の協議により締結された契約で債務者の債務整理を定めているものは、これにより切り捨てとなった債権は貸倒れとして損金算入するとなっています。

協議決定で債務整理の方法が決められる場合、必ずしも全債権者同一の条件で債権切り捨て額が決められるとは限らず、親会社に対してその責任を重視して他の債権者よりも切り捨て割合が多く決められる場合があります。このような場合においても、親会社の債権放棄については寄附金にはならないと考えられます。

> **POINT**
> - 子会社再建のための債権放棄でも寄附金と認定されない場合がある。
> - 第三者主導の再建計画における切り捨て額は貸倒損失となる。
> - 完全支配関係のある子会社に対する寄附金はグループ法人税制の適用を受ける。

52 子会社の清算に伴う損失を どう取り扱うか

■子会社の解散等に伴う損失負担

　子会社の業績不振による解散、または経営権の譲渡に伴う親会社の債権放棄や債務の引受けは、相当な理由があれば寄附金に該当しないことになっています（144～145ページ参照）。

　親会社と子会社は、出資関係はありますが各々独立した法人であり、株主有限責任の原理から親会社は出資額の回収ができないだけで、法的にはそれ以上の責任を負う必要がありません。しかし、親会社としての立場上、社会的に許されない状況が生じるケースがあります。そのため、子会社への経済的利益の供与が親会社自らのためにも必要なときは、相当な理由があるとして、寄附金に該当しないことになっています。

> **相当な理由があるとされる事例**
> ①解散する子会社の従業員の退職金を親会社が肩代わりして支出する場合
> ②経営権の譲渡に伴い、赤字を圧縮するために行う債権放棄や債務の引受け

■子会社株式の消滅損

　子会社が解散したとき親会社の所有する子会社株式は消滅することになりますが、この消滅損は子会社に対する投資の失敗なので、法人税法上、損金算入が認められます（後記完全支配関係子会社を除く）。休眠

して機能しなくなっている子会社などは解散することも検討しましょう。

■完全支配関係子会社の株式消滅損

平成22年（2010年）度の改正により平成22年（2010年）10月1日以後に完全支配関係子会社（直接または間接的に発行済株式の全部を保有されている会社）が解散した場合、親会社は解散した子会社株式の消滅損は計上できなくなりました。

その代わり、親会社は子会社の未処理欠損金額を引き継ぐことが可能となりました。しかし、完全支配関係が5年以内に生じた場合には、一部制限があります。

■少数株主から株式を買い取って解散する場合

子会社設立時に取引先等に株式を引き受けてもらっていたなどグループ外に少数株主がいる場合があります。業績不振により子会社を解散するにあたり、その少数株主から子会社の株式を有償で取得すると、実質的の価値のないものの買取りとなるため寄附金となります。

■子会社清算の流れ

株主総会で解散の決議と清算人の選任をして、解散登記を行うことにより、清算中の法人となります。清算中は債権の取立て、財産の換価処分、債務の弁済などの整理業務のみ認められており、営業活動や資金調達などはできません。その後、残余財産の確定をさせて株主に分配し、株主総会の承認を得て清算結了となります。

POINT
- 子会社の解散、経営権の譲渡に伴う債権放棄等は損金となる。
- 子会社株式の消滅損は損金となる（完全支配関係子会社は除く）。

53 100%グループ内の法人間取引

■ **100%グループ内の法人間の寄附等**

　法人税法上の寄附金とは、法人が行った金銭その他の資産の贈与または経済的な利益の無償の供与をいい、この概念は一般的な社会通念上のものより広いものです。

　税法の取扱いをみますと通常寄附を行った場合、支出額のうち一定額しか損金にはなりません。一方、寄附を受けた側は受贈益課税を受けてしまいます。

　例えば、業績好調な親会社と業績不振な100％子会社がある場合に、親会社から子会社に資金援助を行いたいと考えます。このとき貸付でもなく増資でもなく、資金提供を行いたいとします。

　この場合、100％グループ内でなければ、親会社から子会社に資金援助する金額が寄附金とされます。ですが、完全支配関係にある法人間であれば無償の資金提供についてグループ法人税制が適用され、親会社側では寄附金は全額損金に計上されず、子会社側でも受贈益として益金に算入されることはありません。

　このように、グループ法人税制の適用を受けると、グループ会社間で資金移動を容易に行うことができます。

　ただし、他のグループ法人税制とは異なり、個人による完全支配関係がある法人間での寄附金は、通常の寄附金と同様の取り扱いになります。

■100％グループ内の法人からの受取配当等の益金不算入

　法人税法上、二重課税排除の観点から内国法人が受ける配当等の額については、株式等の区分に応じ各事業年度の所得の金額の計算上、益金の額に算入しないこととされています。その中でも完全支配関係がある法人間の配当等の額については、負債利子控除はなく配当等の額の全額を益金の額に算入しないこととされ、グループ内での円滑な資金移転が可能であるものとされています。

■100％グループ内の法人の資産の譲渡等

　完全支配関係がある法人間で譲渡損益調整資産※を譲渡した場合には、その譲渡による譲渡利益額または譲渡損失額は法人税法上の益金の額または損金の額に算入されません。

　例えば、100％の株式を所有するA社とB社の2つの会社を経営している場合で、A社は業績好調でかつ商業ビル（簿価2億円　時価3億円）を所有し多額の賃貸収入がある状態とします。一方、B社は業績不振で赤字会社であった場合、B社にこの商業ビルを譲渡することができれば多額の賃貸収入を赤字会社で計上することができ節税を図ることが可能となります。しかし、A社が所有する商業ビルをB社に譲渡することにより多額の譲渡益課税が発生しますので、納税資金が必要となります。このような場合にこの制度を利用することによりA社が計上する譲渡益の課税を繰り延べることができるのです。

　ただし、この規定の適用を受けた譲渡損益調整資産に譲渡、除却など一定の事由が生じた場合は、繰り延べられた譲渡損益は実現しますので注意が必要です。

※譲渡損益調整資産とは、固定資産、棚卸資産たる土地等、有価証券、金銭債権および繰延資産で以下のものは除かれます。
　①売買目的有価証券
　②譲受法人で売買目的有価証券とされる有価証券
　③譲渡直前の帳簿価額が1,000万円未満の資産

POINT

●グループ法人税制の適用を受けると、グループ会社間で資金移動を容易に行うことができる。

54 完全支配関係子会社の欠損金を活用する

■残余財産が確定した場合の欠損金額の引継

　平成22年（2010年）10月1日以後、完全支配関係がある子会社が解散して残余財産が確定したときに、その子会社の青色欠損金（災害損失欠損金を含みます）は、子会社の株主である親会社に引き継がれることになります。株主が複数の場合は、株式の保有割合に応じて欠損金を按分して引き継ぐことになります。

　ただし、子会社との支配関係（子会社の発行済株式の50％超を直接または間接に保有する関係）が「残余財産確定日の翌日の属する事業年度開始の日」以前、5年間継続していない場合は、その支配関係になる前の子会社の青色欠損金は引継が制限されます。

■引き継がれる青色欠損金の額

　A株式会社（親会社）、B株式会社（子会社）ともに同じ決算月、B社は毎期10の青色欠損金が発生しているケースで考えてみましょう。

　次ページの図表の場合、①②は残余財産が確定したときに完全支配関係があり、過去7年間支配関係があったため欠損金のすべてを引き継ぐことができます。

　③④は1度支配関係がなくなっているため、支配関係となった年分から欠損金を引き継ぐことになります。

　⑤は残余財産確定時に完全支配関係がないため欠損金の引継はできません。

【出資比率の推移】

	2011	2012	2013	2014	2015	2016	2017		
①	100%	100%	100%	100%	100%	100%	100%	引継の制限なし	△70引継
②	51%	51%	60%	60%	80%	100%	100%	引継の制限なし	△70引継
③	100%	100%	100%	30%	51%	80%	100%	引継の制限あり	△30引継
④	0%	0%	0%	0%	0%	100%	100%	引継の制限あり	△20引継
⑤	100%	100%	100%	100%	100%	100%	90%	引継不可	

POINT

- 完全支配関係子会社の欠損金は親会社が引き継げる。
- 支配関係が5年以内のときは欠損金の引継制限がある。

55 親会社に対する適格現物分配を活用する

■適格現物分配とは

現物分配とは、法人が株主に対して、剰余金の配当等により金銭以外の資産を交付することをいいます。平成22年（2010年）10月1日以後に行われる100％グループ内の法人間の現物分配を「適格現物分配」とする税法上の改正がありました。

例えば、子会社が親会社に資金を貸し付けている場合、利息のやりとりをしなければなりません。この適格現物分配を利用して貸付金を交付すれば、グループ間の債権債務も消え、利息のやりとりも不要になります。

■親会社へ簿価による資産移転

現物分配で、分配する財産の帳簿価額と時価に差額がある場合は、譲渡損益を認識し、金銭の配当と同じように源泉徴収が必要です。

適格現物分配に該当した場合、資産は帳簿価額で引き継ぎ、譲渡損益の認識はしません。さらに源泉徴収が不要になります。

次の例では、子会社にとっては譲渡益100が認識されませんので資産の移転がしやすくなります。

【例】
利益剰余金を原資とする非適格の現物分配

株式（簿価300　時価400）

子会社				親会社			
剰余金	400	株式	300	株式	400	受取配当	400※
		譲渡益	100				
未収金	80	源泉税	80	仮払税金	80	未払金	80

※受取配当400は配当益金不算入

適格現物分配に該当した場合

子会社		親会社	
剰余金	300	株式	300
株式	300	受取配当	300*

＊受取配当300は配当益金不算入

■ **孫会社を子会社にすることも**

　子会社からの適格現物分配により孫会社の株式を取得することで、孫会社を税負担なしで子会社化することが可能となります。

POINT

- 適格現物分配は、譲渡損益を認識しないため資産の移転がしやすい。
- 適格現物分配は、配当にかかる源泉徴収も不要。

56 合併して青色欠損金を引き継ぐ

■企業再編による青色欠損金の引継

　適格合併については、青色欠損金を合併会社が引き継ぐことが認められています。**利益が出ている親会社と欠損金がある子会社を合併することで、2社の損益を通算することができます。**ただし、不当に税負担を減少させるなどの租税回避行為を防止するため、青色欠損金の引継制限や引き継いだ青色欠損金の利用に制限が設けられています。

■適格合併とは

　適格合併となるのは、被合併法人の株主に合併法人の株式以外の資産を交付しないことが前提で、次の要件を満たす必要があります。

①被合併法人が合併法人の100％子会社であること
②合併法人が被合併法人の50％超100％未満の株主であり、被合併法人の従業員の80％以上を引き継ぎ、被合併法人の主要な事業を引き続き営まれること
③同一の者が50％超100％未満の株主である法人同士の合併で、その支配関係が継続されること。かつ、被合併法人の従業員の80％以上を引き継ぎ、被合併法人の主要な事業を引き続き営まれること
④同一の者を完全支配者とする法人同士の合併で、完全支配が継続されること
⑤合併法人が被合併法人の50％以下の株主である場合、共同事業要件にあった合併であること

■**共同事業要件とは**

　50％以下の支配関係の合併には共同事業要件が必要となります。以下のすべての要件を満たす必要があります。

①被合併法人の事業と合併法人の事業とが相互に関連するものであること
②被合併法人の事業と合併法人の事業の売上金額、従業員の数、資本の金額、これらに準ずるものの規模の割合がおおむね5倍を超えないこと、または双方の特定役員のいずれか合併後に特定役員となることが見込まれていること
③被合併法人の従業員のおおむね80％以上の者が合併法人の事業に従事すると見込まれていること
④被合併法人の主要な事業が合併後に合併法人において引き続き営まれる見込みであること
⑤被合併法人の株主に交付された合併法人の株式の全部を継続して保有すると見込まれる株主の保有株式数が、被合併法人の発行済株式総数の80％以上であること。ただし、被合併法人の株主の数が50人以上の場合はこの要件は不要

■**欠損金を引き継ぐための要件とは（共同事業合併以外）**

　合併が特定資本関係（直接または間接に50％超保有される関係）を有することとなってから5年以内で、かつ、みなし共同事業の要件を満たさないときは、特定資本関係成立前の欠損金の引継制限があります。

POINT
●適格合併は資産負債を帳簿価額で引き継ぐ。
●適格合併で一定の要件を満たせば欠損金を引き継ぐことができる。

第 7 章

消費税に関する節税ポイント

57 設立時の資本金は1,000万円未満で

■ 消費税の納税義務が免除される場合がある

　消費税は基準期間における課税売上高（原則として前々事業年度における課税売上高。個人事業者は前々年における課税売上高）が1,000万円以下の場合は納税義務が免除されます。

　よって基準期間のない設立1期目は消費税の納税義務はありません。

　このメリットを受けるためには以下の要件を満たす必要があります。

⑴ 新設法人に該当しないこと

　新設法人とは設立の日（その事業年度開始の日）における資本金の額または出資の金額が1,000万円以上である法人のことをいいます。

⑵ 特定新規設立法人に該当しないこと

　特定新規設立法人とは次の①②のいずれにも該当する法人です。

　①その基準期間がない事業年度開始の日において、他の者により当該新規設立法人の株式等の50％超を直接または間接に保有される場合など、他の者により当該新規設立法人が支配される一定の場合（特定要件）に該当すること。

　②上記①の特定要件に該当するかどうかの判定の基礎となった他の者および当該他の者と一定の特殊な関係にある法人のうちいずれかの者（判定対象者）の当該新規設立法人の当該事業年度の基準期間に相当する期間（基準期間相当期間）における課税売上高が5億円を超えていること。

　資本金が少ない場合は、事業が軌道に乗るまで手許資金が少ないことになりますので、その点は注意が必要です。

■設立1期目は8ヶ月未満にする

左記要件を満たす場合、設立2期目も原則的には基準期間がないため消費税の納税義務はありませんが、特定期間における課税売上高等が1,000万円を超える場合には、2期目から消費税の納税義務が生じます(167～169ページ参照)。

特定期間における課税売上高等が1,000万円を超えそうな場合には、1期目の事業年度を8ヶ月未満にすることで、消費税の免税期間を最大20ヶ月未満とることができます。

特定期間が8ヶ月未満の場合、特定期間の判定が前々事業年度での判定となりますので、前々事業年度がない設立2期目において、特定期間がないことになるためです。

結果、設立2期目も納税義務がないことになります。

■1期目が7ヶ月の場合

事業年度(課税期間)	基準期間	特定期間	納税義務
1期目(7ヶ月) X年4月1日～X年10月31日	なし	なし	免税
2期目(12ヶ月) X年11月1日～X1年10月31日	なし	なし	免税

＊合計免税期間19ヶ月

POINT

- 資金繰りの目途がつくようであれば、設立時の資本金は1,000万円未満にする。
- 資本関係による例外規定に注意。
- 特定期間における課税売上高等が1,000万円を超えそうな場合は、設立1期目の事業年度は8ヶ月未満とする。

58 アウトソーシングを利用する

■課税仕入れにならない人件費

　消費税の計算上、人件費は仕入税額控除の対象になりません。そのため、人件費比率の高いサービス業などは消費税負担も大きくなってしまいます。従業員との雇用関係を業務委託契約や派遣契約に変更することにより、仕入税額控除を行うことができ、消費税負担を抑えることができます。

■課税仕入れとして控除するには

　雇用関係を業務委託契約（請負契約）や派遣契約などに変更する方法としては、①従業員との雇用契約を終了し、請負契約に変更する方法、②別会社を設立（分社）し、その会社との派遣契約や業務委託契約をする方法があります。

■雇用関係の区分と仕入税額控除の関係

雇用関係の区分	課税取引の判定	課税仕入れの有無
雇用契約のまま	不課税取引	なし
請負契約へ変更	課税取引	あり
分社化による業務委託等	課税取引	あり

■雇用契約を請負契約に変更する場合

　従業員との雇用契約を終了し、請負契約を締結するには、当然、従業員と会社での合意が必要となってきます。会社にしてみれば固定費を変

動費化できるメリットはありますが、従業員にしてみれば安定した雇用が打ち切られることになりますので、注意が必要です。

単なる契約変更で、実態が伴わないと税務当局に否認されますので、次の要件を満たすようにしなければなりません。

> ①その契約にかかる役務の提供の内容が他人の代替を容れないこと
> ②役務の提供にあたり事業者の指揮監督を受けないこと
> ③まだ引渡しを了しない完成品が不可抗力のため滅失した場合などにおいても、当該個人が権利としてすでに提供した役務にかかる報酬の請求をなすことができること
> ④役務の提供にかかる材料または用具等を供与されていないこと

■**分社化による業務委託で外部との契約とする場合**

分社により設立した会社に経理事務を委託する、物流管理を委託する、販売業務を委託するなどを行えば問題ありません。

その際、委託料を適正に設定する必要があります。新会社が第三者と取引を開始するならばその料金体系を基準にすればよいのですが、同族会社間の取引であれば、実際に負担している給与・賞与・社会保険料・交通費・採用関係費・教育訓練費などの人件費をベースに計算することになります。

POINT
- 雇用契約を請負契約等に変更すること。
- 適正な料金体系を用いること。

59 課税売上割合を95％以上にする

■課税売上割合とは

課税売上割合とは、次の算式で計算されます。

$$課税売上割合 = \frac{課税売上}{（課税売上＋非課税売上）}$$

■課税売上割合が95％未満の場合、不利な扱いを受けることがある

　会社が納める消費税の計算は、課税売上にかかる消費税から課税仕入れにかかる消費税を控除して計算します。この控除を仕入税額控除といいます。仕入税額控除は、課税売上割合が95％以上の場合には、支払った消費税を全額控除してよいことになっていますが、95％未満の場合は、按分して控除しなければなりません。

　主な非課税売上には、土地の貸付収入、土地の売却収入、有価証券の売却収入、住宅貸付収入、貸付利息があげられます。

■課税売上割合を95％以上にする方法

　課税売上割合を95％以上にする方法は大きく分けて2通りあります。
①取引を分割する
　土地の売却や有価証券の売却をグループ会社間で行う場合などは、取引の時期を再検討することにより課税売上割合を95％以上にすること

が可能となります。また、土地や有価証券の譲渡を複数年度にわたって行うことにより各年度の非課税売上を分散することができます。

②会社分割により非課税売上部門を別会社に移管する

会社分割による資産の移転は消費税の対象とならないため、分割時には消費税は発生しません。分割後の法人の課税売上割合が95％以上となれば全額仕入税額控除できることになります。

■総合的な判断を

その他にも、土地の貸付を行っているのであれば収益性の高いオフィスビルを建築して家賃収入という課税売上へ転換する方法や、子会社に対し貸付金を有している場合、その貸付金を基に増資を行い貸付利子に代えて配当で受け取ることにより課税売上割合を高める方法などもあります。これらの方法は会社の事業転換となるため、慎重な対応が求められます。

上記のように、収益構造を変更しない限り課税売上割合の調整は難しいため、仕入税額控除する場合の按分方法（個別対応方式や一括比例配分方式）も含めて検討する必要があります。

なお、この節税方法は、平成24年（2012年）4月1日以後に開始する課税期間から、年間課税売上が5億円超の事業者については適用できなくなっていますので、ご注意ください。

POINT

- 課税売上割合が95％以上の場合には課税仕入れにかかる消費税の全額が控除できる。

個別対応方式の検討をする

■課税売上割合が95％未満となった場合

　課税売上割合（計算式は162ページ参照）が95％以上のときは、仕入れにかかる消費税額が全額控除対象となります。しかし、居住用のアパートの賃貸収入があったり、取引先にお金を貸していて利息収入がある場合、これらはいずれも非課税売上となるため、課税売上割合が95％以上となるか否かが重要となってきます。

　課税売上割合が95％未満となったときには、仕入れにかかる消費税額が全額控除対象とはならず、個別対応方式または一括比例配分方式で計算した税額のみが仕入控除税額の対象となります。

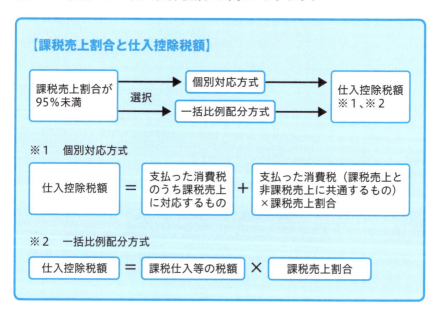

■支払った消費税の内容を再検討

　個別対応方式を選択適用している場合、左記算式の「支払った消費税（課税売上と非課税売上に共通するもの）」の中から、課税売上・非課税売上に該当するものがないかを調べてみてください。消費税の節税になる可能性があります。

　また、一括比例配分方式を選択適用している場合には、課税売上・非課税売上に該当するものを調べたうえで、個別対応方式を選択すれば、消費税の節税になる可能性が高くなります。

【個別対応方式と一括比例配分方式を比べた例】

収入：事務所の賃貸収入　8,640万円（税込）
　　　居住用のアパートの賃貸収入　2,000万円

課税売上割合＝8,000万円／8,000万円＋2,000万円＝80%

支払った消費税額　640万円

	一括比例配分方式	個別対応方式
課税売上に対応するもの		480万円
非課税売上に対応するもの		64万円
共通するもの		96万円
仕入控除税額	512万円 （＝640万円×80%）	556.8万円（＝480万円＋96万円×80%）

この例の場合、個別対応方式なら44.8万円の節税になります。

■注意する点

　個別対応方式か一括比例配分方式かは選択制となっています。これは申告時点で決定すればよいため、有利判定ができるように課税売上に対応するものなのか、非課税売上に対応するものなのか、それとも共通す

るものなのか、しっかり区分しておく必要があります。

　ただし、一括比例配分方式を適用した場合には、2年間以上継続して適用した後でなければ、個別対応方式に変更できませんので、注意しましょう。

POINT
- 個別対応方式と一括比例配分方式では個別対応方式の方が有利になる可能性が高い。
- 課税・非課税・共通の区分をすること。

61 課税売上高を見直す

■課税売上高5,000万円以下または1,000万円以下は有利

　消費税は原則的に、売上にかかる消費税額から仕入れにかかる消費税額を控除して納付する消費税額を計算します。

　しかし、基準期間における課税売上高（原則として前々事業年度における課税売上高。個人事業者は前々年における売上高）が一定額に満たない場合には、以下の特例があります。

①簡易課税制度の選択ができる

　基準期間における課税売上高が5,000万円以下の場合には、簡易課税制度の選択が可能となります。この簡易課税制度は、売上に対する消費税額からみなし仕入率を使って簡便的に納付する消費税額を計算するもので、課税仕入高が少ない業種（サービス業等）では有利になる場合があります。

②納税義務の免税

　基準期間における課税売上高が1,000万円以下の場合には、消費税の納税義務が免除されます。

■特定期間における課税売上高による納税義務の判定

　これまでの基準期間における課税売上高の判定に加えて、次の期間の課税売上高が1,000万円を超える場合には、翌課税期間の消費税の納税義務は免除されません。ただし、課税売上高に代えて、支払給与の額でも判定することが可能です。

■特定期間

法人　――――　前事業年度期首から6ヶ月間
個人事業者　――　その年の前年1月1日～6月30日

■課税売上高から控除できる支出

次のような取引は、課税売上高から控除または、課税売上高に含めないことにより、基準期間における課税売上高を減らすことができます。

①取扱手数料
広告代理店、旅行代理店等の代理店業の場合、収受する手数料のみを課税売上高とすることができます。

②代理店報酬
販売代理店が、二次代理店に支払う代理店報酬は、課税売上高から控除することができます。

③材料の支給
下請業者に対し原材料を引き渡す場合、無償支給であれば課税取引となりません。また有償で支給する場合であっても、支給額を仮払金等として資産計上し、数量管理を行っている場合には課税の対象とする必要はありません。

④販売奨励金
販売促進の目的で取引先に対して支払う販売奨励金は、課税売上高から控除することができます。

⑤売掛金から差し引かれる振込手数料
売掛金の入金時に差し引かれた振込手数料は、売上値引きに該当するため、課税売上高から控除することができます。

⑥水道光熱費

　不動産賃貸業者が、入居者から収受する水道光熱費は、実費相当額であれば、課税売上高に含めず支払う水道光熱費より控除することができます。

POINT

- 課税仕入れとして支払うものの中にも、課税売上高から控除できる支出もある。

62 土地等の売却があり課税売上割合が減少した場合

■ **たまたま土地等の売却があり課税売上割合が減少した時は**

　課税売上割合が95％未満の場合には、仕入税額控除の計算上、按分計算が必要です（162～163ページ参照）。つまり、支払った消費税の全額を控除できないことになります。

　たまたま土地等を売却したことにより非課税売上が増加し、課税売上割合が減少することとなった場合、仕入税額控除の計算上、本来の事業の実態を反映しないことがあります。（按分計算が入ることで仕入税額控除が少なくなってしまうためです。）

　この場合、「課税売上割合に準ずる割合の承認申請」を行うことで仕入税額控除を本来の事業の実態に即した方法で計算することができます。結果、承認を受ける前と比較して仕入税額控除が増加し、消費税の納税額の節税となります。

■ **「消費税課税売上割合に準ずる割合の適用承認申請手続」とは**

　土地の譲渡が単発のものであり、かつ、当該土地の譲渡がなかったとした場合には、事業の実態に変動がないと認められる場合に限り、次の①または②の割合のいずれか低い割合により仕入税額控除の計算を行うことができる手続きです。

> ①当該土地の譲渡があった課税期間の前3年に含まれる課税期間の通算課税売上割合
> ②当該土地の譲渡があった課税期間の前課税期間の課税売上割合

■**承認申請期限に注意**

「消費税課税売上割合に準ずる割合の適用承認申請書」は、いわゆる届出と違い税務署長の承認を受けるための申請書になるので、承認を受けるまでの審査期間が概ね1ヶ月ほどかかります。

適用を受けようとする課税期間の終了の日までに承認を受けなければならないので、スケジュールに余裕をもって承認申請を行いましょう。

POINT

- 期末付近の土地の譲渡は承認申請を受けることが困難になる可能性があるので注意すること。
- 翌課税期間において「消費税課税売上割合に準ずる割合の不適用届出書」を提出すること。

第8章 申告に関する節税ポイント

63 青色欠損金を有効に活用する

■青色欠損金を有効活用する

青色申告書の提出により生じた**青色欠損金**は、その後の事業年度で発生した課税所得から控除して法人税額を計算することができます（中小法人等※に限ります）。

※中小法人等とは
① 普通法人のうち資本金の額もしくは出資金の額が1億円以下であるもの（資本金の額または出資金の額が5億円以上である法人または相互会社および受託法人による完全支配関係がある法人を除きます。また、同一グループ内において複数の大法人により発行済株式等の全部を保有されている中小法人も除きます）または資本もしくは出資を有しないもの（保険業法に規定する相互会社を除きます。）
② 公益法人等
③ 協同組合等
④ 人格のない社団等

■青色欠損金の控除順位

発生した青色欠損金は翌期以降9年間（平成30年（2018年）4月1日以後に開始する事業年度において生じた青色欠損金については10年間）繰り越すことができ、古いものから順に控除していきます（青色欠損金の繰戻しによる還付を受けた場合はその分は使えません）。

■青色欠損金は期限内に使い切る

青色欠損金には期限があります。期限が切れてしまうと切り捨てられ、課税所得から、一切控除できなくなります。

当期に期限切れとなる青色欠損金が残っている場合は、次の処理を検討してみてください。

①固定資産の除却時期を遅らせる
②含み益のある固定資産の売却
③売上計上基準の変更
④未稼働資産の減価償却費の見送り
⑤付随費用を固定資産の取得価額に含める
⑥長期平準定期保険などの解約返戻金のある定期保険の解約をする

　青色欠損金の切り捨てを少なくすることにより、次期以降の税額計算に影響があり、節税につながることになります。

■ **確定申告書は連続して提出する**
　青色欠損金の繰越控除の要件は次のとおりです。

・欠損金が生じた事業年度は、青色申告であること
　（白色申告の欠損金は切り捨てとなってしまいます。）
・青色欠損金発生後の確定申告書を毎期連続して提出すること
　（白色申告、期限後申告の場合でも適用できます。）

POINT

●青色欠損金は９年間（平成30年（2018年）４月１日以後に開始する事業年度において生じた青色欠損金については10年間）繰越ができる。

 # 欠損金の繰戻還付を活用する

■欠損金の繰戻還付を活用する

　青色申告書である確定申告書を提出した事業年度で納付した法人税額は、当期に欠損金が生じた場合にはその法人税額の還付請求をすることができます。これを「欠損金の繰戻還付」といいます。

　欠損金の繰戻還付を適用できる事業年度は、次のとおりです。

> ①中小法人の平成21年（2009年）2月1日以後に終了する事業年度
> ②解散等の事実が生じた事業年度

　欠損金の繰戻還付は、次の要件をすべて満たしていれば適用できます。

> ①連続して青色申告書である確定申告書を提出していること
> ②欠損事業年度の青色申告書である確定申告書を期限内に提出すること
> ③②と同時に、欠損金の繰戻しによる還付請求書を提出すること

■還付金額の計算

　還付金額の計算式は次のとおりです。

$$\text{還付所得事業年度の法人税額}^{※} \times \frac{\text{欠損事業年度の欠損金額}^{*}}{\text{還付所得事業年度の所得金額}}$$

※還付所得事業年度とは、欠損事業年度開始の日前1年以内に開始した事業年度をいいます。
＊分子の欠損事業年度の欠損金額は、還付所得事業年度の所得金額が限度となります。

【例】前年に納めた法人税144万円を取り戻す場合

①前期の利益　　800万円（便宜上、利益＝所得金額とします）
②前期に納めた法人税　　144万円
③当期欠損　　700万円

$$②144万円 \times \frac{700万円^{※}}{①800万円} = 還付請求額126万円$$

※①と③を比較していずれか少ない方

■繰越控除と繰戻還付はどちらが有利か

　繰越控除（174～175ページ参照）と繰戻還付は選択適用ですが、将来の法人税率が下がる場合には繰戻還付の方が有利となります。
　また、繰戻還付により還付を受けた法人税額は、益金の額に算入されません。そのため、会社の運転資金として有効に活用できます。

POINT

● 税率が下がったときは、繰戻還付を積極的に活用すること。

第 **9** 章

様々な経費に関する節税ポイント

65 ホームページの作成・更新

■ホームページの費用は原則広告宣伝費

ホームページは、商品説明や会社案内、PRのために作成されるもので、原則として、その制作費用は支出時の損金となります。

■検索機能等のプログラムは要注意

制作費用の中にプログラミング費用やソフトウェアの開発費用が含まれている場合は、全額資産計上となるので注意してください。この場合は、無形減価償却資産（ソフトウェア）として耐用年数5年で償却していくことになります。

■制作費用とプログラミング費用の内訳は必ず区分する

費用の内訳を区分できない場合には、制作費用の全額が無形減価償却資産（ソフトウェア）となってしまいます。確実に区分できるように請求書や見積書の整備をしておきましょう。

■支出金額によっては一時の損金とすることができる

資産計上をしなければならない場合でも、支出金額によっては一時損金とすることができます。次ページの図表で確認してください。なお、取得価額の判定は、会社が適用している消費税等の経理処理方式によります。

■一時損金とすることができる場合、できない場合

取得価額	対象	
	中小企業者等	中小企業以外
10万円未満	○	○
10万円以上20万円未満	○	一括償却資産
20万円以上30万円未満	○	資産計上
30万円以上	資産計上	資産計上

○が一時に損金算入することを選択可能

●制作費用を明確に区分するため書類の整備をしておくこと。

66 土地を貸すときには無償返還届出を

■借地権取引の考え方

　関係会社間では、譲渡所得の発生を避けるため、土地を賃貸借契約により他の法人に貸し付ける方法がとられます。この場合、借地人である会社が建物などを建築した場合には、借り受けた土地の借地権（上地部分）を取得したこととなるため、通常この賃貸借契約にあたり、借地人は地主である会社に権利金を支払うことが慣行となっています。

■借地権の認定課税とは

　上記の土地の賃貸借取引により、地主である会社が権利金を収受しなかった場合には、権利金相当額について、地主が実際に収受した権利金が本来収受すべき権利金より少なかった場合にはその差額について、借地人に対して贈与等があったものとして、寄附金として取り扱われます。これが借地権の認定課税といわれるものです。

■認定課税を避けるためには

　土地の賃貸借で、権利金を収受しないで借地権の認定課税を避けるためには、「土地の無償返還に関する届出書」を税務署に届出し、借地人から地主に対して「相当の地代」を支払う方法があります。

　「土地の無償返還に関する届出書」とは、契約において、将来借地人がその土地を無償で返還することが定められており、かつ、その旨を借地人との連名により納税地の所轄税務署長に届け出ることです。

■「相当の地代」とは

　相当の地代とは、原則として、その土地の更地価額のおおむね年6％程度の金額の地代をいいます。実際に収受した地代の額が相当の地代の額に満たない場合には、この差額は借地人に贈与したものとして、地代の認定課税が行われますので、地代の算定には注意が必要です。

　土地の更地価額とは、借地権の設定時における通常の取引価額（時価）をいいますが、課税上弊害がない場合には、公示価格、相続税評価額、相続税評価額の過去3年間の平均額によることもできます。

　相当の地代の算定方法には、次の2つの方法があります。

①スライド方式

　土地の価額の値上がりに応じて、その収受する地代の額を相当の地代の額に改訂する方法（この改訂は、おおむね3年以下の期間ごとに行う必要があります）

②非スライド方式

　①を選択した場合には、「相当の地代の改訂方法に関する届出書」を借地人と連名で遅滞なくその法人の納税地を所轄する税務署長に提出することが必要です。なお、届出がされない場合は、②の方法を選択したものとして取り扱われます。

POINT

- 土地の賃貸借取引で、権利金の支払いをしないときは相当の地代を支払うこと。
- 相当の地代を支払うときは、土地の無償返還に関する届出書を提出する。

67 自宅の家賃を経費にする

■自宅で仕事をしている場合

経営者が自宅へ仕事を持ち帰ることもあるかと思います。自宅で仕事をしているのなら、自宅の一部を事務所にしてみてはいかがでしょう。自宅の一部を事務所として会社に貸付すれば、会社が支払う家賃を損金に算入することが可能になります。

■事務所として貸付できる場合

仕事する部分と生活している部分を明確に区分して、合理的な基準（例えば面積で按分する）に基づいて家賃を計算すれば、事務所として損金算入が可能になります。仕事の打ち合わせ等に利用していれば、よりよいでしょう。

■所有区分別の取扱い

自宅が経営者の自己所有なのか、賃貸物件なのかによって、以下のように取扱いが異なります。

①自宅が自己所有の場合

所有者と会社とで賃貸契約を締結します。貸主は法人から家賃収入が入りますので、不動産所得として確定申告が必要になります。この家賃収入からは必要経費を控除することができ、貸付部分に応じた固定資産税、住宅ローンの支払利息、光熱費等が必要経費として認められます。

②自宅が賃貸の場合

借主が個人の場合、通常、不動産の転貸借は禁止されています。賃貸

借契約書を確認し、慎重に行う必要があります。

　転貸借が禁止されていない場合、居住部分と事務所部分を合理的に按分して家賃を設定する必要があります。

■**家賃の額に注意**

　家賃が近隣相場と大きく乖離していたり、合理的に区分していないと、その差額について役員給与と認定され、思わぬ納税が発生してしまいますから注意してください。

POINT

- 自宅で仕事をしているなら、合理的な家賃を設定して損金算入すること。

68 リース資産の入れ替えをする

■ **リース資産を入れ替えて解約違約金を損金に計上する**

「このコピー機はもう古いので、新しい機能の付いたコピー機に契約変更しませんか」という話を営業マンから提案され、新しいコピー機に替えたことはありませんか。そんなときに使える節税方法があります。

通常、コピー機等の事務機器は**ファイナンスリース契約**となっており、契約期間の中途で解約する場合には、**解約違約金**が発生します。

この解約違約金はリース料の残債を指すのですが、精算しなければ新たなリース契約を締結できないことになっています。解約違約金は金額が大きくなることもあり、一括で精算できないケースもあるため、その残債を新しいリース契約に織り込む方法がよく使われています。

旧リース資産はすでに返却済みであり、契約自体も消滅していますから、違約金自体を新リース契約に織り込んだとしても、解約時の損金として処理することができます。

【例】
旧リースの解約違約金100万円／新リース契約の総額260万円
支払回数60回／織り込み後の月々リース料6万円

上記の仕訳　雑損失　100万円　／　未払金100万円
　　　　　　リース料　4万円　／　現金6万円
　　　　　　未払金　2万円

■**解約違約金の分割払いは実質、リース会社からの融資**

　解約違約金を新契約に織り込んで支払う（分割で支払う）というのは、リース会社から実質的に融資を受けたこととなります。

　ただし、解約違約金にはすでに旧契約の完済期限までの手数料と利息が含まれています。よって、違約金の分割払いは手数料と利息をさらに上乗せして支払うことになるので、資金に余裕があれば、解約時に一括で支払った方が金利負担は軽くなります。

●旧リース契約にかかる解約違約金は解約時の損金になる。

69 印紙税を節約する

■ **印紙税の節約**

　領収書や契約書などの書類には印紙を貼らないといけないものが多く存在しますが、ひと工夫することにより印紙税を節約することが可能になります。

■ **契約書、領収書等の記載金額の表記を本体価格と消費税に分ける**

　契約書等に記載されている金額が消費税込みの場合は、その金額をもとに印紙税の金額が決定されます。

　しかし、この記載する金額を本体価格と消費税に分けた場合は、本体価格をもとに印紙税の金額が決定されることになりますので印紙税の金額を節約することができる場合があります。

　例えば、不動産譲渡契約書の記載金額が「1億800万円（消費税含む）」と表記した場合、印紙代は60,000円になりますが、表記の方法を「本体価格1億円　消費税額800万円」と分けて記載することにより印紙代は30,000円にすることができます。

■ **領収書等は分割して複数枚作成する**

　領収書等に貼る印紙税額は、記載された金額によって決定されますので受領する金額を分割することにより印紙税を節約することができます。

　例えば8,000万円の領収書を1枚だけ作成した場合は20,000円の印紙が必要ですが、5,000万円と3,000万円の2枚に分割した場合、印紙は1万円と6,000円の計16,000円となります。

■**契約書のコピーを活用する**

　売買契約書などの契約書は、2通作成して売り手と買い手がそれぞれ1通ずつ保有するのが一般的です。この場合、それぞれの契約書に印紙税がかかります。

　契約当事者の一方しか契約書を必要としないケースにおいては、契約書の原本を1通作成し、関係者には原本のコピーを交付することで印紙税を節約することができます。コピーした契約書には印紙を貼る必要がないためです。この場合の印紙の負担は一般的には折半となるようです。

■**契約書を電子化する**

　契約は、法律などで書面により締結することを要求されていない限り原則として口頭でも成立します。契約書を作成するのは、当事者間の合意内容を明確にし、トラブルを避けるためといえるでしょう。

　例えば、契約内容を明確にしておくためだけの契約書でしたら、電子化（PDF）する方法により印紙を節約することができます。この場合、契約書を書面で作成したという事実がないため印紙税の課税文書を作成したことにはならず、印紙税は課税されません。

　電子契約内容の合意確認は、契約書をPDFで送付しメール本文にて合意確認する方法が考えられます。

POINT

- 契約書等に貼る印紙税は、書類作成方法を工夫することにより節約することができる。
- 印紙貼付が漏れていた場合、本来貼るべき印紙の3倍の過怠税がかかる。また、この過怠税については法人税の計算上の損金の額に算入されない。

70 オペレーティングリースを活用する

■匿名組合方式によるオペレーティングリースによる税効果

　税務上の規定に沿ったオペレーティングリースを組成することで、オフバランスでの設備投資を実現し、リース物件の購入当初に多額の損失を計上することにより、生命保険等と同様の課税所得の繰延効果をもたらすことができます。

■取引の流れ

①投資家（法人）はリース会社と匿名組合契約を締結し匿名組合員となり、出資を行います。

②リース会社は集まった出資金を基に、メーカー等からリース物件（航空機等）を購入します。

③リース会社はリース物件を航空会社等の賃借人にリースし、賃借人よりリース料を受け取ります。

④リース会社は定期的に匿名組合事業の決算を行います。

　決算上、リース物件の減価償却が定率法であるため、購入当初は収益として計上される受取リース料より減価償却費が上回るため赤字となります。

　投資家（法人）はその赤字を自社の決算に組み入れることにより課税所得を圧縮します。

⑤リース期間終了後、リース会社はリース物件を売却しますので、売却金額は出資割合に応じて投資家（法人）に分配します。

■ **メリットとデメリット**

メリットとしては、次のようなことが挙げられます。

①出資当初は多額の減価償却を計上できるため、課税所得を繰り延べることができます。
②受取リース料によるインカムゲインが期待できます。
③リース物件売却によるキャピタルゲインが期待できます。
④生命保険に比べ、大きな金額を設定できるため、大きな節税を行うことができます。

また、デメリットとしては、次のようなことが挙げられます。

①インカムゲイン・キャピタルゲイン共に市場の動向等によっては、元本割れとなるリスクがあります。また、外貨建てである場合には為替リスクも負うこととなります。
②出資から解散まで8～12年と長期になり、原則として途中解約はできません。
③買い取り保証のない契約のときは、売り手が付かない場合があります。

POINT

- リース会社の解散時にリース物件の売却益として多額の利益が投資家に帰属するため、解散と同事業年度に多額の損失が計上される計画を立てる必要性がある。
- 自社株の株価対策として、リース物件購入当初に多額の費用が計上されることにより類似業種比準価額の引き下げ等による株価の引き下げ効果が期待できる。

第 **10** 章

福利厚生に関する節税ポイント

71 借上社宅を利用する

■ **借上社宅を従業員に貸す**

　賃貸物件を、会社が賃借し、社宅として従業員に貸付けすることにより、家賃の一部を会社が負担することができます。従業員の家賃負担を抑えることができ、福利厚生として有効です。

■ **借上社宅活用時の個人負担**

　税法では、定められた金額以上の家賃を個人に負担させていない場合は、家賃負担全額が給与として課税されてしまいます。したがって、下記で算定した月額賃借料を個人に負担させるようにしてください。

借上社宅の個人負担（役員の場合）

① 一般住宅 ── 次のいずれか高い方の金額

　イ：（家屋の固定資産税課税標準額×12％※＋敷地の固定資産税課税標準額×6％）×1/12

　ロ：支払賃料の50％相当

② 小規模住宅* ── 次のいずれか高い方の金額

　イ：家屋の固定資産税課税標準額×0.20％＋12円×家屋の床面積（㎡）/3.3㎡＋敷地の固定資産税課税標準額×0.22％

　ロ：支払賃料の50％相当

※ 木造以外の家屋では10％となります。
＊ 床面積132㎡以下（木造以外の家屋は99㎡以下）をいいます。

> **借上社宅の個人負担（従業員の場合）**
> 下記で計算した金額の50％以上
> 家屋の固定資産税課税標準額×0.20％＋12円×家屋の床面積（㎡）／3.3㎡＋敷地の固定資産税課税標準額×0.22％

■固定資産税評価額の閲覧について

　月額家賃を算定するうえで必要な課税標準額は、固定資産税の納税通知書に記載してあります。この通知書は納税者である家主宛に送付されるため、本来、賃借人は知ることができません。しかし、市区町村の固定資産税課に賃貸契約書を持参することで、課税標準額を閲覧することができます。

■借上社宅を活用した場合の節税効果

　借上社宅を活用する場合、会社負担分の家賃相当額をこれまでの給与から減額することで、会社にとっては社会保険料の会社負担が減り、本人にとっては社会保険料、所得税、住民税が下がり、手取りが増えることになります。結果的に所得税や社会保険料の節約が可能になります。ただし、一定の金額は個人が負担しないと全額給与課税になってしまうことを忘れないようにしましょう。

借上社宅を活用した場合と活用していない場合の比較

【前提】給与収入1,200万円　家賃240万円の場合（年間）

①社宅なし（会社負担なし）
- 給与支給額1,200万円
- 社会保険料124.3万円　所得税122.1万円　住民税81.1万円
- 家賃支払い240万円

  差引手取額632.5万円

②社宅あり（会社負担120万円を給与額面から直接控除し、本人負担分120万円を徴収）
- 給与支給額1,080万円
- 社会保険料117.7万円　所得税97.4万円　住民税70.4万円
- 家賃負担分120万円

  差引手取額674.5万円

【効果】
- 社会保険料の減少――――6.6万円／年（124.3万円－117.7万円）
- 所得税の減少――――――24.7万円／年（122.1万円－97.4万円）
- 住民税特別徴収の減少―10.7万円／年（81.1万円－70.4万円）
- 手取り額の増加―――――42万円／年（674.5万円－632.5万円）

POINT

- 社宅の契約は必ず会社ですること。
- 全額個人負担とすると会社の負担額は変わらないが、個人の所得税・住民税が下がる。

72 死亡退職金の一部を弔慰金として支給する

■死亡退職金の一部を弔慰金とする

従業員が亡くなった場合、会社から遺族に対して死亡退職金が支払われることがあります。会社は損金に算入できますが、遺族側では死亡退職金の額が相続税法に規定する非課税限度額を超えた場合は、超えた部分の金額が相続税の課税対象となります。

そこで、**死亡退職金の一部を弔慰金として支給すれば、支給を受けた遺族側は一定の金額までは非課税となりますので、相続税も所得税もかかりません。**

■弔慰金は福利厚生費となる

弔慰金とは、故人を弔い、遺族を慰めるために贈る金銭のことです。就業規則等で定められている**弔慰金を会社が支払った場合、福利厚生費として処理することとなります。**

しかし、就業規則等に規定がない場合や、社会通念上相当と認められない金額の支給は、支払った法人の損金に算入されない可能性がありますので注意が必要です。

■弔慰金等に相当する金額

通常、弔慰金は不相当に高額でない限り相続税の課税対象となることはありません。相続税法上、非課税となる弔慰金は次の範囲です。

> ①被相続人の死亡が業務上の死亡であるとき
>   死亡当時の月給（賞与は除く）の36ヶ月に相当する金額
> ②被相続人の死亡が業務上以外の死亡であるとき
>   死亡当時の月給（賞与は除く）の6ヶ月分に相当する額

　ただし、会社から弔慰金などの名目で受け取った金銭のうち、実質的に退職金等に該当すると認められる部分は相続税の対象となります。

■ 業務上の死亡とは

　相続税基本通達では、「業務」とは、当該被相続人に遂行すべきものとして割り当てられた仕事をいい、「業務上の死亡」とは、直接業務に起因する死亡または業務と相当因果関係があると認められる死亡をいうものとして取り扱うものとするとされています。判定基準は労働基準法によることとなります。

> **業務上の死亡の場合の弔慰金支給の具体例**
> 【前提】死亡退職金2,000万円／死亡当時の月給50万円／法定相続人3人
> ① **死亡退職金を全額死亡退職金として支給**
>   2,000万円（退職手当金等）−1,500万円（非課税限度額）＝500万円
>   相続税課税対象額 ➡ 500万円
> ② **死亡退職金2,000万円のうち、500万円を弔慰金として支給**
>   1,500万円（退職手当金等）−1,500万円（非課税限度額）＝0円
>   500万円（弔慰金）−1,800万円（弔慰金相当と認められる額）＜0
>   ∴0円　　相続税課税対象額 ➡ 0円

- 社会通念上相当と認められるものについては課税されない。
- 規定がない場合や不相当に高額な弔慰金は、死亡退職金とされ相続税の対象となる。
- 業務上の死亡の判定基準は労働基準法の分野における判例および行政解釈による。

73 社員旅行を実施する

■ **社員旅行を福利厚生費とするには**

　会社に利益が計上された場合、従業員の意識をあげるため、社員旅行を実施しましょう。一定の要件を満たす社員旅行は給与課税されず、福利厚生費として損金算入することが可能になります。

■ **社員旅行を福利厚生費とするための要件**

　以下の要件をすべて満たす場合に認められます。

① **全従業員の半数以上が参加すること**

　半数以上の社員が参加しない場合や、役員限定などと参加者を限定した場合は個人旅行の色が強くなるため、給与とみなされる可能性があります。

② **旅行の日数を4泊5日以内とすること**

　海外旅行の場合などの機内泊がある場合でも現地滞在日数が4泊以内であればよく、機内泊分はカウントしません。日数がこれを超える場合、給与とみなされる可能性があります。

③ **旅行費用が社会通念上妥当なものであること**

　豪華なホテルでの宿泊、高級レストランでの食事、その他常識を超えた遊興は給与課税される可能性があります。明確な規定はありませんが、おおむね1人あたり10万円程度の金額が目安となっています。

■ **自己都合による不参加者に金銭を払った場合**

　不参加者に金銭を支給すると、手当をもらったことと変わらず給与課

税されます。

また、社員旅行に参加するか、金銭の支給とするかを選択制にした場合、金銭を支給された社員、参加者も含めて全員が給与として課税されます。

ただし、業務上のやむをえない理由で参加できなかった者に金銭を支給した場合は、支給された者だけが給与課税となります。

■ **社員旅行を実施した場合の税務対策**

社員旅行を実施した場合は、税務調査に備えて企画書や参加者名簿、日程表を保管しておく必要があります。

なお、旅行費用が給与課税となった場合、会社は所得税を源泉徴収しなければなりません。

POINT

- 期間は4泊5日までとすること。
- 不参加者に対し、金銭の支給は行わないこと。
- 参加者名簿、日程表を保管しておくこと。

74 永年勤続者を表彰する

■**一番ポピュラーな表彰制度**

　役員や従業員の表彰制度として一般的なのが、永年勤続者の表彰です。

　永年にわたり会社に貢献した役員または従業員の表彰にあたり、記念として旅行や観劇等への招待や記念品を支給する場合があります。現金を支給した場合は給与となり、役員や従業員に所得税が課税されます。

　けれども、次の要件のいずれにも該当するものについては、会社の福利厚生費として損金算入することが可能であるうえ、支給を受けた役員または従業員についても所得税が課税されません。

> **表彰による支給が福利厚生費となる要件**
> ①享受する利益の額が、その役員または従業員の勤続期間等に照らし、社会通念上相当と認められること
> ②表彰が、おおむね10年以上勤務した人を対象とし、かつ、2回以上表彰を受ける人については、おおむね5年以上の間隔をおいて行われるものであること

　なお、金額が多額であるなど、上記の要件を満たさず、福利厚生費として認められない場合は、現物給与となり、役員の場合は損金算入されず、支給を受けた人には所得税が課税されます。また、例えば旅行の招待券の支給を受けた場合は、実際の使用分のみが所得税の非課税となります。

■**いくらまでなら福利厚生費とできるのか**

　会社の規模や状況等により設定金額も異なり、また、条文でも上限金額をうたってはいませんが、昭和60年に日本放送協会から国税庁への照会があり、以下の場合では給与課税されない旨の回答がありました。

> **記念旅行券支給制度について**
> 対象者および金額　―――　25年10万円相当額、35年20万円相当額
> その他の条件　　―――　支給後1年以内に実施、報告書の提出

■**カタログギフトを記念品として支給した場合**

　会社が永年勤続者の表彰として、一定金額の範囲内で自由に品物を選択させ、その希望の品を記念品として支給した場合は、金額の多少にかかわらず給与として所得税の課税対象となります。

　条文の解釈として、現物に代えて支給する金銭については、「たとえ永年勤続者に対するものであっても非課税と取り扱うことはしない」とされています。よって、自由に品物を選択できるとすれば、これは使用者から支給された金銭で品物を購入した場合と同様の効果であるため、非課税となる永年勤続者の記念品には該当しないことになります。

■**給与課税されてしまうとどうなるか**

　表彰が非課税に該当するものではなく、給与として扱われた場合、会社はその物品に対し源泉徴収の義務を負うことになります。税務調査などで過去に遡って給与課税された場合は、徴収すべき所得税を納付するだけでなく納付しなかったことによる罰金（附帯税）も課せられます。支給を受けた者も給与所得が増えるため、所得税や住民税も増額し追納することになります。表彰どころか双方のわだかまりとならないよう注

意が必要です。

POINT

- 市場への売却性・換金性がなく、選択性も乏しく、金額も多額となるものでないこと。
- 特定の役員や従業員に対するものでないこと（支給基準を設け、表彰規程を作成するか、職務規程に明記すること）。

75 スポーツクラブなどの法人会員になる

■会社も経費に、従業員も割安で利用できる制度

近年は、出社前にジムなどのスポーツクラブ（レジャークラブ）に通う役員や従業員が増えていますが、これを会社の節税に利用できないでしょうか。

会社が法人会員としてレジャークラブに入会し年会費を支払うと、役員や従業員の利用状況によっては、会社の福利厚生費として損金算入することができます。

従業員は、法人会員としてその施設を利用することになりますので、個人で契約するよりも数割程度安くサービスを受けることができます。

■入会金の取扱い

レジャークラブの入会金を支払った場合、無形固定資産（非償却資産）として計上することになりますが、次の要件をすべて充たすものは繰延資産として償却することが可能です。

> ①その会員としての有効期限が定められているもの
> ②その脱退に際して入会金相当額の返還を受けることができないもの

■法人会員として入会できない場合は？

そのレジャー施設が個人会員のみを対象としているものである場合

（法人会員として加入できない場合）は、法人の代表者名義で加入したとしても、全従業員が隔てなく利用できる状況であり、会社が入会金を資産として計上していれば、法人の福利厚生費として損金の額に算入することが可能です。

■ゴルフ会員権との違い

　ゴルフクラブは、主に、会社が接待に利用するために入会することが多いですが、会社は入会金を支払うことにより会員権を取得することになります。この会員権は資産計上されますが、施設利用権であり譲渡性があるため、繰延資産のように償却することができません。

　また、たとえ法人名義のゴルフ会員権であっても特定の役員や従業員が利用する場合は、その者の給与課税となります。

　ゴルフクラブの年会費や年間ロッカー料は、福利厚生費ではなく交際費として計上することになります。

　なお、プレー代については入会金が資産計上されているかどうかにかかわらず、業務遂行上必要な場合は交際費となりますが、それ以外は役員や従業員の給与となります。

●特定の役員や従業員のみに利用させることを目的としないこと。

76 社葬を執り行ったら費用として計上する

■法人税法上の取扱い

役員や従業員が死亡したため、会社が社葬を執り行った場合において、その社葬を行うことが社会通念上相当であるときは、その負担した金額のうち社葬のために通常要すると認められる部分の金額は、福利厚生費として損金の額に算入することができます。

■株価評価上の取扱い

同族会社のオーナーが亡くなったことにより社葬を執り行った場合は、その会社の株価評価（純資産価額）を算定する際に、社葬費用、死亡退職金、弔慰金のうち一定のものは未払計上することが可能となり、株式の価値を減額することができます。

■社葬費用に該当するものは何か

社葬費用に該当するもの、しないものは以下のとおりです。

> **該当するもの**
> 社葬の通知費用、公告費用、葬儀場等の使用料、お布施、弁当代等
> **該当しないもの**
> 密葬費用、通夜費用、墓所霊びょう祭具等、香典返戻費用、法会費用等（役員給与となり、定期同額給与とならない場合には損金算入できません）

■**遺族の受け取った香典は誰のもの**

　会社が葬式費用を負担した場合であっても、香典を法人の収入にする必要はありません。社会通念上、香典は遺族が受け取るものとして考えられていますし、法人で収入計上した場合は法人税が課せられますが、遺族が受け取った場合は贈与税の非課税となり課税関係は生じません。

POINT
- 社葬とする明確な理由があること（殉職や会社に貢献した役員であったなど）。
- 案内状など社葬であることが証明できるものを残すこと。
- 社葬費用の範囲に注意すること。

77 バス・電車以外の通勤手当を支給する

■通勤手当の非課税枠を最大限に利用しよう

通勤手当は、会社が交通費として損金算入できるうえに、支給された者についても、実際支給額が非課税限度額以内であれば所得税は課税されません。

通勤手当の非課税限度額は、従業員だけでなく社長や非常勤役員のガソリン代などにも適用されます。

ただし、社会保険料や労働保険料は、通勤交通費を標準報酬月額に含めて計算するため、あわせて検討が必要です。

■通勤手当の非課税の範囲はどこまでか

通勤手当は、交通機関や自動車、自転車などを利用して通勤する者に対して、現金もしくは現物で支給するものです。

よって、徒歩通勤者に対して支給した場合には、経済的利益の供与として給与課税されますが、自転車通勤の従業員に対する駐輪場使用料や、交通機関を利用したならば負担することになる金額などの一定の金額は非課税扱いとなります（次ページの図表参照）。

また、新幹線等の特急料金は非課税ですが、グリーン料金や指定料金などは課税対象となります。

■**通勤手当の非課税限度額**

区分		課税されない金額
①交通機関または有料道路を利用している人に支給する通勤手当		1ヶ月あたりの合理的な運賃等の額
②自転車や自動車などの交通用具を使用している人に支給する通勤手当	通勤距離が片道55km以上	31,600円
	通勤距離が片道45km以上55km未満	28,000円
	通勤距離が片道35km以上45km未満	24,400円
	通勤距離が片道25km以上35km未満	18,700円
	通勤距離が片道15km以上25km未満	12,900円
	通勤距離が片道10km以上15km未満	7,100円
	通勤距離が片道2km以上10km未満	4,200円
	通勤距離が片道2km未満	（全額課税）
③交通機関を利用している人に支給する通勤用定期乗車券		1ヶ月あたりの合理的な運賃等の額(15万円まで)
④交通機関または有料道路を利用するほか、交通用具も使用している人に支給する通勤手当や通勤用定期乗車券		1ヶ月あたりの合理的な運賃等の額と②の金額との合計額(15万円まで)

＊平成28年（2016年）1月1日以後に支払われるべき通勤手当について適用されます。

POINT

- 従業員だけでなく役員等も非課税枠を活用すること。
- バスや電車だけでなく、自動車・自転車通勤者にも非課税枠を活用すること。

78 社員の免許・資格取得費用を会社が負担する

■社員の免許・資格取得費用を経費にする要件は

社員の免許や資格取得の費用を経費として損金算入できる場合があります。そのための要件は以下のとおりです。

> ①その資格等が業務を遂行するうえで必要であること
> ②免許等がその社員の職務に直接必要であること
> ③金額が適正であること

例えば、医療法人における看護師や不動産業における宅建主任者の資格取得等のための専門学校受講費用や、常に車を運転する自動車販売店における運転免許取得費用などは、損金算入できることになります。

ただし、それが役員や社長の息子のみなど特定の者に限定した場合は、給与として課税される可能性があります。また、役員給与は毎月定額でなければならないため、税務上否認され、損金算入できません。

■従業員も給与所得の非課税に該当する

会社から技術の習得または資格取得等のための金品を支給された場合、それが業務遂行上必要であると認められるものであるときは、所得税は非課税となり給与所得の収入金額に算入されません。

もし、会社が負担してくれた金額以上に従業員の支出金額が大きい場合、それが実際に負担すべき金額であるときは、次に説明する特定支出控除を行うことができます。

■ **特定支出控除とは**

サラリーマン（給与所得者）は事業者と違い、経費計上が認められていません。しかし、スーツや靴など必要不可欠な支出があるため、「給与所得控除」として概算経費を計上したうえで所得税が課税されています。

特定支出控除とは、「給与所得控除」の1／2（最高125万円）を超えて経費を支払った場合には、その超えた部分を給与からさらに控除することができる制度です。

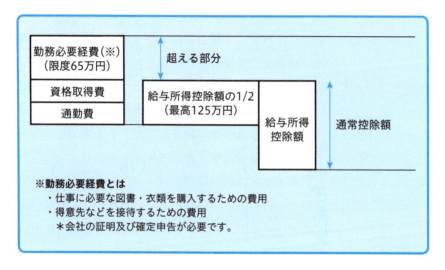

POINT

●会社の業務に直接必要であること。
●その金額（負担額）が適正であること。

79 社内提案に表彰金や賞金を支給する

■ **社内表彰制度とは**

社内表彰制度とは、現場の意志により業務改善を行う場合や、新製品の発明等を行う会社がアイデアを募集する場合に「採用されたら報奨金を出します」といって意見等を求める制度です。この費用は、会社の福利厚生費として損金算入できます。

■ **会社にとっても、従業員にとっても有利な方法とは**

この制度は、会社は福利厚生費として損金算入しやすい反面、従業員等の所得として課税されやすいものです。

課税されないための要件は、次のとおりです。

> ①通常の職務以外の提案を募集する
> ②従業員全員に参加を義務付けない
> ③報奨金を50万円以下（一時所得の特別控除額以下）にする
> ④一括で支給する

上記の①から④を満たすと、会社は福利厚生費として損金算入できるうえ、支給を受けた者は一時所得として50万円の特別控除が使えるため、報奨金が50万円以下の場合は所得税が課されません。

ただし、業務改善の提案が職務の1つであると認められるような役員については①に該当することは少ないので、主に従業員のための制度だといえます。

■**様々な所得区分となる表彰金**

　この表彰金や賞金は、内容や要件によって所得区分が変わってきます。そのため従業員への課税方法も税率も変わってくることになることに注意しましょう。

●一時所得となる報奨金にして特別控除額を活用すること。

80 結婚祝金を支給する

■元従業員でも福利厚生費となる

社内の行事に際して支出される金銭等で、従業員（元従業員も含みます）またはその親族等の慶弔や禍福に際して一定の基準に従って支給される金品は、福利厚生費として損金算入することができます。

■支給を受ける者についても所得税は課税されない

会社から役員に対し支給される祝金品、または従業員に対し就業規則等に基づいて支給される結婚、出産等の祝金品は、原則として給与とされますが、その金額が、支給を受ける者の地位等に照らし、社会通念上相当と認められるものについては、所得税は課税されません。

■一定の基準や社会通念上相当額とは

会社の規模や業種、支給を受ける者の地位や報酬額によっても基準となる金額が変わってきますので、一概にいくらなら問題ないとは言えず、税法や通達などにも明記はされていません。ただ、あまりにも高額だったりすると、支給を受けた者の給与として所得税が課せられますので注意が必要です。一般的には、従業員で10万円以内、役員で20万円以内が妥当といわれています。

POINT

- ●一般常識の範囲を超える金額にしないこと。
- ●慶弔金規程を設けて、それに基づき支給すること。

第11章

保険を活用した節税ポイント

81 掛捨ての生命保険を活用する（定期保険）

■掛捨て生命保険の保険料は全額損金計上できる

　生命保険には、「定期保険」「養老保険」「終身保険」の3種類があります。

　そのうちの1つである「定期保険」とは、保険期間を定め、死亡した場合のみ保険金が支払われるものです。満期保険金はありません。解約返戻金（へんれいきん）もあまりありませんので、貯蓄性がほとんどない掛捨ての保険と言えます。このため、支払う保険料が他の保険と比べ割安です。そうした性質から、定期保険については、支払った保険料を全額損金算入することができます。

■定期保険の有効な活用方法は

　上記のような特徴を持つ定期保険を有効に活用するのに適しているのが、役員の死亡退職金を準備する目的での加入です。このほか、万が一（経営者の死亡など）のために借入金返済の資金準備など事業保障を目的とした加入も考えられます。

■加入時の注意点

　契約において保険金の受取人を誰にするかにより課税の取り扱いが異なります。法人が契約者で保険料を負担した場合、保険金の受取人を会社とすると、支払った保険料は全額損金算入できます。しかし、保険金の受取人を被保険者本人にした場合は、その者に対する給与とみなされます。

■**保険事故が発生した場合**

保険事故が発生した場合、保険金の受取人を法人としているときは、受け取った保険金額が雑収入として益金算入されます。退職金支給のための加入であれば、同等の退職金を支払う可能性が高いため、損金算入される退職金と益金算入される保険金額とを相殺することができます。

■**保険金額設定の目安は**

保険契約の締結に際しては保険金額を設定しますが、その保障額の目安となるものを紹介します。以下の①＋②を保険金額として考えてみてはいかがでしょうか。

---

①役員退職慰労金として損金算入限度額
　　最終月額報酬×勤続年数×比較法人の功績倍率
②弔慰金として相続税を課されない金額
　　業務上の死亡　——　死亡時の報酬月額×36ヶ月分
　　業務外の死亡　——　死亡時の報酬月額×6ヶ月分

POINT

- 保険料が全額損金計上できるものを活用し、将来の支出に備えよう。
- いくら保険金が必要なのか目安を定める必要がある。

82 逓増定期保険に加入する

■逓増定期保険とは

　逓増定期保険とは、法人が自己を契約者として役員または使用人を被保険者として加入する定期保険で、保険期間の経過に伴い保険金額が5倍以内の範囲で増加する定期保険で、保険期間満了時の被保険者の年齢が45歳を超えるものをいいます。

　この保険の特徴は、年々保険金額が増えていく保険であり、それに伴い解約返戻金も年々増加し、比較的早い段階で解約返戻率の高いピークを迎えるものが多くみられます。ただし、解約返戻率の高いピークを過ぎると急激に解約返戻率が低下する傾向にあります。

　このような特徴から、この保険の活用としては、役員退職金の準備のために加入するケースが考えられます。退任の時期が確定していればその時期に解約返戻率がピークになるように商品設計を組みます。そのほか特定の設備投資の資金計画のために加入するという考え方もできるでしょう。

■保険料の取扱いには注意が必要

　逓増定期保険は、ある一定期間まで解約返戻率が高くなることから、次ページの表のとおり契約形態により損金算入の取扱いが異なります。なお、平成20年（2008年）2月28日より国税庁通達で契約時期により取扱いが異なることとなりました。

■逓増定期保険の保険料の損金算入の取扱い

契約内容	損金算入額
被保険者の満期時の年齢45歳超（60歳超）	支払保険料×1／2
被保険者の満期時の年齢70歳超かつ ［加入時年齢 a ＋保険期間 b ×2］＞95（105）	支払保険料×1／3
被保険者の満期時の年齢80歳超（70歳超）かつ ［a ＋ b×2］＞120	支払保険料×1／4
上記以外のもの	期間の経過に応じて 損金算入※

（　）は、平成20年（2008年）2月28日前の保険契約について適用されます。
※保険期間の開始のときから保険期間の60％相当期間が前払期間となり、60％相当期間経過後は、期間の経過に応じて損金算入されます。

■保険金受取時の処理は

　保険金受取時は、資産計上（保険積立金勘定など）されている金額を超えた部分については、雑収入として益金算入、資産計上されている金額を下回る場合は、差額を雑損失として損金算入します。

　ただし、この保険の加入目的が退職金支給時期に解約するように設計されているならば、退職金が損金算入され益金と相殺させることもできます。

■逓増定期保険に加入する際の注意点は

　逓増定期保険は、将来の支出に備え、なおかつ保険料として損金計上し節税を図れることが魅力です。解約時のタイミングにより解約返戻率が大幅に異なります。

　例えば、当初予定していた退職時期を先延ばしにした場合などには解約返戻率低下のリスクを伴うことになります。逓増定期保険だけでなくほかの保険と複数で組み合わせて加入することにより、リスクを軽減させることを検討する必要があります。

POINT

●契約内容により保険料の経理処理方法が異なる。

●退職時期と解約返戻金が最も高額になる時期をあわせること。

83 養老保険に加入する

■養老保険とは

養老保険とは、保険契約期間中に被保険者が死亡した場合に死亡保険金が支払われ、被保険者が満期まで生存した場合には満期保険金が支払われる保険契約です。死亡、満期いずれの場合も保険金が支払われるため、貯蓄性の高い保険といえます。

養老保険の活用法として代表的なものに、役員または従業員の退職金準備のための積立てがあげられます。本来は全額資産計上するものですが、以下の条件に該当すれば支払った保険料のうち1／2を損金算入することができます。

■1／2損金算入するための条件

契約形態を、保険契約者および満期保険金受取人を法人、被保険者を役員または従業員、死亡保険金受取人を役員または従業員の遺族とします。

この契約形態であれば、保険料の1／2を損金として計上することができます。一般的にはこれを「福利厚生プラン」と呼んでいます。

■加入についての注意点

加入についての注意点は以下のとおりです。

①一律の条件のもとに加入

一律の条件が原則ですが、「勤続年数〇年以上」などといった客観的な基準により加入資格に差異を設けることは認められています。

②退職給与規程や福利厚生に関する規定の整備

整備されていない場合は整備しましょう。

■**保険金を受け取ったら**

中途解約もしくは、満期により法人が保険金を受け取った場合は、それまで積み立てた資産（保険積立金勘定など）を超えた部分については、雑収入として益金算入されます。従業員の死亡により遺族が保険金を受け取った場合には、積み立てていた資産計上分を損金算入することになります。

●加入要件を満たすことにより1／2損金計上できる。
●加入については、一律の条件とすること。

84 長期平準定期保険に加入する

■長期平準定期保険とは

　長期平準定期保険とは、法人が自己を契約者とし役員または使用人を被保険者として加入する定期保険です。

　保険期間が99歳や100歳などといった長期にわたり、その期間内の保障額・保険料が一定で、その期間内に死亡事故等がなければ保険期間は終了し、満期保険金は支払われない掛捨て保険です。

　保険期間が長期にわたるため、被保険者の加入年齢が若いほど、また、保険期間が長期であるほど、解約した場合の解約返戻金が多くなりますので節税効果が期待できます。

■保険料の取扱いは

　税法上、長期平準定期保険は、保険期間満了時の被保険者の年齢が70歳を超え、かつ、その保険に加入したときの被保険者の年齢＋保険期間×2が105を超えるものと定義されています。ただし、逓増定期保険（220ページ）に該当するものを除きます。

　保険料の取扱いは、期間に応じて次のように定められています。

①保険期間開始のときから保険期間の60％相当期間

　1／2を資産計上し、1／2を損金算入します。

②保険期間の60％相当期間経過後

　支払保険料は全額損金に算入し、それまでに積み立てた資産計上累計額をその期間の経過に応じ、取り崩して損金算入します。

■ **保険金の取扱いは**

　保険金受取時は、資産計上（保険積立金勘定など）されている金額を超えた部分については、雑収入として益金算入、資産計上されている金額を下回る場合は、差額を雑損失として損金算入します。

■ **長期平準定期保険の活用方法**

　保険期間の短い定期保険の場合、解約返戻金はほとんどありませんが、長期平準定期保険の場合、長期間にわたり高水準の解約返戻金が存在するのが特徴です。加入後数十年経過すると支払った保険料の100％に近い返戻率になります。この特徴を利用して、比較的若い経営者の退職金準備に活用されることが多いです。

　これにより、解約返戻金のピークを役員退職金の支給時期に合わせることにより、退職金を外部積立てすることになります。

　ただし、あくまで掛捨ての定期保険の一種ですので、返戻率のピークを過ぎると一気に返戻率が下がりますので注意が必要です（保険会社によっては解約返戻金を低く抑えた期間を設定し、保険料を安くした低解約返戻金型の長期平準定期保険も販売されています）。

　また、解約返戻金のうち一定の額まで借り入れを受けることができるので事業資金の準備としても活用が期待できます。

POINT

- 契約が長期にわたるため被保険者の加入年齢が若いほど解約返戻金が多くなる。
- 解約返戻率については、保険会社各社で様々な商品が販売されているため商品ごとの特徴を把握することが大切。

85 所得補償保険、傷害保険に加入する

■所得補償保険とは

　所得補償保険とは、被保険者が病気やケガにより仕事に従事できなくなった場合、その期間の給与や収益を補償する損害保険契約のことです。特徴として、病気だけ（商品によっては、うつなどの精神疾患を含みます）でなくケガにより働けなくなった場合にも補償が受けられ、保険金を毎月受け取ることができます。

　死亡時に残された家族に対して補償するのが生命保険、病気やケガによる医療費の補填（ほてん）をするのが、医療・傷害保険ですが、所得補償保険は将来の収入を補償するという保険です。

■傷害保険とは

　「傷害保険」とは、被保険者がケガや事故などを負った場合に保険金が支払われるものです。病気による死亡・入院は対象外となります。一般的には掛捨て型が多いですが、積立型の傷害保険もあります。

　契約により、全額損金計上になるもの、一部資産計上しなければならないものなど、商品設計により税務処理が異なるので注意が必要です。

■契約上の注意点は

　法人が契約者となり、役員・従業員全員を被保険者および受取人とすると、保険料は全額損金に算入することができます。被保険者側は、所得税の課税を受けることはありません。

　被保険者を特定の役員、従業員という契約にすると、その特定の者へ

の給与として所得税が課せられます。

保険金の目的、保険金が支払われる時期については、医療・傷害保険とは異なりますので、医療・傷害保険をすべて解約して所得補償保険に一本化するのではなく、必要に応じた組み合わせをすることが重要です。

なお、役員・従業員が受け取る保険金は、所得税法上非課税となっています。

■傷害保険金が支払われない場合は

以下のケースに該当する場合は、保険金が支払われません。

> ①故意、自殺、犯罪行為、地震等によるケガ
> ②酒酔い運転によるケガ
> ③危険な運動、行為を行っている間のケガ　など

■短期前払費用の特例を適用することもできる

所得補償保険と傷害保険では短期前払費用の特例を適用し、年払い保険料を当期の保険料として損金算入することが可能です（68〜69ページ参照）。

POINT

- 法人を契約者、役員・従業員全員を被保険者とする契約により損金算入できる。
- 短期前払費用の特例を適用し年払い保険料を当期の損金に算入することができる。

86 従業員の医療保険への加入を検討する

■医療保険とは

「医療保険」とは、病気やケガによる入院や手術を対象にした保険です。**契約者が会社、被保険者が役員または従業員、入院・手術給付金受取人を会社とした場合、保険期間、保険料払込期間が共に「終身」であるなら、支払った保険料は全額損金算入となります。**

保険期間が「終身」、保険料払込期間が60歳などの「有期」の場合は、保険期間と保険料払込期間の経過が対応しないため、次のように取り扱うこととされています。

①保険料払込期間中の処理

各年度の損金算入対象保険料と前払保険料を計算する必要がありますが、保険期間が終身であるため、計算上の満期到達年齢を「105歳」として計算します。

> 損金算入対象保険料＝保険料×保険料払込期間／105歳－契約年齢
> 前払保険料＝保険料－損金算入対象保険料

②保険料払込期間後の処理

次の計算式により算出した金額を資産計上額より取り崩して損金の額に算入します。

> 取崩額＝保険料払込時の資産計上額／105歳－払込終了時の年齢

■加入条件は

加入条件としては、会社が契約者および保険金受取人となり、役員・従業員を被保険者とします。加入対象者は、特定することができます。従業員については、加入条件を勤続年数1年以上に限るということも可能です。会社が契約者となり、保険金受取人を個人とした場合は、全員加入が必要ですが、前記と同様に加入条件をつけることも可能です。

■保険事故発生時の経理処理

会社が保険給付金を受け取った場合は、雑収入として益金算入することとなります。前払保険料として資産計上している場合は、その資産計上額を超える部分が益金となります。

会社が受け取った保険給付金を見舞金として役員、従業員に支給する場合は、福利厚生費等として損金計上することができます。支給を行うためには社内規程を設け、支給額については「社会通念上相当と認められる金額」に設定をします。この「相当と認められる金額」を超える部分の金額については、賞与として所得税の課税対象とされますので、注意して金額を設定する必要があります。「相当と認められる金額」の範囲内であれば、所得税は非課税となります。

■入院・手術給付金受取人を個人とした場合

契約者が会社、被保険者および給付金受取人を特定の役員または従業員とした場合、支払った保険料は、個人に対する経済的利益の供与とされ、役員給与または給与として所得税が課税されます。

POINT
- 加入条件によっては支払った保険料が給与課税となる。
- 保険期間、保険料払込期間により一部資産計上が必要となる。

87 保険の見直しを検討する

■安くなる保険料と高くなる保険料

　日本人の平均寿命が長くなるにつれ、掛捨て保険は年々減少する傾向にあります。

　一方で、終身保険などは保険料が上がる傾向にあり、医療保険や介護保険はその給付事由によって保険料が上がったり下がったりします。いずれにせよ、保険料が減少傾向にある掛捨て保険に加入しているのであれば、同条件での保険の見積りを取り寄せてみるべきでしょう。

　また法人の保険料負担を圧迫している保険があれば、現状の法人のニーズに合致しているか見直してみましょう。

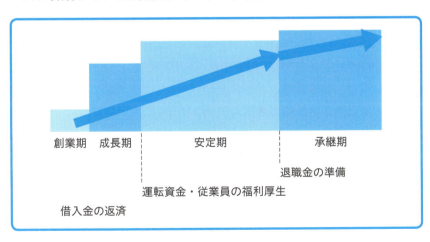

■**保険の検討事項**

①法人が現状に合わせた必要な保険に加入しているか。
②不必要な保険に加入していないか。
③新たに入りなおすことで保険料が下がるか。

■**ニーズに合わせた保険**

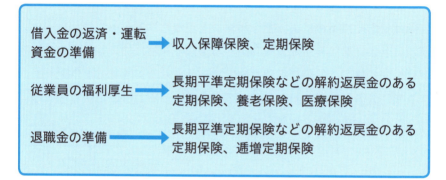

■**保全による保険の活用**

保険の有効活用は保障以外にも可能です。

①**減額（一部解約）**

　保険料の減額はもちろんのこと、積み立てていた解約返戻金も保険料の減額割合に合わせて取り崩すことができます。別な言い方をすれば、取り崩したい解約返戻金の分だけ保険料を下げることができます。

②**払い済み**

　保険料の払い込みを止め、保障を確保することができます。一般的には、払い済み時に保険金額は下がりますが、払い済み後の保険料負担が

なくなります。また、払い済み後に終身保険にすると解約返戻率（払った保険料総額に対する解約返戻金）は、一定期間まで上がります。つまり、法人のキャッシュの負担が減り、保障も残せます。

ただし、現契約が養老保険、終身保険等以外の場合、払い済み時に解約返戻金と保険積立金の差額が益金計上されるので注意が必要です（定期保険特約が付加されている場合も同様です）。逆に、養老保険、終身保険等に加入していて、保険料の負担が困難な場合は払い済みで保険料負担を止めることも有効な手段ともいえます。従業員全員が養老保険に加入している場合、払い済み後の保険金額が一律ではなくなることもあるので、社内規定と照らし合わせてみてください。

③契約者貸付

資金繰りが困難な場合に、積み立てている解約返戻金の一定割合について保険会社からの貸し付けを受けることができます。貸付を受けられる金額は保険会社によって異なり、解約返戻金の5～9割とされています。近年、金利が安いため貸付金利が2～3％であり、銀行融資に比べ手続きが簡単なので急場の資金繰りには即効性があります。金利は契約日時点の保険会社の利率によることが多く、契約日が昔の契約だと貸付金利が高いこともあるので、保険会社に問い合わせてみるのも良いでしょう。

POINT

- 加入している保険が法人の現状に合っているか確認する。
- 不必要な保険は見直しを検討する。
- 保険の保全機能により、保障とキャッシュのバランスを調整する。

88 中小企業退職金共済（中退共）に加入する

■退職金の準備を進められ、掛金も経費に計上できる

　従業員の退職の際、退職金を工面するのに苦労された方もいるのではないでしょうか。退職の都度資金を用意するのではなく、計画的に事業年度ごとの掛金を積み立て、なおかつ、掛金を損金算入する方法があります。それは、独立行政法人勤労者退職金共済機構・中小企業退職金共済事業本部が運営する、中小企業退職金共済（中退共）という共済制度です。これは、以下の条件に該当する中小企業しか加入できません。

■中小企業退職金共済（中退共）に加入できる中小企業

業種	資本金・出資金		従業員数
一般業種（製造業、建設業等）	3億円以下	または	300人以下
卸売業	1億円以下		100人以下
小売業	5,000万円以下		50人以下
サービス業	5,000万円以下		100人以下

■中退共への加入条件は

　原則、従業員全員を加入させなければなりません。ただし、事業主や役員（使用人兼務役員を除きます）は、加入することができません。また、期間を定めて雇われている人、試用期間中の人などは加入する必要はありません。

　掛金については、従業員ごとに各人の基本給に応じて決めることができますが、退職金規程と整合性のある設定をするといいでしょう。

■**加入のメリットとデメリット**

中退共加入のメリットとしては、管理の手数がかからず運用リスクを事業者が負わないことがあげられますが、なんといっても掛金を福利厚生費などの経費として全額損金算入することができることです。月々節税をしながら、計画的に退職金として積み立てを行うことができます。

デメリットとして考えられることは、積立期間が短い期間で従業員が退職した場合、支給額が掛金総額を下回るおそれがあるということです。また、共済機構等から直接支給されるため、退職事由などにより支給金額を調整することができないため一律の支給となります。自己都合退職であっても、定年退職であっても一律で同じ額が支給されることになります。

■**給付金について**

給付金は、加入従業員が退職したときまたは死亡したときに、加入従業員または遺族に直接支払われます。受け取り方は、一時金と分割の方法があります。

一時金で受け取る場合は、その金額は、退職所得とされるので退職所得控除額などにより少ない課税ですみます。

分割で受け取る場合は、雑所得とされ、公的年金等控除を適用することにより比較的少ない課税ですみます。

POINT

- 従業員全員を加入させること。
- 掛金の全額を損金計上することができる。
- 退職金規程と整合性のある掛金を設定すること。

89 倒産防止共済に加入する

■ **取引先に万が一のことがあった場合に備える貸付制度**

　経済の低迷により、やむを得ず取引先が倒産するケースがみられます。取引先企業の倒産の影響（例えば、売掛金の回収不能など）によって、中小企業が連鎖倒産や経営難に陥ることを防止するために、中小企業倒産防止共済制度（経営セーフティ共済）という共済制度があります。この制度は、中小企業倒産防止共済法に基づいて、国が全額出資している独立行政法人中小企業基盤整備機構が運営しています。

■ **倒産防止共済の支援内容は**

　加入後6ヶ月以上経過して取引先企業が倒産（一定条件を満たす私的整理も含みます）した場合、売掛金や受取手形などの回収が困難となった額と、積み立てた掛金総額の10倍に相当する額のいずれか少ない額（貸付限度額8,000万円）の貸付が受けられます。

■ **掛金はいくらか**

　毎月の掛金月額は、5,000円から20万円の範囲内（5,000円きざみ）で設定でき、加入後増額することもできます。そして、総額800万円まで積み立てることができます。倒産防止共済の掛金は、税法上損金として算入することができます。

■ **加入条件は**

　1年以上継続して事業を行っている中小企業者で、次の表の「資本金

額等」または「従業員数」のいずれかに該当する会社です。

■**倒産防止共済の加入条件（抜粋）**

業種	資本金額等	従業員数
製造業、建設業、その他の業種	3億円以下	300人以下
卸売業	1億円以下	100人以下
小売業	5,000万円以下	50人以下
サービス業	5,000万円以下	100人以下

■**借入れするときの条件は**

　取引先の会社に万が一のことがあったときは、共済金を借り入れることができます。借入れに際しては、担保・保証料の必要はありません。

　共済金の借入れは無利子ですが、借入れを受けた共済金の10分の1に相当する額が掛金総額から減額されます。

　償還期間は、5～7年（うち据置期間6ヶ月）の毎月均等償還となります。

■**解約したら**

　40ヶ月以上の納付期間があれば、掛金の100％が戻ってきます。しかし、掛金の納付期間が12ヶ月未満の場合は、掛金の戻りはありません。

POINT
- 売上債権の回収リスクを貸付という形で軽減できる。
- 掛金は、全額損金に算入できる。

第12章

事業承継に関する節税ポイント

生前贈与で自社株を移転する

■ **贈与税の基礎控除**

　贈与税には受贈者（贈与を受ける者）1人あたり1年間に110万円の基礎控除が与えられています。この非課税枠を利用して、自社株を毎年贈与していく方法があります。

　例えば、1株5万円の評価額であれば22株（110万円÷5万円）を無税で後継者に移転することができます。また基礎控除を超える贈与についても、相続財産が多額で相続税の実効税率が高い場合には、実効税率以下の贈与を行うことにより節税が図れます。

　自社株は、将来子供を通じて孫へ相続されていくと思われます。孫に直接贈与を行えば子供の相続対策として有効です。

■ **個人間の贈与による評価額**

　この場合の評価額は、財産評価基本通達による相続税評価額となります。会社の規模により評価方法が異なりますのでご注意ください。

■ **贈与日または年によって評価額が異なる**

　取引相場のない株式の評価は、「類似業種比準価額」または「純資産価額」、ならびにこれらの「折衷法」により評価します。

　類似業種比準価額は、上場企業の株価を基準として自社の株式を評価するため、標本会社の株価が下がると自社の株価も下がることになります。また純資産価額は、自社の貸借対照表より株価を算定するため、所有している土地や有価証券の価額が下がると自社の株価も下がることに

なります。土地の価額は毎年発表される路線価によりますので、評価額を見極めて贈与を行うことが有効です。

■**贈与日の証明をとっておく**

譲渡と異なり金銭の授受がないため「贈与契約書」を作成し、公証役場で確定日付をとることをお勧めします。

■**配当還元価額による贈与**

同族株主グループ内の贈与であっても、次の要件を充たせば配当還元価額による贈与が可能です。

> ①その会社に同族株主が存在すること
> ②同族株主のどれかに中心的な同族株主※が存在すること
> ③受贈者が中心的な同族株主でないこと
> ④受贈者の贈与後の所有割合が5％未満であること
> ⑤受贈者が当該会社の特定の役員でないこと
>
> ※中心的な同族株主とは、同族株主グループで、株主とその配偶者、直系血族、兄弟姉妹、1親等の姻族の有する株式（議決権）の合計数がその会社の発行済株式（議決権総数）の25％以上である場合におけるその株主をいいます。

簡単な例で説明しますと、贈与者が100％所有している場合にはその方の甥、姪に対する贈与は配当還元価額で行えます。だだし株式が分散してしまうということに注意が必要です。

POINT

- 基礎控除を超える贈与も、相続税の実効税率以下なら有効となる。
- 平成27年（2015年）1月1日以後は20歳以上の者が直系尊属から受けた贈与については税率が軽減される。

91 相続時精算課税で自社株を移転する

■ **相続時精算課税の制度の概要**

贈与税には「暦年課税」と「相続時精算課税」の2つがあり、要件を充たす場合には相続時精算課税を選択することができます。だだし、この方法を選択した場合には、その後の暦年課税による110万円の基礎控除は利用できなくなります。

①**適用対象者**

贈与者は60歳以上の父母または祖父母で、受贈者は贈与者の推定相続人である子または孫である20歳以上の者となっています。

②**適用財産**

現金、自社株など種類の制限はありません。また、贈与回数にも制限はありません。

③**税額の計算**

非課税枠が2,500万円あり、この非課税枠を超える贈与財産につき一律20％の贈与税が課税されます。この制度選択後の生前贈与財産は相続税の課税対象となるため、精算課税により支払った贈与税は、相続税から控除されます。

④**手続き**

贈与を受けた年の翌年2月1日から3月15日までの間に、選択届出書に戸籍謄本等の一定の書類を添付して納税地の所轄税務署長に提出します。いったん選択すると暦年課税には戻れません。

■どんな財産が相続時精算課税に適しているか

　この制度は、相続発生時には当該制度選択後の生前贈与財産も相続財産に加算され、相続税の計算を行いますが、加算される評価額は「贈与時の価額」となります。つまり贈与後の値上がり分は加味されません。したがって、現金のように評価額が変わらない財産よりも、今後の評価額の増加が見込まれる「自社株式」などの財産が適しています。

■両親ともに選択すれば5,000万円

　相続時精算課税制度は贈与者ごとに選択できます。したがって両親が2人とも選択すれば、一次相続で配偶者控除により配偶者の納税額を抑え、配偶者が取得した財産のうち、2,500万円を無税で子に移転することができます。

■贈与税の納税猶予との併用

　贈与税の納税猶予には、対象株式数に上限が定められており、適用上限は発行済株式総数の2／3までです。この適用上限を超える部分には高額な贈与税が課税されてしまいます。しかし相続時精算課税を選択すれば、上限を超える株数のうち2,500万円までは贈与税は課税されず、また2,500万円を超える部分についても一律20％の贈与税ですみます。

POINT

- 相続時精算課税は、20歳以上の子供または孫に適用される。
- いったん相続時精算課税を選択すると暦年課税に戻れなくなる。
- 相続財産が基礎控除以下であれば、生前に現金等の財産移転が可能。

92 自社株を譲渡する

■相続人への譲渡

　贈与による自社株の移転は、基礎控除の範囲内であれば贈与税の負担はありませんが、自社株の評価額が高い場合には、移転できる株数に限度があるため事業承継に時間を要します。譲渡の場合には取得者側に金銭負担が生じますが、資金負担ができるなら多数の株式の移転が可能です。ただし、将来発生する相続税の実効税率を考えながら行う必要があります。

　譲渡による移転は、経営者の株式と現金を交換するもので、株価の上昇が見込まれる場合には、相続財産価額を固定する効果があります。

■譲渡税がかかる

　非上場株式の譲渡による所得は申告分離課税となります。譲渡価額と取得費の差額について、所得税と住民税の合計で20.42％の一定率で課税されます。この場合、上場株式等の譲渡損失があれば、非上場株式の譲渡所得金額と通算ができます。また平成28年（2016年）より、上場株式等の譲渡損失は、非上場株式の譲渡所得金額と損益通算はできなくなりました。

■株式の譲渡価額

　第三者へ売却する場合には経済性を考慮し、自ずと適正な価額が決定されますが、後継者（同族関係者）への譲渡には注意が必要です。

■課税関係が生じない売買価額

	譲渡者	取得者
個人から個人へ譲渡	相続税評価額※	相続税評価額
個人から会社へ譲渡	所得税法上の時価＊	法人税法上の時価◎

※相続税評価額とは、相続税財産評価基本通達により評価した価額です。
＊所得税法上の時価とは、所得税基本通達59－6により評価した価額です。
◎法人税法上の時価とは、法人税基本通達9－1－14により評価した価額です。

■みなし譲渡とされる場合

　個人間の譲渡の場合には、相続税評価額で譲渡を行えば課税関係は生じませんが、個人から会社への譲渡の場合には、売買価額が時価の1／2未満の場合には時価による譲渡をしたものとみなされ、譲渡所得が課されます。また、取得した会社側でも時価と支出金額との差額が受贈益となります。この場合の時価とは所得税法上の時価となります。

■個人への譲渡と会社への譲渡はどちらが有利か

　自社株式を発行会社で買い取る（自己株式の取得）ことも検討すべきですが、会社が自己株式を取得した場合には、売主に対し譲渡所得と配当所得が課税されます。売買価額が高額になること、配当所得が総合課税されることを考えると、相続税評価額で譲渡可能な「個人間の譲渡」が一般的には有利になります。ただし、相続人が一定期間内に自社株式を会社に売却する場合には、みなし配当課税は課されませんので、相続税の納税資金の確保には有効です。

POINT
- 譲渡所得の計算上、上場株式等の譲渡損失があれば損益通算できる。
- 個人間であれば、相続税評価額で譲渡可能。
- 会社へ売却する場合にはみなし譲渡に注意すること。

93 従業員持株会に自社株を移転する

■自社株式を従業員持株会へ譲渡

　同族株主グループの支配権(株主総会における特別決議に必要な66.7%)を確保したうえで、残りの株式を従業員持株会へ譲渡することにより、所有株式数を減らし評価額を減少させることができます。この場合の売却価額は「配当還元価額」となりますので、株式を譲渡したことによる税額も僅少ですみます。

■従業員持株会とは

組織の種類には次の形態があります。

> ①人格のない社団
> 　従業員持株会が社団としての形態をもっていて、代表者または管理人の定めがあり、法人格を有しない場合です。
> ②民法上の組合
> 　従業員持株会が民法第667条による組合になっている場合です。
> ③直接参加方式
> 　従業員がそれぞれ直接株主になっている場合です。

■自社株式の引出しの可否

　民法上の組合である従業員持株会には、次の2つの種類があります。上場企業の従業員持株会はすべて①の形態です。同族会社には②の方

が好ましいと思います。

> ①従業員持株会の構成員である従業員が、持ち分に応じた自社株式を従業員持株会から引き出し、独自で株主になれるもの
> ②従業員が持つのはあくまで従業員持株会の持ち分に過ぎず、自社株式の引出しができないもの

■従業員持株会にはどんな規制があるか

小さな同族会社が従業員持株会を作る場合には、何の規制もありません。したがって自社に合った持株会を作ることができます。

■退職する従業員がいるとき

非公開会社の従業員持株会で問題になるのは、退職する従業員からいくらで自社株を買い取るかということだと思いますが、これは配当還元価額によるのが一般的です。また、当初の引受価額を退会者からの買取価額とする場合もあり、従業員株主が納得する基準を設けて、それを従業員持株会の規約に買取価格として明記しておくことがトラブルを避けることになります。

また、退職者から誰が株を買い取るかという問題もあります。通常は、従業員持株会の理事長が一時買い取り、その後、それを従業員持株会に加入している他の従業員に売却する方法がとられています。

■配当金を収受したとき

法人より配当金が支払われたときは、いったん理事長がすべて引き受け、それを各々の持ち分により各従業員に配分します。よって配当所得として課税されるのは最終的に配当金を収受する従業員となります。

POINT

- ●特別決議を可能とするため、経営者は発行済株式の2／3は維持すること。
- ●従業員持株会の形態は、トラブル防止のため従業員が株式を直接保有しない民法上の組合が好ましい。

94 取引相場のない株式の評価方法

■株主によって異なる評価額

　取引相場のない株式を評価する場合、株主を「支配株主」と「零細株主」に区分します。支配株主とは、その名のとおり会社を支配する株主のことで、会社の発行済株式（議決権）の30％以上を有する株主（50％超所有している株主がいる場合には当該株主のみ）をいいます。零細株主とは、支配株主以外の株主をいいます。支配株主には「類似業種比準方式」または「純資産価額方式」が適用され、零細株主には「配当還元方式」が適用されます。

■評価方法の種類

①類似業種比準方式

　上場会社の事業内容を基として定められている業種目のうち、評価会社の事業内容と類似するものを選び、その類似業種の株価、1株あたりの「配当金額」「利益金額」「純資産価額」を基とし、評価会社の1株あたりの「配当金額」「利益金額」「純資産価額」を比準要素として株式の価額を求める方法です。

　類似業種比準方式による評価額は、次の算式で求められます。

$$類似業種の株価 \times \frac{\dfrac{評価会社の配当}{類似業種配当} + \dfrac{評価会社の利益}{類似業種の利益} + \dfrac{評価会社の純資産価額}{類似業種の純資産価額}}{3} \times 0.7^{※}$$

※中会社は0.6、小会社は0.5となります。

② **純資産価額方式**

評価会社の課税時期現在における資産および負債を、財産評価基本通達を基とし評価した価額により、1株あたりの株価を算定する方法です。具体的には次の算式によって評価します。

$$\frac{\text{相続税評価額による資産の合計額} - \text{負債の合計額} - \text{評価差額に対する法人税額等相当額}^{※}}{\text{課税時期現在の発行済株式数(自己株式数を除く)}}$$

$$※\left(\text{相続税評価額による資産の合計} - \text{帳簿価額による資産の合計}\right) \times 37\% = \text{評価差額に対する法人税額等相当額}$$

③ **配当還元方式**

1株あたりの年配当金額（2年間の平均）を10％で割り戻すことにより1株あたりの株価を算定する方法です。

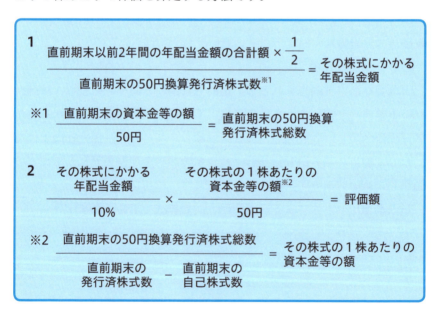

■会社規模による違い

　会社規模により、評価方法が決まります。会社の規模の判定は、第一に従業員が70人以上は大会社になります。

　従業員が70人未満の場合は、①直前期末の総資産価額と直前期末以前1年間における従業員数に応ずる区分、および、②直前期末以前1年間の取引金額に応ずる区分のどちらか低い方によって下記のとおり判定します。

・卸売業

	①総資産価額と従業員数	②取引金額
大会社	20億円以上かつ35人超	30億円以上
中会社	7,000万円以上かつ5人超	2億円以上30億円未満
小会社	7,000万円未満または5人以下	2億円未満

・小売・サービス業

	①総資産価額と従業員数	②取引金額
大会社	15億円以上かつ35人超	20億円以上
中会社	4,000万円以上かつ5人超	6,000万円以上20億円未満
小会社	4,000万円未満または5人以下	6,000万円未満

・卸売業・小売・サービス業以外

	①総資産価額と従業員数	②取引金額
大会社	15億円以上かつ35人超	15億円以上
中会社	5,000万円以上かつ5人超	8,000万円以上15億円未満
小会社	5,000万円未満または5人以下	8,000万円未満

①大会社の評価方法

類似業種比準価額となります。ただし、純資産価額とのいずれか低い価額を選択することができます。

②中会社の評価方法

類似業種比準価額と純資産価額の会社規模に応じた折衷方法により評価した金額です。ただし、純資産価額とのいずれか低い価額を選択することができます。

③小会社の評価方法

純資産価額となります。ただし、類似業種比準価額×0.5＋純資産価額×（1－0.5）のいずれか低い価額を選択することができます。

■ **評価額の減少ポイント**

①資産の含み益の大きい会社

純資産価額方式によると、株価が高くなる場合が多いと思われます。

この場合、類似業種比準価額の占める割合を高くすることが株価減少のポイントです。この評価方法によれば会社の含み益は株価にあまり影響を受けません。従業員が70人以上いる会社は類似業種比準価額による評価ができますが、70人未満の会社は分社型分割を利用することにより含み益の大きい部門を分割させ、業種の変更により中会社のLの割合を引き上げたり、または大会社に業種区分を変更することにより評価額の減少が可能です。

ただし分割を行った場合には開業後3年未満の会社となり、類似業種比準価額による評価は行えませんので注意してください。

②所得金額がマイナスとなったとき

類似業種比準価額の算式を見るとわかりますが、比準要素は1株あたりの「配当金額」「利益金額」「純資産価額」となっています。株価を下げるには無配にするか、大きな損失が発生した事業年度、役員退職金を

支給した事業年度などを有効に利用すべきです。

POINT
- 支配株主か零細株主かによって評価方法が異なる。
- 評価方法には類似業種比準、純資産価額、配当還元の3方式がある。

95 増資によって自社株式の評価を下げる

■第三者割当増資と新株の発行価額

増資には「株主割当」「第三者割当」等がありますが、第三者割当増資とは、既存の株主を含め特定の者に新株式を割り当てるものです。割当を受けた者の議決権割合は増加し、発行済株式数が増加するため、割当を受けなかった既存株主の議決権割合が減少します。割当先は役員、従業員、取引先、持株会などが考えられます。

新株の発行価額は通常、時価発行となります。この場合の時価とは税法上の評価額やDCF（ディスカウントキャッシュフロー）などがあります。

■株式の発行価額が低い場合

株式を時価で発行する場合や株主割当増資の場合には、引き受けた株主に課税関係は生じません。しかし発行価額が低い場合には「有利発行」（株式の時価と払込金額との差額が、当該株式の時価のおおむね10％相当額以上である場合の発行価額）となり、次の課税が生じます。

なお、株式を発行する法人は資本等取引となるため、有利発行であっても課税関係は生じません。

①**株式を引き受けた個人**

時価と払込金額との差額について「贈与税」が課税されます。役員、使用人等の場合には「所得税」が課税されます。

②**株式を引き受けた法人**

時価と払込金額との差額について「法人税」が課税されます。

■評価額を減少させる第三者割当

増資による発行価額が自社株式の相続税評価額より低い場合には、増資後の1株あたりの評価額は減少します。よって配当還元価額による増資を行うことが最も効率的です。

ただし、有利発行とならないためには引受者は下記に限定されます。

> ・自社の従業員
> ・中心的な同族株主がいる会社で配当還元価額での移転が可能な株主
> ・従業員持株会
> ・中小企業投資育成会社

■支配権の確保に注意

第三者割当による増資は、評価額の引下げ効果はありますが、支配比率が減少するため、種類株式の発行等により支配権の確保が必要です。

POINT

●個人株主が引き受ける場合の時価は、相続税評価額となる。
●法人株主が引き受ける場合の時価は、法人税法上時価となる。
●第三者への割当ては、議決権制限株式を発行すること。

96 贈与税の納税猶予の制度を活用する（一般措置）

■ **贈与税の納税猶予の制度の概要**

　この制度は、後継者が先代経営者から、贈与により取得した非上場株式について、事業継続等の一定の要件を満たす場合に、当該株式等の贈与にかかる贈与税の全額が、その贈与者の死亡の日まで猶予されるものです。

　贈与者である先代経営者が亡くなった場合には、猶予されていた贈与税が免除されるとともに、当該株式については、後継者が先代経営者から相続により取得したものとみなされ相続税の課税対象となります。ただし都道府県知事の確認を受け一定の要件を満たした場合には、相続税の納税が猶予されます。

■ **適用要件**

　贈与税の納税猶予が適用される要件は次のとおりです。

① **先代経営者の要件**

- 会社の代表者であったこと
- 贈与の時までに会社の代表権を有していないこと
- 贈与の直前において、贈与者及び贈与者と特別の関係がある者で、発行済議決権株式数の50％超の株式を保有かつ後継者を除いたこれらの者の中で筆頭株主であったこと

② **後継者の要件**

- 贈与時において20歳以上であること
- 会社の代表権を有していること

- 役員等に就任して3年以上経過していること
- 後継者及び後継者と特別の関係がある者で議決権総数の50％超の議決権を保有し、かつ後継者を除いたこれらの者の中で最も多くの議決権数を保有することとなること
- 贈与税の申告期限まで特例の適用を受ける非上場株式等の全てを保有していること

③認定対象会社の要件
- 都道府県知事の認定を受けた中小企業であること
- 常時使用する従業員が1人以上であること
- 資産保有型会社等に該当しないこと
- 非上場会社であること
- 相続開始日の属する事業年度の直前の事業年度の総収入金額が0でないこと

④納税が猶予されている贈与税を納付する必要がある場合
- 特例の適用を受けた非上場株式についてその一部を譲渡等した場合
- 後継者が会社の代表権を有しなくなった場合
- 申告期限後の5年間の平均で、雇用の8割を維持できなかった場合
- 会社が資産管理会社等に該当した場合

⑤納税が猶予されている贈与税の納付が免除される場合
- 先代経営者（贈与者）が死亡した場合
- 後継者（受贈者）が死亡した場合
- 経営承継期間の経過後に、この特例の適用を受けた非上場株式等に係る会社について破産手続き開始の決定または特別清算開始の命令があった場合

■**対象株式数**

後継者が贈与により取得した非上場株式のうち、すでに保有している分を含めて発行済株式総数の２／３に達するまでの部分となります。

■**猶予される金額**

猶予対象株式にかかる贈与税の全額が免除されます。

POINT

- 贈与を受けた年の翌年１月15日までに都道府県知事に申請が必要。
- 先代経営者が死亡した場合には、相続税の納税猶予が適用可能。
- 特例受贈非上場株式等について、特例措置の適用を受けていること。

97 相続税の納税猶予の制度を活用する（一般措置）

■相続税の納税猶予の制度の概要

　この制度は、後継者による自社株取得時の相続税の納税を猶予するもので、後継者には株式の継続保有や雇用維持などの条件が課されます。なお株式の継続保有、雇用維持などの条件が継続しない場合には納税猶予が終了し、利子税とともに猶予された相続税を納付しなければなりません。納税を猶予された後継者が亡くなった場合には、猶予された税額は免除されます。

■適用要件

　相続税の納税猶予が適用される要件は次のとおりです。

① 先代経営者の要件
・会社の代表者であったこと
・相続開始の直前において、被相続人及び被相続人と特別の関係がある者で、発行済議決権株式数の50％超の株式を保有かつ後継者を除いたこれらの者の中で筆頭株主であったこと

② 後継者の要件
・相続開始の直前に役員であったこと
・相続開始の日の翌日から5ヶ月を経過する日において会社の代表権を有していること
・相続開始の時において、後継者及び後継者と特別の関係がある者で議決権総数の50％超の議決権を保有し、かつ後継者を除いたこれらの者の中で最も多くの議決権数を保有することとなること

③認定対象会社の要件
- 都道府県知事の認定を受けた中小企業であること
- 常時使用する従業員が１人以上であること
- 資産保有型会社等に該当しないこと
- 非上場会社であること
- 相続開始日の属する事業年度の直前の事業年度の総収入金額が０でないこと

④納税が猶予されている相続税を納付する必要がある場合
- 特例の適用を受けた非上場株式についてその一部を譲渡等した場合
- 後継者が会社の代表権を有しなくなった場合
- 申告期限後の５年間の平均で、相続時の雇用の８割を維持できなかった場合
- 会社が資産管理会社等に該当した場合

⑤納税が猶予されている相続税の納付が免除される場合
- 後継者が死亡した場合
- 経営承継期間の経過後に、この特例の適用を受けた非上場株式等を後継者に贈与し、その後継者が「非上場株式等についての贈与税の納税猶予の特例」の適用を受ける場合
- 経営承継期間の経過後に、この特例の適用を受けた非上場株式等に係る会社について破産手続き開始の決定または特別清算開始の命令があった場合

■ **対象株式数**

　後継者が相続により取得した非上場株式のうち、すでに保有している分を含めて発行済株式総数の２／３に達するまでの部分となります。

■ **猶予される金額**

非上場株式の価額を相続財産とみなして計算した相続税額から、非上場株式の価額に20％を乗じて得た金額を、経営承継相続人にかかる相続税の課税価額とみなして計算した場合の相続税額を控除した残額となります。

■ **手続き**

相続税の納税を猶予してもらうには、次の手続きが必要です。

- ・相続開始後8ヶ月以内に都道府県知事の認定を受ける
- ・相続税の期限内申告
- ・担保の提供
- ・報告書を都道府県知事に提出
- ・継続届出書を毎年所轄税務署長に届出

POINT

- ●後継者が対象株式を多く取得するほど、猶予額は大きくなる。
- ●雇用の平均は経営承継期間の末日で判定する。
- ●適用株式のすべてを提供すれば、担保と認められる。
- ●特例非上場株式等について、特例措置の適用を受けていないこと。

98 贈与税・相続税の納税猶予（特例措置）

■**概要**

　平成30年（2018年）度の税制改正により、事業承継税制について、これまでの措置（一般措置）に加え、10年間の期間限定で「特例措置」が創設されました。適用期間は2018年1月1日から2027年12月31日です。特例措置の適用を受けるためには、平成30年（2018年）4月1日から平成35年（2023年）3月31日までに「特例承継計画」を都道府県知事に提出しなければなりません。

■**一般措置と特例措置の比較**

①対象株式数および納税猶予割合

現　行	改正後
納税猶予の対象になる株式数には2/3の上限があり、相続税の猶予割合は80％（贈与税は100％）で、後継者の税負担が多額。	対象株式の上限が撤廃され全株式が適用可能に。また納税猶予割合も100％に拡大され、承継時の税負担が0。

②承継パターン

現　行	改正後
1人の先代経営者から1人の後継者に贈与・相続される場合のみ。	親族外を含む複数の株主から、代表者である3人までの後継者への承継も可能に。

③雇用継続要件

現行	改正後
適用後、5年間平均で8割以上の雇用を維持できなければ猶予打ち切り。	5年平均で8割以上の雇用を確保できなくても、猶予が継続される。ただし、この場合には理由および認定経営革新等支援機関による指導および助言を受けた旨の報告書を都道府県知事に提出。

④事業継続が困難な事由が生じた場合の免除

現行	改正後
後継者が自主廃業や株式の売却を行う場合、株価が下落していても、承継時の株価を基に贈与税・相続税が課税される。	売却額や廃業時の評価額を基に納税額を計算し、承継時の株価を基に計算された税額との差額を免除。

⑤相続時精算課税の適用

現行	改正後
60歳以上の者から20歳以上の推定相続人・孫への贈与のみ。	60歳以上の者から20歳以上の者への贈与へ適用範囲を拡大し、猶予取り消し時の税負担を軽減。

POINT

- 相続税の納税猶予は一般措置から特例措置への切り替えは不可。
- 既に一般措置による贈与税の納税猶予を受けている者から特例措置による次の者への贈与は5年経過後でないと適用できない。

[著者紹介] **税理士法人アーク＆パートナーズ**

　東京有楽町に事務所をかまえ、社会保険労務士法人アーク＆パートナーズ、アーク＆パートナーズ司法書士事務所とともにワンストップでオーナー企業へのコンサルティングサービスを提供。徹底したヒアリングをもとに「経営者への意思決定支援」を重視し、税務業務のみならず法務・人事労務面からのサポートを幅広く行っている。業務効率化コンサルティングではITを活用したシステム面からのアドバイスも好評で、アプリ開発、クラウド化、フィンテックの活用にも力を入れている。

【行動規範】①Fairness（常にフェアプレーで臨むこと）
②Professionalism（プロフェッショナルとして自覚をすること）
③Mutual Respect（相互に尊重し、信頼関係を築くこと）

【沿革】　1995年1月　内藤克税理士事務所を開業。
　　　　2008年8月　税理士法人アーク＆パートナーズ設立、現在に至る。

【連絡先】東京都千代田区有楽町2-10-1　東京交通会館11階
　　　　電話:03-6551-2535　FAX:03-6551-2534　URL: http://www.s-arc.com/

【執筆者】代表社員税理士　　内藤　　克
　　　　社員税理士　　　　山中　　厚
　　　　社員税理士　　　　福原英俊
　　　　　スタッフ　才津博昭、辻浩幸、清水康弘、綿貫桂一、本間優介、小川勇人

会社の節税をするならこの1冊

2011年12月2日　初版第1刷発行
2018年12月20日　第4版第1刷発行

著　者	税理士法人アーク＆パートナーズ
発行者	伊藤　滋
印刷所	新灯印刷株式会社
製本所	新風製本株式会社
発行所	株式会社自由国民社
	〒171-0033　東京都豊島区高田3-10-11
	営業部　TEL 03-6233-0781　FAX 03-6233-0780
	編集部　TEL 03-6233-0786　FAX 03-6233-0790
	URL　http://www.jiyu.co.jp/

●本文DTP制作／有限会社 中央制作社

・落丁・乱丁はお取り替えいたします。
・本書の全部または一部の無断複製（コピー、スキャン、デジタル化等）・転訳載・引用を、著作権法上での例外を除き、禁じます。ウェブページ、ブログ等の電子メディアにおける無断転載等も同様です。これらの許諾については事前に小社までお問合せ下さい。
・また、本書を代行業者等の第三者に依頼してスキャンやデジタル化することは、たとえ個人や家庭内での利用であっても一切認められませんのでご注意下さい。